일러두기

- 어휘 해설은 국립국어원을 참고했습니다.
- 2024년에 알아야 할 주요 사건에 대한 기사로 '올해'는 2024년입니다.
  기사의 기준 시점은 2024년 10월 10일입니다.
- 기업명, 브랜드 등 고유명사는 해당 기업이 사용하는 한글 표기를 따랐습니다.
- 책, 음악 앨범은 《 》, 미술이나 음악 작품, 잡지나 프로그램 명에는 〈 〉 표기를 사용했습니다.
- 본문에 실린 이미지는 저작권자의 허락을 받았으며 출처를 표기했습니다.
  별도의 출처 표기가 없는 이미지는 셔터스톡 에디토리얼 계약에 따라 사용했습니다.
  공공저작물은 공공누리 규정에 따랐습니다.

초등 저학년용

공부가 쉬워지는 비문학 읽기의 힘

기적의 초등신문 2025

강버들, 민경원, 이유정, 채윤경, 임소연 지음

길벗

왜 이 책이 탄생하게 되었나요?

세상을 이해하는 눈이 자라요

세계는 매우 커요. 그래서 모든 것을 직접 눈으로 보고 느낄 수는 없답니다. 그리고 우리를 둘러싼 세상은 서로 연결되어 있어서, 어떤 사건은 모두가 알아두어야 할 필요가 있어요. 예를 들어 우크라이나와 러시아는 우리나라와 멀리 떨어져 있어서 안 가본 한국인이 더 많지만, 두 나라 사이에 전쟁이 시작되자 세계 곳곳의 물가가 치솟았어요. 에너지, 원자재, 농산물 수출입 등 영향을 미친 범위도 넓어서 결국 우리 집 생활비도 올라갔답니다.

우리의 생활을 바꾸는 사건은 전쟁처럼 긴급하고 심각한 사건일 수도 있지만, 챗GPT처럼 놀라운 기술 발전일 수도 있어요. 새로운 기술은 오늘 당장 영향은 없어도, 우리가 살아갈 세상을 크게 변화시킬 수 있기 때문에 모두가 알아야 할 중요한 소식이에요.

이처럼 우리 삶에 필요한 새로운 소식을 모두에게 알리기 위해 기자라는 직업이 존재해요. 기자는 세상에서 벌어진 사건이나 새로운 발견 중에서, 사람들이 반드시 알아야 할 소식을 빠르고 정확하게 전달하는 역할을 합니다.

그중에서도 새로운 소식을 글로 정리해 전달해 주는 매체가 '신문'이에요. 어른들이 보는 신문은 경제·국제·사회·과학·문화·환경 등 다양한 분야로 나누어서 최근의 사건을 소개해요. 신문을 읽으면 우리를 둘러싼 세상의 변화를 보다 선명하게 입체적으로 이해할 수 있어요. 세상의 변화를 읽는 눈이 자라는 것이죠.

다양한 분야의 글을 읽으면, 지식이 융합되고 어휘력이 확장돼요

특별히 좋아하는 종류의 책이 있나요? 좋아하는 분야의 글을 읽으며 내 관심사를 깊이 파고드는 것도 매우 좋아요. 그게 바로 공부지요! 그러나 좋아하는 글만 읽다 보면 다양한 주제의 글을 접할 기회가 적어져요. 신문은 다양한 분야의 글을 다루고 있어서, 신문을 펼치면 평소에 관심이 없던 주제를 접할 수 있어요.

새로운 글을 읽다가 나의 새로운 흥미를 발견할 수도 있어요. 세상은 연결되어 있기 때문에 새로 알게 된 지식이 내가 이미 알고 있던 지식과 결합되는 즐거움도 느낄 수 있답니다. 그리고 다른 분야의 글은 사용하는 단어도 각기 다를 수 있지요. 낯선 단어를 발견하고 활용하는 과정은 보물찾기처럼 흥미로울 수 있어요. 어휘력과 문해력도 쑥쑥 자라요.

생생한 이야기로 비문학 읽기와 친해져요

문학은 감정이나 생각을 표현한 예술 작품을 뜻하는 말로 소설·시·수필 등이 문학에 속해요. 그림책과 동화책은 어린이들이 가장 많이 접하는 문학 작품이지요. 비문학은 문학이 아닌 글을 말해요. 객관적 사실에 근거해서 쓴 글로 신문 기사, 칼럼, 보고서 등이 비문학이랍니다.

내가 좋아하는 그림책을 떠올려 보세요. 감동적인 이야기, 재미있는 이야기, 흥미진진한 이야기가 펼쳐질 것 같은 느낌이 들어요. 그런데 흥미진진한 이야기가 없이 정보가 잔뜩 들어간 글은 왠지 나랑 상관이 없는 것 같고 어려울 것 같은 느낌도 들어요. 과연 그럴까요?

과학·사회·역사 등을 다룬 비문학 글은 사실 우리가 살아가는 데 꼭 필요한 정보가 담긴 이야기랍니다. 사람들은 이런 글을 읽고 새로운 지식을 쌓고 세상에 대한 이해의 폭을 넓혀요. 그렇지만 아직 배울 게 많은 초등학생에게는 내 생활과 너무 동떨어진 이야기는 아직 어렵게 느껴질 수 있어요. '수학의 역사'라거나 'DNA의 구조'를 설명한 글은 생각만 해도 어질어질하잖아요. 그런데 나를 둘러싼 세상의 이야기는 쉽게 이해할 수 있고, 재미있게 느껴져요. 특히 신문 기사는 내가 사는 세상에서 지금 벌어지고 있는 중요한 사건들을 이야기해 줘요. 기사를 읽으며 세계 곳곳에서 일어나는 일을 알아가다 보면, 비문학 읽기가 쉬워질 뿐 아니라 세상의 변화도 알 수 있고, 그 안에서 내 꿈도 찾을 수 있답니다.

좋은 정보를 보는 능력을 키워요

정보가 넘치는 시대예요. 우리는 터치 한 번으로 셀 수 없이 많은 흥미로운 영상과 글을 볼 수 있어요. 그런데 그중에는 거짓 정보도 많아요. 가짜 뉴스는 자극적이고 흥미로운 주제를 다루어서 사람들의 이목을 끌어요. 많은 사람이 볼수록 이익이기 때문에 정말 정교하게 만들어서, 어른들조차 깜빡 속는 경우가 많아요. 이 정보들은 때로는 누군가에게 피해를 입히기도 해요. 그래서 좋은 정보를 보는 눈이 필요해요.

신문 기사는 정확한 정보를 알리는 것이 중요하기 때문에 분명한 사실에 근거해서 작성합니다. 또한 어느 한쪽 입장에 치우쳐 쓰지 않아요. 누가 봐도 오해가 없어야 하기 때문에 간결하고 이해하기 쉽게 쓴다는 특징도 있습니다. 그래서 신문 기사를 자주 읽으면 정확한 근거에 입각한 글을 알아보는 능력이 자라요.

비문학 시험 문제 풀이가 쉬워져요

수학능력시험(수능), 왠지 어렵게 느껴지고 지금으로서는 먼 미래 같기도 해요. 그런데 지금 내가 알고 있는 것이 수능 문제에 등장한다면 그 문제가 쉽게 느껴질까요? 어렵게 느껴질까요? 수능에 나오는 문제는 새로워야 하기 때문에 최근에 일어나는 이야기들을 상당수 다뤄요.

수능 영어 문제를 푼다고 생각해 보세요. 글 속에 'Shrinkflation(슈링크플레이션)'이라는 단어가 등장했어요. 언뜻 보면 복잡해 보이지만 생각보다 재미있는 경제 용어예요.(저희 책 '경제 001' 기사를 읽어 보세요) 이 단어의 의미를 평소에 알고 있었다면 문제를 쉽게 풀 수 있겠죠? 반면 이 단어를 어떻게 읽는지조차 몰랐다면 이 문제는 막막하게 느껴질지도 몰라요. 요즘 사회의 화두를 다루고 있는 점에서 신문은 매우 유용하답니다. 특히 이 책은 그중에서도 초등학생들이 꼭 알아야 할 기사 100개를 선별했어요. 하루 한 장, 10분이면 충분해요!

지식이 쑥쑥 자라는 5단계 활용법

Step 1. 주제부터 읽고 어떤 기사일지 생각해 봐요

기사의 제목은 한 문장으로 이뤄져 있습니다. 제목만 보고도 무슨 이야기인지 짐작할 수 있도록 고심해서 정해요. 본문을 읽기 전에 제목을 읽고 무슨 이야기일지 생각해 보세요.

Step 2. 모르는 단어가 나오면 밑줄 또는 동그라미를 쳐요

단어를 차곡차곡 쌓아 보세요. 단어를 많이 알게 되면 어려운 책도 쉽게 읽을 수 있어요. 나중에 이 책을 전부 다 읽고 가장 처음 읽었던 기사를 다시 읽어 보세요. 동그라미 쳤던 단어가 쉽게 느껴질 거예요. 나만의 단어장을 만들어 일상에서 사용해 보는 것도 좋겠죠?

Step 3. 각 문단의 중심 문장에 밑줄을 그어 봐요

각 기사는 3~6개 문단으로 이루어져 있어요. 기사를 읽으면서 각 문단의 중심 문장에 밑줄을 그어 봐요. 기사를 전부 읽은 후 밑줄 그은 문장만 다시 보면 전체의 흐름이 한눈에 보인답니다. 친구나 부모님은 어디에 밑줄을 그었는지 비교하고 이야기 나눠 봐도 좋아요.

Step 4. 배경 지식을 읽고 한 단계 깊이 배워요

각 기사마다 배경 지식을 수록했어요. 기사에서 다룬 내용에서 한 걸음 더 확장된 이야기예요. 보다 깊이 있는 지식을 쌓을 수 있어요.

Step 5. 독후 활동을 통해 더 깊이 배워요

각각 기사에는 독후 활동 페이지를 넣었어요. 기사를 잘 이해했는지 알아보는 활동뿐 아니라 기사를 읽은 뒤 내 생각을 확장할 수 있는 질문도 수록했어요. 배운 것에 내 생각을 더해 응용하면 더 깊이 배울 수 있답니다.

Step Up. 다른 사람과 함께 읽고 이야기해 봐요

많은 지식을 아는 것도 중요하지만 활용하는 것도 중요해요. 기사를 읽고 알게 된 것을 토대로 내 생각을 펼쳐 보는 연습을 해 보아요. 부모님이나 친구와 함께 기사를 읽고 이야기 나누면 생각이 쑥쑥 자랄 거예요. 이런 질문들이 보다 다양한 이야기로 이끌어 줄 거예요.

함께 나누기 좋은 질문들

'이 기사를 한 문장으로 이야기한다면?'
'이 기사가 흥미로웠나? 어떤 부분이 흥미로웠을까?'
'비슷한 경험 또는 생각을 한 적 있을까?'
'이 기사를 읽고 무슨 생각이 들었나?'
'이 기사를 통해 변화시키고 싶은 게 있다면?'
'새롭게 알게 된 단어가 있을까? 비슷한 단어, 반대의 단어는 무엇일까?'

차례

시작하며 왜 이 책이 탄생하게 되었나요? 004
지식이 쑥쑥 자라는 5단계 활용법 008

경제

경제 기사 읽을 때 필수 어휘 15 018

경제 001	몇 개 집어 먹으면 끝, 과자 양이 줄었어요!	020
경제 002	'금사과' 바로 수입할 수 없나요?	022
경제 003	중국 온라인 쇼핑몰, 싸면 다 좋을까요?	024
경제 004	당일 배송, 어디까지 왔을까요?	026
경제 005	도둑도 페소는 안 가져간다고요?	028
경제 006	왜 해외여행 갈 때 달러를 가져갈까요?	030
경제 007	왜 부쩍 일본 여행을 많이 갔을까요?	032
경제 008	비트코인, 화폐가 될 수 있을까요?	034
경제 009	왜 릴스는 보기 시작하면 멈출 수 없을까요?	036
경제 010	유튜버, 정말 돈을 많이 벌까요?	038
경제 011	'내라' '못 낸다' 망 사용료 논쟁!	040
경제 012	우리나라의 효자 수출품, 김!	042
경제 013	엄마 아빠가 하는 주식, 나도 궁금해요!	044
경제 014	재택근무가 줄어들고 있어요	046
경제 015	반려동물을 가족처럼, 펫팸족이 늘고 있어요	048
경제 016	왜 가루쌀 농사를 지으면 돈을 줄까요?	050

Section 02 국제

국제 기사 읽기 전 알아두기 - 나라		**054**
국제 001	푸바오는 왜 중국으로 돌아갔을까요?	056
국제 002	세계 최고 부자는 누구일까요?	058
국제 003	인구가 가장 많은 나라가 바뀌었어요	060
국제 004	결혼 못 하는 중국 남성이 늘고 있어요	062
국제 005	미국과 중국이 아프리카로 가고 있어요	064
국제 006	제주도 갈 때 세금을 내게 될까요?	066
국제 007	히잡, 쓸래! 벗을래!	068
국제 008	우리나라와 쿠바의 '007 작전'	070
국제 009	세계에서 가장 오랫동안 집권한 사람은?	072
국제 010	북한의 4번째 후계자는 누구일까요?	074
국제 011	미국 대통령, 누가 될지 왜 궁금해하나요?	076
국제 012	국제연합 사무총장이 전 세계 대표일까요?	078
국제 013	'여행 금지' 국가는 가면 안 되나요?	080
국제 014	우크라이나 전쟁에 한글 포탄이?	082
국제 015	이스라엘-하마스 전쟁은 왜 일어났을까요?	084
국제 016	'독도의 날' 기념일이 생겼어요	086
국제 017	챗GPT, 사람보다 똑똑하다고요?	088

사회

사회 기사 읽을 때 필수 어휘 15		**092**
사회 001	저도 국회의원 선거에 나갈 수 있어요?	094
사회 002	대통령은 한 달에 얼마를 받나요?	096
사회 003	우리나라는 대통령인데, 일본은 왜 총리예요?	098
사회 004	선생님으로 일하기 왜 어려워졌을까요?	100
사회 005	우리나라 인구는 몇 명일까요?	102
사회 006	우리나라는 단일 민족일까요?	104
사회 007	서울에 있는 학교도 문을 닫는다고요?	106
사회 008	우리는 "숙제가 너무 많아요"	108
사회 009	의사들은 왜 병원을 떠났을까요?	110
사회 010	키오스크, 편리할까요 불편할까요?	112
사회 011	버터 맥주에 버터가 없다고요?	114
사회 012	하루 더 쉬면 안 될까요?	116
사회 013	학교 폭력, 이제 더 오래 기록해 둬요	118
사회 014	전동 킥보드, 속도 줄여야 해요	120
사회 015	가짜 뉴스예요, 진짜 뉴스예요?	122
사회 016	스미싱 범죄, 점점 더 교묘해져요	124
사회 017	하늘에서 풍선이 떨어졌어요!	126

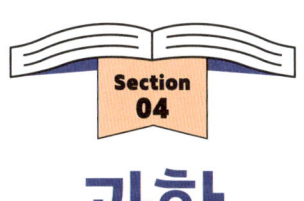

Section 04 과학

과학 기사 읽을 때 필수 개념 15   **130**

과학 001	외계인은 정말 있나요?	132
과학 002	우리는 지구만큼 빨리 돌고 있어요	134
과학 003	ADHD, 대체 어떤 거예요?	136
과학 004	공부 머리는 타고나는 걸까요?	138
과학 005	'뼈말라'는 해로워요!	140
과학 006	왜 일찍 자고 일찍 일어나야 할까요?	142
과학 007	마라탕후루, 매일 먹으면 안 될까요?	144
과학 008	코로나19, 사람과 동물 서로를 감염시켜요	146
과학 009	사람 대신 로봇이 일해요	148
과학 010	우리나라에 큰 지진이 날 수 있대요	150
과학 011	실험실 다이아몬드 시대	152
과학 012	매미 김치를 먹는다고요?	154
과학 013	실험실에서 스테이크를 만들어요	156
과학 014	반려견, 복제해도 될까요?	158
과학 015	엄마 카드 대신 얼굴로 결제해요	160
과학 016	내 얼굴로 가짜 영상을 만든다고요?	162
과학 017	운전 기사가 없는 버스가 있어요	164
과학 018	달 탐사, 다시 우주 경쟁 시대!	166

문화

	문화 기사 읽을 때 필수 상식 11	**170**
문화 001	한강, 아시아 여성 최초 노벨문학상 수상!	172
문화 002	임윤찬, 어떻게 세계적 피아니스트가 됐을까요?	174
문화 003	한국 콘텐츠, 전 세계 인기를 휩쓸고 있어요	176
문화 004	우리나라 배우가 '스타워즈' 주인공?	178
문화 005	빌보드는 왜 K팝 아이돌 그룹을 초대할까요?	180
문화 006	뉴진스 춤에 저작권이 있나요?	182
문화 007	아이유는 왜 축구장에서 공연하나요?	184
문화 008	영국박물관에 있는 그리스 문화재	186
문화 009	미술관 그림이 가짜라고요?	188
문화 010	우리나라에서 가장 비싼 그림은?	190
문화 011	박물관 관람객이 갑자기 늘어난 이유	192
문화 012	월드클래스, 손흥민!	194
문화 013	AI가 심판을 봐요?	196
문화 014	아시안게임으로 간 e스포츠!	198
문화 015	금메달 따면 군대 안 가도 돼요?	200
문화 016	전 세계 사람들이 가장 많이 믿는 종교는?	202

환경

	환경 기사 읽을 때 필수 어휘 15	206
환경 001	'쥐둘기'가 된 비둘기	208
환경 002	꿀벌이 사라지고 있어요!	210
환경 003	북극곰은 어쩔 수 없이 다이어트 중	212
환경 004	끝없이 나오는 해양 쓰레기	214
환경 005	바다에 오염수를 버린다고요?	216
환경 006	미세먼지, 얼마나 위험한 걸까요?	218
환경 007	불꽃놀이가 나쁜 거라고요?	220
환경 008	큰 산불이 더 자주 일어나요!	222
환경 009	제주 돌고래들을 도와주세요!	224
환경 010	버려지는 휴대전화, 지구 한 바퀴 돌아	226
환경 011	가짜 친환경 '그린워싱'	228
환경 012	자연재해가 평등하게 오지 않는다고요?	230
환경 013	1.5도 기온 변화가 심각한 문제예요?	232
환경 014	우리나라에 기후 소송이 열렸어요	234
환경 015	신재생 에너지란 무엇일까요?	236
환경 016	업사이클링 열풍, 지구를 살려요	238

답안 240

경제 기사 읽을 때 필수 어휘 15

경제
사람이 살면서 필요한 것들을 만들거나 팔거나 사는 것.

비슷한 말 경제 활동
예문 세계 여러 나라와 수입과 수출이 활발해지면서 **경제**가 발전하였습니다.

노동
사람이 필요한 물건이나 재료를 얻기 위해 몸이나 머리를 써서 하는 일.

비슷한 말 일
예문 우리나라는 1일 8시간, 주 40시간의 **노동** 시간을 법으로 정하고 있어요.

무역
나라와 나라 사이에 필요한 물건을 사고파는 일.

비슷한 말 수출입
예문 교통이 발달하면서 **무역**이 활발해지기 시작했습니다.

물가
물건의 값. 물건이나 서비스의 평균적인 가격.

비슷한 말 시장 가격
예문 명절을 앞두고 **물가**가 가파르게 오르고 있습니다.

물류
상품의 포장, 하역, 수송, 보관, 통신 등의 여러 활동을 이르는 말.

비슷한 말 물적 유통
예문 아침에 주문한 물건이 **물류** 센터에서 하루 만에 배송이 왔어요.

산업
농업, 공업, 임업, 수산업, 광업, 서비스업처럼 물건이나 서비스를 생산하는 사업.

비슷한 말 생산업
예문 우리나라의 정보 통신 기술 **산업**은 매우 발달하였습니다.

생산
생활에서 필요한 것들을 만들거나 생활을 즐겁고 편리하게 해 주는 것.

비슷한 말 창출
예문 새로운 농업 기술로 인해 농업 **생산**이 크게 늘었습니다.

세금
국가 또는 지방 공공 단체가 사용하기 위해 국민이나 주민으로부터 강제로 거두어들이는 돈.

비슷한 말 세
예문 대통령의 월급은 국민의 **세금**으로 줘요.

수출입
수출과 수입. 수출은 우리나라에서 만든 것을 다른 나라에 파는 것을 말하며, 수입은 다른 나라에서 만든 것을 우리나라로 사 오는 것을 말함.

비슷한 말 무역
예문 **수출입** 규모가 증가하면서 해운업도 성장하고 있습니다.

인구
정해진 지역에 살고 있는 사람의 수.

비슷한 말 인총
예문 우리나라의 **인구**가 급격히 감소하고 있습니다.

인플레이션
나라 안에서 쓰이고 있는 돈의 양이 늘어나서 화폐 가치가 떨어지고 물가가 계속 올라 사람들의 실질적인 소득이 줄어드는 현상.

비슷한 말 인플레, 통화 팽창
반대말 디플레이션
예문 화폐 양이 많아지고 그 가치가 떨어지면서 **인플레이션**이 나타났어요.

소득
일을 해서 번 돈.

비슷한 말 수익
예문 우리나라의 국민 **소득**은 꾸준히 증가하고 있어요.

시장
물건이나 서비스를 사고파는 곳.

비슷한 말 장
예문 미국의 주식 **시장**은 세계 최대 규모입니다.

화폐
상품을 사고팔거나 교환할 때 상품의 가치를 매기는 기준이 되며, 상품과 교환할 수 있는 수단이 되는 것.

비슷한 말 금전, 돈
예문 미국의 달러는 세계에서 통용되는 **화폐**로 자리 잡았습니다.

자본
상품을 만드는 데 필요한 돈과 생산 수단과 노동력.

비슷한 말 자금
예문 **자본**이 많이 필요한 사업은 국가에서 운영하기도 합니다.

몇 개 집어 먹으면 끝, 과자 양이 줄었어요!

편의점에서 사 온 감자 과자, 얼마나 맛있을까…. 신이 나 뜯어 먹는데 금세 사라져 속상했던 적 있지요? 이렇듯 안 그래도 늘 부족하게 느껴지는 과자, 가격은 그대로인데 양만 줄이는 일도 있어요. 이것을 '슈링크플레이션(Shrinkflation)'이라고 해요.

과자가 부서지지 않게 봉지에 질소를 넣기에 뜯기 전에는 양을 알기 어렵다.

슈링크플레이션이 뭔가요?

슈링크플레이션이란 줄어든다는 뜻의 영어 단어 슈링크(Shrink)와 물가가 오르는 현상인 인플레이션(Inflation)을 합친 말이에요. 한 봉지에 10개가 들어 있던 1000원짜리 과자를 같은 값에 8개만 넣어 팔면, 그 과자 회사는 전보다 적은 재료로 같은 돈을 벌 수 있어요. 제품의 크기나 양을 줄여서, 가격을 올린 것과 같은 결과를 얻는 셈이죠.

용량이 줄어든 사실, 제대로 알리지 않았어요

2023년 한국소비자원이 상품 272개를 조사해 보니, 지난 1년 사이에 37개 상품의 양이 줄었어요. 5개 한 묶음이던 핫도그는 4개 한 묶음이 됐고, 한 봉지에 든 사탕과 치즈의 무게도 줄었어요. 그런데 그 점을 알린 제품은 일부였고, 그마저도 회사 홈페이지에 글을 올린 거라 물건을 사는 사람은 알기 어려웠을 거예요.

우리나라만의 일은 아니에요. 2024년 3월 조 바이든 미국 대통령은 국정연설에서 "제과업계는 봉지에 과자를 적게 넣고 가격을 똑같이 해도 사람들이 눈치채지 못할 걸로 생각한다"고 말했어요. 이렇게 슈링크플레이션 논란은 전 세계에서 벌어지고 있어요. 기후 문제와 병충해로 원료인 곡물이 잘 자라지 않고, 에너지 사용료와 직원 월급은 높아지고 있어서 기업 입장에서는 제품 가격을 올려야 하지만 사람들 눈치가 보이거든요.

정부에서 변경 사실을 표시하게 해요

슈링크플레이션이 물건을 사는 사람을 속이는 일이라며 불만이 커지자 정부가 나섰어요. 우유·치즈·라면·과자 등 식품과 화장지·샴푸·마스크 등 생활용품은 2024년 8월부터는 양 등이 달라지면, 달라진 날부터 3개월간 '내용량 00g→00g'처럼 알아보기 쉽게 공지해야 해요. 공지 방법은 포장에 쓰거나 회사 홈페이지 또는 물건 판매 장소에 알리는 방법이 있어요. 이를 어기면 최대 1000만 원의 과태료를 내야 해요.

똑똑한 배경지식

슈링크플레이션(Shrinkflation)
회사에서 제품의 가격을 그대로 유지하는 대신 제품의 크기나 양을 줄이는 판매 방식을 말해요. 사는 사람 입장에서는 가격이 같더라도 크기나 양이 줄어 결과적으로 제품의 가격이 인상된 것과 같아요.

알쏭달쏭 어휘 풀이

- ◆ **정보**: 어떤 사실이나 현상을 관찰하거나 측정하여 모은 자료.
- ◆ **공지**: 세상에 널리 알림.
- ◆ **과태료**: 해야 할 일을 하지 않거나 가벼운 질서를 위반한 사람에게 나라에서 내게 하는 돈.

✏️ **다음 빈칸에 알맞은 말을 쓰세요.**

제품 ☐☐ 은 그대로인데 판매하는 양이 줄어들면, 예전보다 비싸게 사는 것과 같다.

✏️ **이 글을 통해 알 수 있는 내용에 ○, 알 수 없는 내용에 ×표 하세요.**

- 슈링크플레이션이란 제품 가격을 올리면서 양도 줄이는 것을 말한다. ( )
- 기업 대부분은 용량이 줄어든 사실을 사람들에게 알리고자 노력했다. ( )
- 정부는 슈링크플레이션 상품의 경우 이 사실을 사람들에게 공지하게 했다. ( )

✏️ **생각해 보기**

슈링크플레이션 현상을 어떻게 해결해야 할까요?

'금사과', 바로 수입할 수 없나요?

'국민 과일'이었던 사과값이 무섭게 오른 건 2023년 가을부터예요. 2024년 3월 중순 사과 10개당 가격은 3만 105원으로 2023년보다 30.5%나 더 비싸졌어요. '금사과'라는 말도 과장이 아니에요. 사과(Apple)와 인플레이션(Inflation)을 합친 '애플레이션(Applation)'이라는 말도 생겼어요. 사과를 비롯해서 과일 가격이 갑자기 너무 많이 오른 것을 일컫는 말이에요.

사과값이 올라서 금사과라고 부르기도 한다.

더웠다 추웠다 이상한 날씨에 생산량 줄어

사려는 사람에 비해 물건이 적으면 가격이 올라요. 2023년 사과 생산량은 전년의 2/3 수준으로 2011년 이후 가장 적었어요. 사과 생산량이 줄어든 이유는 여러 가지가 있어요. 우선 사과꽃이 다른 때보다 2~15일 빨리 폈어요. 그러더니 4월에 추위가 찾아와 꽃들이 피해를 입었어요. 열매가 덜 맺혔는데, 여름철 집중호우에 그나마도 많이 떨어졌어요. 열매에 흑갈색 반점이 생기고 결국 썩는 병도 유행했어요.

축구장 4000개 넓이 사과밭 사라져

날씨가 좋고 병충해만 피하면 사과값이 내릴까요? 한국농촌경제연구원은 사과 재배 면적이 2024년 3만 3800헥타르(338km²)에서 2033년 3만 900헥타르(309km²)로 줄어들 것으로 내다봤어요. 축구장 4000개 넓이의 사과밭이 사라지는 셈이에요. 농촌에서 지내는 분들의 나이가 많아져 과수원에서 일할 사람이 없어지고, 기온이 점점 높아져서 서늘한 날씨를 좋아하는 사과를 키울 수 있는 지역이 적어지고 있기 때문이에요.

생과일 수입은 8단계 절차를 거쳐야 해요

사과·배·복숭아·수박 등 8가지 과일은 수입이 금지되어 있어요. 해충이 같이 들어와 우리나라 생태계를 어지럽게 하는 걸 막고 농가를 보호하기 위해서예요. 하지만 사과 값이 너무 올라서 이제는 수입을 해야 한다는 주장도 나와요. 그러나 사과가 당장 수입되기는 어려워요. 생과일은 수입을 해도 안전한지 8단계 절차를 거쳐 확인하기 때문이에요. 이 절차를 다 밟는 데 보통 8년이 넘게 걸린다고 해요.

똑똑한 배경지식

수입
다른 나라의 상품이나 기술을 우리나라로 사들이는 것을 수입이라고 해요. 우리나라에서 모든 물건을 다 만들 수 없기 때문에, 또 우리나라에서 만든 물건보다 다른 나라에서 만든 물건이 더 싸고 좋은 경우에 수입을 해요.

알쏭달쏭 어휘 풀이

- **생산량**: 일정한 기간 동안 생산되는 수량.
- **병충해**: 꽃이나 농작물 등이 균이나 벌레 때문에 입는 피해.
- **헥타르**: 넓이의 단위. ha로 표기하며 1헥타르는 1만 제곱미터(㎡) 또는 3025평.

🖉 **다음 빈칸에 알맞은 말을 쓰세요.**

사과의 ☐☐☐이 줄어들어 수입을 하자는 의견이 나오고 있다.

🖉 **이 글을 통해 알 수 있는 내용에 ○, 알 수 없는 내용에 ×표 하세요.**

- 2023년에 기후 조건이 좋지 않아 사과값이 크게 올랐다. ( )
- 기후 변화와 병충해가 아니라면 사과의 생산량이 늘어날 것이다. ( )
- 수입을 원한다면 빠른 시일 내에 사과를 수입할 수 있을 것이다. ( )

🖉 **생각해 보기**

사과의 생산량은 왜 줄어들었을까요?

중국 온라인 쇼핑몰, 싸면 다 좋을까요?

시장에 가지 않고 온라인으로 물건을 사고파는 것을 온라인 쇼핑이라고 해요. 온라인 쇼핑은 직접 물건을 사러 가지 않아도 되고 밤이든 낮이든 아무때나 살 수 있어서 아주 편리하지요. 그래서 그 규모가 점점 커지고 있어요. 최근에는 '알리익스프레스'나 '테무' 같은 중국의 온라인 쇼핑몰 회사들이 우리나라로 들어오기 시작했어요.

중국 온라인 쇼핑몰에서 때때로 기대한 것보다 품질이 낮은 물건이 배송되기도 한다.

저렴한 가격으로 많이 팔아

중국의 온라인 쇼핑몰들이 인기를 끄는 이유는 바로 가격이에요. 가정용품과 의류, 전자 제품 등을 아주 싼값에 많이 팔아 이득을 남기는 방식이지요. 우리나라에서 판매하는 제품과 비슷한 제품을 1/4에서 1/5 가격에 팔아서 소비자들을 끌어들이는 것이죠.

중국의 이러한 판매 방식은 우리나라 시장을 위협하고 있어요. 온라인 쇼핑몰에서 물건을 파는 사람들은 물론이고 저렴한 옷을 팔던 오프라인 시장에도 영향을 미쳐요. 우리나라만의 일은 아니에요. 테무는 2023년 3월에 미국에서 아마존과 월마트를 제치고 가장 많이 다운로드된 쇼핑 앱에 오르기도 했어요.

소비자의 안전이 불안해요

하지만 중국 쇼핑몰에 대한 불만도 커지고 있어요. 가장 큰 문제는 상품들이 안전하지 않다는 거예요. 불량품과 가짜가 많다는 점, 배송이 느리다는 점도 단점으로 꼽혔어요. 인천본부세관은 2024년 4월 알리와 테무에서 판매하는 장신구 404개 중 96개에서 몸에 나쁜 물질이 기준치 넘게 나왔다고 발표했어요. 서울시도 알리에서 잘 팔리는 어린이용품과 생활용품 31개 가운데 8개에서 기준치를 크게 넘는 몸에 좋지 않은 물질이 나왔다고 밝혔어요. 특히 어린이 머리띠에서는 몸에 좋지 않은 물질이 기준치의 270배가 넘게 나왔다고 해요. 소비자들이 불안해하자 서울시는 중국에서 파는 상품들이 안전한지 검사하겠다고 말했어요.

똑똑한 배경지식

온라인 쇼핑
컴퓨터 등 네트워크를 이용해 온라인 쇼핑몰에서 물건이나 서비스를 사는 것을 말해요. 온라인 쇼핑은 편리하면서도 저렴한 반면, 물건을 받을 때까지 시간이 걸리고 눈으로 물건을 직접 확인할 수 없다는 단점이 있어요.

알쏭달쏭 어휘 풀이

- **이득**: 이익을 얻음. 그 이익.
- **소비자**: 생산자가 만든 물건이나 서비스를 돈을 주고 사는 사람.
- **기준치**: 기준이 되는 수치.
- **세관**: 수출·수입하거나 국경을 통과하는 화물을 단속하거나 세금을 부과하는 일을 하는 기관.

✏️ 다음 빈칸에 알맞은 말을 쓰세요.

우리나라에 중국의 ☐☐☐ 쇼핑몰이 세력을 넓히고 있다.

✏️ 이 글을 통해 알 수 있는 내용에 ○, 알 수 없는 내용에 ×표 하세요.

- 중국의 온라인 쇼핑몰은 우리나라에서만 인기가 높다. ( )
- 중국 쇼핑몰의 상품은 우리나라보다 값이 싸며 배송이 빠르고 정확하다. ( )
- 서울시 등은 중국에서 판매하는 상품이 안전한지 일부 품목에 대해 검사하고 있다. ( )

✏️ 생각해 보기

중국의 온라인 쇼핑몰의 문제점은 무엇인가요?

당일 배송, 어디까지 왔을까요?

다음 날 아침 식사에 필요한 음식 재료를 깜빡하고 사지 못했을 때, 몇 년 전이라면 시장이나 마트를 다녀와야 했지요. 하지만 이제는 그럴 필요가 없어졌어요. 그날 밤에 온라인으로 주문하면 다음 날 새벽에 받을 수 있거든요. 심지어 음식 배달처럼 30분이면 도착하는 서비스까지 생겼어요.

오늘 주문하면 오늘 받는 시대가 열렸다.

쿠팡이 시작한 당일 배송

당일 배송은 2014년에 쿠팡이 맨 처음 시작했어요. 쿠팡은 소비자가 주문한 물건을 구입하고 포장하고 배송하는 시간을 줄이기 위해 새로운 방법을 도입했지요. 어떤 물건이 얼마나 팔릴지 예측해서 미리 사 두고, 물류 창고를 설립해서 보관하고 배송까지 직접 하는 방식이었지요. 10년간 6조 2000억 원을 투자해 전국 30개 지역에 100여 개 이상 물류 창고를 만들었어요. 그 결과 배송 속도는 점점 더 빨라졌지요.

대량으로 물건을 사 두어 평균 비용을 낮추었기 때문에 소비자는 싼 가격에 물건을 살 수 있어요. 신선 식품 외에는 하나만 사도 무료로 배송이 되고 무료로 반품까지 가능하지요. 이런 혜택을 받으려면 돈을 내고 회원 가입을 해야 하지만 소비자들은 기꺼이 이용료를 내고 있어요. 쿠팡의 회원은 2023년 연말 기준으로 1400만 명이나 돼요.

치열해진 배송 전쟁

쿠팡은 2023년 매출 31조 8298억 원을 달성했어요. 이마트(29조 4722억 원)를 제치고 유통업계에서 1위로 올라섰죠. 소비자가 떠나지 않고 계속 한 곳에서 구매하게 만드는 '잠금 효과'가 나타나게 된 거예요.

쿠팡의 당일 배송으로 인해 배송 전쟁은 더 치열해졌어요. G마켓은 물건을 오후 8시까지 구입하면 다음 날 배송해 주었다가, 7월부터 CJ대한통운이 담당하면서 주문 마감 시간이 오후 8시에서 자정으로 바뀌었어요. 네이버도 CJ대한통운과 손잡고 당일 도착 보장 서비스를 강화하고 있지요. 2023년 홈플러스 익스프레스에 이어 2024년 6월에 이마트 에브리데이도 배달의민족에서 물건을 주문하면 1시간 안에 배송해 주는 서비스를 시작했어요.

똑똑한 배경지식

잠금 효과(Lock-in Effect)
현재 이용하는 물건이나 서비스가 익숙해져서 다른 물건이나 서비스를 선택하지 않고 쓰던 것을 계속 쓰는 현상을 말해요. 그 물건이나 서비스를 계속 이용하도록 고객을 가둔다는 의미로 '잠금 효과'라고 하지요.

알쏭달쏭 어휘 풀이

- **예측하다**: 미리 헤아려 짐작하다.
- **설립하다**: 기관이나 조직체를 만들어 세우다.
- **달성하다**: 목적한 것을 이루다.

✏️ **다음 빈칸에 알맞은 말을 쓰세요.**

쿠팡에서 당일 ☐☐을 시작한 이후 다른 회사들도 더 빠른 배송을 하기 위해 노력하고 있다.

✏️ **이 글을 통해 알 수 있는 내용에 ○, 알 수 없는 내용에 ×표 하세요.**

- 쿠팡은 다른 회사보다 가장 빠른 배송을 하고 있다. ( )
- 쿠팡은 물건을 구매하고 물류 창고에 두었다가 배송까지 하고 있다. ( )
- 당일 배송에 이어 1시간 안에 배송 받는 서비스도 생겨나고 있다. ( )

✏️ **생각해 보기**

쿠팡은 어떻게 당일 배송을 할 수 있을까요?

도둑도 페소는 안 가져간다고요?

2022년 8월에 아르헨티나와 가까운 나라, 파라과이의 한 상점에 총을 든 강도가 들었어요. 놀란 직원이 강도가 달라는 대로 계산대에서 아르헨티나 돈인 페소를 집어 주는 순간 강도가 이렇게 외쳤어요. "페소는 필요 없어!" 아르헨티나의 돈이 도둑도 안 가져갈만큼 쓸모가 없어졌다고 해요. 왜 그럴까요?

아르헨티나 페소.

자고 일어나면 올라 있는 가격

아르헨티나의 2023년 물가 상승률은 211%였어요. 1000원이던 과자가 1년 만에 3000원이 된 셈이에요. 사람들은 "상품의 아침 가격과 저녁 가격이 달라질 정도로 물가가 빠르게 뛴다"고 푸념해요. 아무리 많은 페소를 들고 다녀도 살 수 있는 물건은 적어지니, 페소 1장의 가치는 그만큼 떨어지죠. 지금 아르헨티나는 국제통화기금(IMF)에서 빌린 돈을 갚는 형편이에요. 이대로 가다간 국가가 결국 빌린 돈을 갚지 못하는 상황을 맞게 될 것이라고 우려해요.

왜 이런 일이 일어났을까

많은 사람들이 지금의 아르헨티나는 '페론주의'가 영향을 미쳤다고 해요. 페론주의란 후안 도밍고 페론 전 대통령이 펼쳤던 정치를 말해요. 노동자의 임금을 많이 올려 주고 기업을 정부가 운영하거나, 다양한 현금을 지원하는 정책을 펼쳤어요. 코로나19 위기 때는 경제를 되살리겠다며 현금 지원을 확대하면서 상황이 더 나빠졌지요.

괴짜 대통령이 등장했어요

2023년 11월 하비에르 밀레이가 대통령에 뽑혔어요. 밀레이는 페론주의를 반대하고 자유로운 경제 활동을 추구했어요. 그러나 그는 지난 대선 때 "아르헨티나 중앙은행을 폭파하겠다", "페소를 없애고 달러를 쓰자" 등 지나치게 한쪽으로 치우친 구호로 논란을 불러일으켰지요. 그가 과연 아르헨티나 경제를 바로잡을 수 있을지 세계의 관심이 쏠리고 있어요.

똑똑한 배경지식

국제통화기금(IMF)
세계 무역을 안정적으로 하기 위해 1947년 3월에 설립한 국제 연합 기관 중의 하나예요. 가맹한 나라들이 모은 돈을 이용하여 경제 위기를 겪는 나라에 자금을 지원하는 일을 해요.

알쏭달쏭 어휘 풀이

- **물가**: 물건의 값.
- **푸념**: 마음속에 있는 불평을 늘어놓음.
- **정책**: 정치를 실현하기 위한 방법.

✏️ **다음 빈칸에 알맞은 말을 쓰세요.**

아르헨티나는 ☐☐의 가치가 떨어져 경제적으로 심각한 상황에 놓여 있다.

✏️ **이 글을 통해 알 수 있는 내용에 ○, 알 수 없는 내용에 ✕표 하세요.**

- 아르헨티나는 지금 경제 위기에 놓여 있다. ( )
- 아르헨티나의 돈이 미국의 달러보다 가치가 높다. ( )
- 새로운 대통령이 국제통화기금에서 빌린 돈을 모두 갚을 것이다. ( )

✏️ **생각해 보기**

아르헨티나는 왜 화폐의 가치가 떨어졌을까요?

왜 해외여행 갈 때 달러를 가져갈까요?

일본·베트남·태국·미국·필리핀. 지난 한 해 동안 우리나라 사람들이 해외여행으로 가장 많이 간 나라예요. 가는 곳은 저마다 달라도 동남아에 갈 땐 빠짐없이 챙기는 것이 있어요. 바로 미국 돈, 달러예요. 미국 달러는 언제 어디서든 쓸 수 있고, 다른 나라 돈으로 바꾸기도 편리하기 때문이지요. 그렇다면 달러는 어떻게 전 세계에서 사용할 수 있는 화폐가 됐을까요?

베트남의 한 환전소. 당일 환율이 적혀 있다.

전 세계에서 사용하는 화폐예요

미국 달러는 서로 다른 나라끼리 거래하고 돈을 주고받을 때 기준이 되는 화폐예요. 이것을 가리켜 기축 통화라고 해요. 각 나라에서 만드는 화폐를 모든 나라가 가지고 있는 것이 아니기 때문에 달러를 기준으로 가치를 매기고 서로 맞바꾸는 것이지요. 예를 들어 우리나라 돈으로 베트남 돈을 직접 살 수는 없지만, 우리나라 돈 1340원을 미국 돈 1달러로 바꾸고, 다시 미국 돈 1달러를 베트남 돈 2만 5000동으로 바꿀 수 있어요. 그러면 우리나라 돈 1340원이 베트남 돈 2만 5000동이 되는 셈이지요.

미국 달러는 영국의 파운드에 이어 지금까지 80년간 기축 통화로 쓰이고 있어요. 1944년에 세계 여러 나라가 미국에 모여서 달러를 기축 통화로 정했지요. 미국은 금을 가장 많이 갖고 있는 나라였기 때문에 금 1온스(약 28g)당 35달러로 바꿔준다고 약속했어요. 그래서 사람들은 달러가 안전하다고 믿고 쓰게 됐지요.

미국 달러, 항상 안전한 것은 아니에요

미국이 베트남 전쟁(1960~1975)을 치를 때, 달러를 많이 만들어 내면서 그 가치가 뚝 떨어졌어요. 그러자 다른 나라에서 약속대로 달러를 금으로 바꿔 달라고 했지만 당시 미국 대통령은 교환해 줄 수 없다고 했지요.

이러한 위기를 극복하려고 미국은 1974년에 석유 수출국인 사우디아라비아와 손을 잡았어요. 다른 나라에서 사우디아라비아에 석유 대금을 치를 때 모두 달러로만 내게 했지요. 대신 미국은 사우디아라비아의 안전을 보장해 주기로 약속했어요. 석유가 필요한 나라는 달러를 사용해야만 하죠. 이것이 바로 미국 달러가 지금까지 기축 통화의 자리를 유지할 수 있는 이유예요.

똑똑한 배경지식

기축 통화
서로 다른 나라끼리 거래하고 돈을 주고받을 때 기준이 되는 화폐로, 국제 통화라고도 해요. 예전에는 영국의 파운드가 사용되었는데 2차례의 세계대전을 치르고 파운드의 가치가 떨어지면서 지금은 미국의 달러가 기축 통화로 쓰이고 있어요.

알쏭달쏭 어휘 풀이

◆ **화폐**: 상품을 사고팔거나 다른 상품과 교환할 때 상품의 가치를 매기는 기준과 수단이 되는 것.
◆ **거래**: 돈이나 물건을 주고받거나 사고팖.
◆ **화폐의 가치**: 화폐로 상품이나 노동력 등을 살 수 있는 능력.

✏️ 다음 빈칸에 알맞은 말을 쓰세요.

미국 ☐☐는 기축 통화로서 전 세계에서 쓰이고 있다.

✏️ 이 글을 통해 알 수 있는 내용에 ○, 알 수 없는 내용에 ×표 하세요.

- 미국 달러는 80년간 기축 통화의 자리를 지키고 있다. ( )
- 베트남 전쟁 시기 미국 달러의 가치가 급격히 상승하였다.. ( )
- 미국은 석유 덕분에 기축 화폐로서 자리를 유지하고 있다 ( )

✏️ 생각해 보기

미국 달러처럼 기축 통화를 사용하면 편리한 점은 무엇일까요?

왜 부쩍 일본 여행을 많이 갔을까요?

올해 일본으로 여행 가는 사람이 부쩍 늘었어요. 일본 여행 상품도 많이 생겼지요. 코로나19 유행 시기가 지나서 그럴 수도 있지만, 다른 나라보다 특히 일본 여행자 수가 많았어요. 2024년 상반기에만 도 전 세계에서 일본을 방문한 사람은 1778만 명이고, 그중 우리나라는 444만 명으로 가장 많았어요.

관광객이 가득한 도쿄 아사쿠사 거리.

일본 화폐 가치가 37년 만에 가장 낮았어요

2024년 6월 28일에 일본 화폐 100엔을 우리나라 돈으로 바꾸면 856원 정도였어요. 2023년 6월부터 원/엔 환율이 800원대로 떨어진 이후 일본 화폐의 가치가 계속해서 낮아진 거예요. 같은 한국 돈으로 일본 돈을 더 많이 가질 수 있게 된 거죠. 환율이 100엔당 1000원일 때는 1000원을 100엔으로 바꿀 수 있었지만, 당시에는 856원으로 100엔을 가질 수 있었어요. 달러당 엔화도 많이 떨어져서 2024년 7월에 34년 만에 가장 낮은 수준인 1달러당 162엔 정도까지 떨어졌어요.

코로나19로 미국의 기준 금리 인상

사고 싶은 사람은 많은데 물건이 적으면 가격이 비싸져요. 환율도 마찬가지예요. 달러는 나라끼리 거래할 때 기본이 되는 기축통화라서 그 가치가 높지요. 미국의 중앙은행에서 코로나19 팬데믹 위기에 대응하기 위해 2022년 3월 0.5%부터 2023년 7월 5.5%까지 기준 금리를 11차례나 올려서 달러의 가치는 더욱 높아졌어요.

잇단 기준 금리 조정에 화폐 가치 출렁

미국을 따라 기준 금리를 올린 나라도 많아요. 하지만 모두 같은 선택을 하지는 않아요. 나라마다 먼저 해결해야 할 과제가 다르기 때문이에요. 그중에서 일본은 금리를 올리지 않는 쪽을 택했어요. 2012년 아베 총리 시절부터 일본 화폐가 늘어나서 가치는 낮아졌지만 반사 이익도 있었거든요. 일본을 찾는 사람이 많아지면서 관광 수입이 늘고, 다른 나라에 비해 물건값이 낮아 수출도 많아졌어요.

가라앉았던 일본 경제에 새로운 활력이 생기자 일본은 2024년 3월부터 2차례 기준 금리를 올렸어요. 17년 만의 일이에요. 한편 미국은 2024년 9월, 4년 6개월 만에 기준 금리를 낮췄어요. 그러면서 엔화 가치는 오르고 달러 가치는 내렸어요.

똑똑한 배경지식

기준 금리

금리란 돈을 은행에 예금하거나 대출할 때 돈에 붙는 이자를 의미해요. 기준 금리란 국가가 이러한 금리의 기준을 결정하는 거예요. 금리를 많이 낮추면 은행에 돈을 맡겨도 이자가 적으니 맡기는 사람이 줄어들고 소비가 늘어요. 반대로 금리를 올리면 돈을 은행에 맡길 때나 빌렸을 때 이자가 높기 때문에 은행에 돈이 모이고 소비가 줄어요.

알쏭달쏭 어휘 풀이

◆ **화폐 가치**: 화폐가 상품이나 서비스를 살 수 있는 능력.
◆ **환율**: 자기 나라 돈을 다른 나라 돈으로 바꿀 때의 비율.

✏️ 다음 빈칸에 알맞은 말을 쓰세요.

일본을 찾는 관광객이 많았던 이유는 일본 ☐☐의 가치가 낮았기 때문이다

✏️ 이 글을 통해 알 수 있는 내용에 ○, 알 수 없는 내용에 ×표 하세요.

- 상반기에 일본 엔화의 가치가 낮아져서 많은 관광객이 몰렸다. ( )
- 엔화 가치가 낮아지면 같은 돈으로 더 많은 엔화를 살 수 있다. ( )
- 일본을 찾는 관광객을 끌어모으고자 2024년 기준 금리를 2차례 내렸다. ( )

✏️ 생각해 보기

엔화가 낮아져서 외국 관광객이 많이 방문하면 일본은 어떤 점이 좋을까요?

비트코인, 화폐가 될 수 있을까요?

몇 년 전 우리나라는 비트코인(Bitcoin)으로 들썩였어요. 비트코인의 가치가 오르는 시기에 널리 알려지면서 많은 사람이 사들였지요. 어떤 사람은 큰돈을 벌기도 하고 어떤 사람은 적잖은 돈을 잃기도 했어요. 그때는 화폐다 아니다 논란이 많았지만, 이제 비트코인은 화폐로서 자리매김해 가는 분위기에요.

비트코인은 온라인에서 만들어지고 거래된다.

기존 화폐에 도전장 내민 암호 화폐

우리가 평상시 쓰는 돈은 얼마나 만들지를 나라가 결정해요. 돈을 너무 많이 찍어 내면 화폐의 가치가 떨어져서 종잇조각처럼 쓸모가 없어지지요. 그래서 나라에서 마음대로 찍어 낼 수 없는 화폐에 관심이 모이기 시작했어요. 그것이 바로 블록체인을 바탕으로 한 암호 화폐예요. 블록체인은 1991년에 개발된 분산형 데이터 저장 기술로 '공공 거래 장부'라고도 불러요. 누구나 볼 수 있는 장부에 거래 내역을 기록하고, 여러 대의 컴퓨터에 똑같이 저장해 두지요.

화폐처럼 상품 서비스 교환 가능

비트코인은 맨 처음 등장한 암호 화폐예요. 우리가 쓰는 지폐처럼 실제로 만질 수 있는 화폐가 아니에요. 컴퓨터의 수학 연산 과정을 통해 비트코인을 만들지요. 전체 개수는 2100만 개로 정해져 있고, 지금까지 90% 정도가 만들어졌어요. 은행 계좌는 신분이 확실해야 만들 수 있어서 누가 돈을 얼마나 가지고 있는지 알 수 있지만, 비트코인은 누가 얼마를 가지고 있는지 알 수 없어요.

그렇다면 비트코인이 화폐가 될 수 있을까요? 화폐란 상품이나 서비스를 교환할 수 있는 가치가 저장된 수단이에요. 비트코인이 처음 나왔을 때는 거래가 잘 이루어지지 않아 1개에 50원 정도로 가치가 낮았어요. 하지만 2024년에는 1개당 9000만 원을 넘기기도 했지요. 사람들이 비트코인을 가치를 저장하는 수단으로 두루 활용하고 있는 거예요. 상품이나 서비스를 구매할 때 이용되기도 해요. 그래서 비트코인이 화폐의 기능을 한다고 보는 사람들이 있지요. 하지만 화폐가 아니라고 하는 사람들도 있어요. 비트코인의 가격이 오르락내리락 변동이 심하고, 주고받는 데 시간이 오래 걸려서 실생활에서 널리 이용되기에는 불편하다고 하지요.

똑똑한 배경지식

비트코인(Bitcoin)
가장 먼저 생긴 암호 화폐예요. 비트코인은 정보량의 최소 기본 단위를 나타내는 비트(Bit)와 동전을 의미하는 코인(Coin)이 합쳐진 말이에요. 비트코인의 가치는 점차 커지고 있고, 실제 돈처럼 쓰이는 곳도 늘고 있어요.

알쏭달쏭 어휘 풀이

- **블록체인**: 가상 화폐로 거래할 때 발생할 수 있는 해킹을 막는 기술.
- **장부**: 물건이 들어오고 나가는 것이나 돈의 수입과 지출 계산을 적어 두는 책.
- **암호 화폐**: 블록체인을 바탕으로 암호화 기술을 사용하여 만든 디지털 화폐.

✏️ 다음 빈칸에 알맞은 말을 쓰세요.

☐☐☐☐과 같은 암호 화폐가 화폐로서 자리를 잡아가고 있다.

✏️ 이 글을 통해 알 수 있는 내용에 ○, 알 수 없는 내용에 ×표 하세요.

- 비트코인은 무한히 만들 수 있다. ( )
- 화폐는 상품이나 서비스를 교환하는 기능을 한다. ( )
- 비트코인이 처음 생겼을 때 가치가 가장 높았다. ( )

✏️ 생각해 보기

암호 화폐는 지폐보다 어떤 점이 좋을까요?

왜 릴스는 보기 시작하면 멈출 수 없을까요?

 전 세계에서 가장 많이 다운로드된 앱은 인스타그램이라고 해요. 2023년 한 해 동안 7억 6800만 건이나 다운로드되었다고 하니 어마어마하지요. 인스타그램이 갑자기 1위를 차지한 이유는 무엇일까요?

숏폼 영상은 한번 보기 시작하면 멈추기 어렵다.

숏폼이 날로 인기를 얻고 있어요

 '숏폼(Short-Form)'은 짧은 영상으로 만들어진 콘텐츠를 말해요. 숏폼을 처음 시작한 것은 '틱톡'이에요. 틱톡은 중국 IT업체가 2016년에 만들었는데, 15초짜리 영상을 음악과 함께 올릴 수 있어요. 영상이 톡톡 튀고 조작이 간편해서 젊은이들의 마음을 사로잡았지요. 덕분에 2020년부터 3년간 가장 많이 다운로드된 앱 1위를 차지했죠. 인스타그램이 틱톡을 제치고 1위에 오를 수 있었던 것은 '릴스' 덕분이에요. 릴스는 90초 이내 짧은 동영상을 올릴 수 있는 숏폼이지요. 동영상 플랫폼을 처음 시작한 유튜브도 60초 길이의 영상을 올릴 수 있는 '쇼츠'를 선보였어요.

나보다 나를 더 잘 아는 알고리즘

 틱톡·릴스·쇼츠, 모두 한번 보기 시작하면 멈출 수가 없어요. 콘텐츠 하나 하나의 시간은 15~90초밖에 되지 않지만 추천 목록을 계속해서 보다 보면 2~3시간이 훌쩍 지나가지요. 내가 관심 있는 것을 바탕으로 새로운 영상을 추천해 주는 알고리즘 때문이에요. 내가 눌렀던 좋아요나 댓글, 공유 등을 토대로 입맛에 딱 맞는 영상을 보여 주죠. 유명인뿐만 아니라 친구 계정을 팔로잉할 수 있어서 더 오랫동안 보게 돼요.

숏폼, 중독될 수 있어요

 하지만 숏폼에는 큰 부작용이 있어요. 바로 중독이에요. 숏폼 중독은 중독의 3요소인 신호·보상·갈망을 모두 갖추고 있어요. 숏폼은 짧기 때문에 내용을 압축해서 전달하려고 자극적인 제목이나 영상을 사용해요. 이 신호를 받아들인 뇌가 재미라는 보상을 받게 되고, 이것에 적응되면 점점 더 큰 보상을 갈망하게 되는 것이죠.

똑똑한 배경지식

알고리즘(Algorithm)
문제에 대한 합리적인 결론을 내기 위한 절차나 사고방식을 말해요. 인터넷을 사용할 때 사용하는 사람의 검색 기록 등을 분석하여 그를 바탕으로 적절한 콘텐츠를 추천해 주는 것을 의미하기도 해요.

알쏭달쏭 어휘 풀이

◆ **압축하다**: 글이나 문장의 길이를 줄여 짧게 하다.
◆ **중독**: 어떤 것에 빠져서 정상적인 생각이나 판단을 할 수 없는 상태.
◆ **보상**: 어떤 것에 대한 대가를 주거나 받는 것.
◆ **갈망**: 간절히 바람.

✏️ 다음 빈칸에 알맞은 말을 쓰세요.

　　□□은 알고리즘의 영향으로 오랫동안 보게 되어 중독을 조심해야 한다.

✏️ 이 글을 통해 알 수 있는 내용에 ○, 알 수 없는 내용에 ×표 하세요.

- 릴스는 숏폼 중에서 가장 먼저 만들어져 1위가 되었다. ( )
- 알고리즘은 우리에게 계속해서 추천 콘텐츠를 보여 준다. ( )
- 숏폼 중독은 신호·보상·갈망, 중독의 3요소를 모두 갖추고 있어 조심해야 한다. ( )

✏️ 생각해 보기

숏폼에 중독되지 않으려면 어떻게 해야 할지 생각해 봐요.

유튜버, 정말 돈을 많이 벌까요?

동영상을 만들어 인터넷에 올리고 광고 수익을 얻는 사람을 1인 미디어 창작자라고 해요. 그중에서 동영상 플랫폼으로 유명한 유튜브에서 활동하는 사람을 유튜버라고 하지요. 요즘에는 연예인보다 유명한 유튜버들이 많이 생겼어요. 구독자도 많고 큰 선물을 주는 엄청난 이벤트를 하기도 해요.

유튜브로 큰돈을 버는 사람들이 늘면서 유튜버가 새로운 직업으로 떠올랐다.

전 세계 유명 유튜버 누가 있나요?

미스터 비스트라는 미국의 유명 유튜버가 있어요. 그는 2024년 2월 시사주간지 〈타임〉 인터뷰에서 한 해 동안 약 6억~7억 달러(약 8200억~9500억 원)를 번다고 말했어요. 그의 유튜브 채널 구독자 수는 2024년 7월 3억 명을 돌파해 전 세계에서 가장 많아요. 유명한 유튜버는 광고 효과가 커서 기업이 광고비를 내고, 그러면 그는 그 돈으로 더 큰 이벤트를 열 수 있어요. 그 영상이 다시 구독자를 늘리는 효과를 가져오게 되죠.

우리나라에서는 K팝 아이돌 그룹의 유튜브 채널이 최고 인기예요. 가장 큰 유튜브 채널은 구독자 9400만 명을 보유하고 있는 블랙핑크예요. 방탄소년단(BTS)과 소속사 하이브 채널이 각각 7800만 명, 7500만 명으로 그 뒤를 잇고 있어요. 엄청난 조회 수를 자랑하지만, 아이돌 그룹은 유튜브 채널로 큰 수익을 내기는 힘들어요. 뮤직비디오 등 영상 1편을 만드는 데 돈이 많이 들기 때문이에요.

모두 큰돈을 버는 것은 아냐

국세청에 따르면 2022년 1인 미디어 창작자가 한 해 동안 버는 돈은 2900만 원이에요. 그중에서 상위 1%는 한 해 동안 8억 4800만 원을 벌었지만, 하위 50%는 30만 원밖에 못 벌었어요. 유튜버가 2019년 2776명에서 2022년 3만 9366명으로 14배 넘게 늘어서 경쟁이 심해졌거든요. 모든 유튜버가 광고 수익을 받는 것도 아니에요. 구독자 수가 1000명 이상이고 한 해 동안 동영상 시청 시간이 4000시간 이상 등 조건을 갖춰야 해요. 짧은 영상은 90일 동안 조회 수가 1000만 회 이상이어야 한대요.

똑똑한 배경지식

1인 미디어 창작자
자신이 제작한 동영상을 유튜브 등 광고 기반 플랫폼에 올리고 광고로 수익을 얻는 사람을 말해요. 수익을 내려면 구독자와 영상 조회 수를 늘려야 하지요. 유튜브에서 활동하는 1인 미디어 창작자를 유튜버라고 해요.

알쏭달쏭 어휘 풀이

◆ **구독자**: 신청해서 온라인에서 콘텐츠를 계속 받아 보는 사람.
◆ **보유하다**: 가지고 있거나 간직하고 있다.
◆ **수익**: 일이나 사업에서 얻은 이익.

✏️ 다음 빈칸에 알맞은 말을 쓰세요.

☐☐☐가 된다고 해서 모두가 큰 수익을 올릴 수 있는 것은 아니다.

✏️ 이 글을 통해 알 수 있는 내용에 ○, 알 수 없는 내용에 ×표 하세요.

- 미국의 유튜버가 현재 전 세계에서 가장 구독자가 많다. ( )
- 우리나라에서는 아이돌 그룹이 유튜브 구독자 수 1위를 차지하고 있다. ( )
- 유튜버가 되면 누구나 쉽게 돈을 벌 수 있다. ( )

✏️ 생각해 보기

유튜버는 어떻게 돈을 벌까요?

'내라' '못 낸다' 망 사용료 논쟁!

요즘에는 초고화질 영상이 많아지면서 인터넷에서 전송되는 데이터 양도 엄청나게 증가했어요. 그런데 유튜브·넷플릭스 같은 몇몇 콘텐츠 회사들은 수입이 크게 늘어 큰 돈을 벌면서도 SK텔레콤·KT·LG유플러스의 인터넷 망을 공짜로 쓰고 있다고 해요.

영상 콘텐츠 서비스가 늘면서 데이터 사용량이 급증했다.

넷플릭스, SK브로드밴드와 분쟁 마무리

우리나라의 유명한 콘텐츠 회사인 네이버와 카카오는 이동통신 회사에 망 사용료를 내고 있어요. 한 해에 700억~1000억 원이나 되지요. 해외 온라인 동영상 서비스 회사인 애플TV와 디즈니플러스도 망 사용료를 내고 있어요. 그런데 넷플릭스는 2018년부터 SK브로드밴드를 이용했는데 망 사용료를 내지 않았어요.

넷플릭스는 4년 사이에 인터넷 데이터 전송량이 34배나 늘었어요. 과학기술정보통신부가 2023년 조사한 결과 유튜브를 서비스하는 구글은 인터넷 데이터 전송량의 28.6%를 차지해 1위, 넷플릭스(5.5%)는 2위였어요. 넷플릭스와 SK브로드밴드는 법정싸움까지 갔어요. SK브로드밴드는 "넷플릭스 동영상을 시청자에게 안정적으로 전송하기 위해 전용회선을 계속 늘려 왔다"고 주장했어요. 반면 넷플릭스는 "이용자가 이미 통신사에 이용료를 내는데 우리에게도 받으려는 것은 2번 받는 것"이라고 맞섰지요.

오랜 싸움 끝에 두 회사는 전략적인 관계를 맺고 분쟁을 끝냈어요. 넷플릭스가 망 사용료라고 하지는 않지만 비용을 내고, 넷플릭스 작품을 SK브로드밴드가 운영하는 Btv에서 바로 볼 수 있게 하는 방식으로 서로 협력하고 있지요.

데이터 가장 많이 쓰는 구글, 망 사용료는?

남은 것은 구글이에요. 구글은 유튜브를 서비스해서 인터넷 데이터 전송을 제일 많이 이용하고 있지만, 망 사용료는 하나도 내고 있지 않아요. 우리나라 회사가 내는 금액을 똑같이 적용하면 구글은 매년 2000억 원의 망 사용료를 내야 한다고 해요. 국회는 구글 같은 해외 회사도 망 사용료를 내게 하는 법안을 추진하고 있어요.

똑똑한 배경지식

인터넷 망(Network)
컴퓨터끼리 정보를 교환할 수 있도록 연결된 통신망을 말해요. 여러 대의 컴퓨터가 동시에 정보를 주고받기 위해서는 회선이 복잡하게 얽혀 그물(Net)처럼 망 구조를 이루는데 이를 두고 네트워크라고 부르게 되었어요.

알쏭달쏭 어휘 풀이

- ◆ **증가하다**: 양이나 수치가 늘다.
- ◆ **전용회선**: 통신망에서 특정 사용자 전용의 통신 회선.
- ◆ **분쟁**: 시끄럽고 복잡하게 다툼.
- ◆ **추진**: 목표를 향하여 밀고 나아감.

✏️ 다음 빈칸에 알맞은 말을 쓰세요.

일부 콘텐츠업체에서 이동통신사에 ☐☐☐☐를 내지 않아 갈등을 빚고 있다.

✏️ 이 글을 통해 알 수 있는 내용에 ○, 알 수 없는 내용에 ×표 하세요.

- 국내 콘텐츠 제공업체들은 망 사용료를 내지 않고 있다. ( )
- 넷플릭스는 망 사용료를 내지 않아 SK브로드밴드와 지금까지 싸움을 이어가고 있다. ( )
- 구글은 우리나라에서 인터넷 데이터 전송을 가장 많이 이용하는 회사다. ( )

✏️ 생각해 보기

구글이나 넷플릭스가 망 사용료를 내지 않으려는 이유는 무엇일까요?

우리나라의 효자 수출품, 김!

미국의 대형 마트가 문을 열자마자 품절되는 인기 상품이 있어요. 바로 김밥이에요. 우리나라는 냉동 김밥을 만들어 세계에 판매하고 있어요. 미국의 인플루언서 사이에서 김밥이 인기를 끌면서 저렴하면서 영양가 있고 맛도 있는 대중적인 음식으로 사랑받고 있지요. 이렇게 김밥이 유행하게 된 배경에는 김의 인기도 숨어 있어요.

해외에서 각광받기 시작한 김.

'바다의 반도체'라 불리는 김

전 세계가 우리나라 김의 고소한 맛에 빠지면서 김의 판매도 폭발적으로 늘고 있어요. 우리나라 수출 효자 상품인 반도체에 이어 김이 인기를 끌면서 김이 '바다의 반도체'라고 불릴 정도이지요. 한국해양수산개발원 수산업 관측 센터에 따르면 2024년 4월에 김 한 속(100장, 김을 세는 단위)의 월평균 도매가격이 처음으로 1만 원을 넘어섰어요. 김 한 속 가격은 2022년 4월만 해도 4625원이었는데, 2년 만에 2배 이상 오른 거예요. 김 수출 금액은 전년도보다 47%나 늘었어요.

김이 잘 자랄 수 있는 환경을 갖추었어요

한국김산업연합회에 따르면 김은 조선 초기 경남 하동에서 처음 먹기 시작했다고 전해져요. 우리나라 바다에서 김 양식이 발달할 수 있었던 것은 김이 성장하기에 적절한 수온(8℃)과 염도, 조류 환경을 갖추고 있기 때문이에요. 우리나라의 한 해 동안 김 생산량은 124억 장 정도인데, 이는 전 세계 생산량의 절반이나 돼요.

기후 변화로 일본의 김 생산량 감소

그런데 한국에 이어 2위 김 생산국인 일본에서는 최근 김 생산량이 크게 줄었어요.

기후 변화 때문이에요. 일본의 2022년도 김 생산량은 48억 장이었는데, 51년 만에 최저 수준이라고 해요. 일본에서 김을 가장 많이 생산하는 규슈 북서부 아리아케해가 이상 고온 현상을 보였고, 좋은 품질의 김이 충분히 자라지 못해 시장에 내보낼 양도 크게 줄었던 거예요. 지구 온난화로 인해 우리나라의 바다에서도 일어날 수 있는 일이지요.

똑똑한 배경지식

바다의 반도체

서양에서는 예전에는 김을 두고 '바다의 잡초'나 먹을 수 없는 '검은 종이'라고 불렀어요. 하지만 지금은 전 세계가 김의 맛에 빠져 슈퍼푸드가 되었지요. 우리나라에서는 반도체를 잇는 인기 수출품이 되어 바다의 반도체라는 별명이 생기게 되었어요.

알쏭달쏭 어휘 풀이

- **도매가격**: 물건을 소량으로 파는 가격이 아니라 크게 묶어 파는 가격.
- **양식**: 인공적으로 길러서 번식하게 함.
- **조류**: 바닷물의 흐름.

✏️ 다음 빈칸에 알맞은 말을 쓰세요.

☐ 은 우리나라에서 반도체에 이어 수출 효자 상품으로 자리매김하였다.

✏️ 이 글을 통해 알 수 있는 내용에 ○, 알 수 없는 내용에 ×표 하세요.

- 우리나라에서 만든 김은 세계에서 큰 인기를 끌고 있다. ( )
- 우리나라는 김이 잘 자랄 수 있는 환경을 갖추고 있다. ( )
- 일본에서는 기온이 오르면서 김의 생산량이 늘었다. ( )

✏️ 생각해 보기

김을 바다의 반도체라고 부르는 이유는 무엇일까요?

엄마 아빠가 하는 주식, 나도 궁금해요!

뉴스를 보면 매일 주식 관련 소식을 전해줘요. 주식 뉴스에서는 회사 이름 옆에 파란색, 빨간색 숫자와 화살표가 써 있어요. 주식 가격은 매일 오르고 내리는데 오르는 회사는 빨간색, 내리는 회사는 파란색으로 표시해요. 그렇다면 주식이란 정확히 어떤 것일까요?

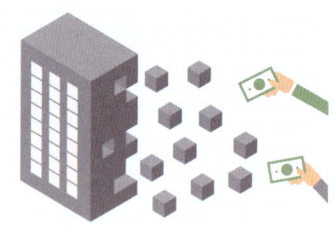

주식은 회사에 투자하는 방식 중 하나다.

주식, 알고 보자!

회사를 처음 차리려면 돈이 많이 필요해요. 돈을 모으는 방법 중에는 회사에서 같이 일할 사람들이 각자의 돈을 모으는 방법이 있어요. 만약 1억 원이 필요한데 10명이 모여서 1000만 원씩 돈을 냈다면 어떻게 될까요? 이들은 각각 10%의 회사 지분을 갖고, 일해서 번 돈을 똑같이 1/10씩 나눠 가져요. 그런데 회사가 커질수록 돈이 더 많이 필요해요. 같이 일하는 사람이 돈을 모으는 것으로는 부족하지요. 그래서 많은 사람에게 돈을 모아야 해요. 이때 회사는 주식을 발행하고, 이 회사에 투자하려는 사람들은 주식을 돈을 주고 사요. 그러니까 주식을 사서 갖게 되면, 그 회사의 주인이 되는 거예요.

주식으로 어떻게 돈을 벌까?

주식으로 돈을 버는 방법은 크게 2가지예요. 첫째는 배당금이에요. 회사가 돈을 많이 벌면 투자한 사람들에게 수익금의 일부를 나눠줘요. 또 다른 방법은 시세 차익이에요. 회사가 돈을 많이 벌면 그 회사의 주식을 사고 싶어 하는 사람들이 많아지고 자연스럽게 주식의 값이 올라가요. 그러면 과거에 주식을 1만 원에 샀던 사람이 그보다 높은 가격에 팔 수 있지요. 하지만 회사에서 손해가 났다면 주식의 값은 내려가고 투자한 사람들은 손해를 보게 돼요.

용돈을 주식에 투자한다면?

한국 예탁결제원에 따르면 2022년 말 기준, 삼성전자 주식을 산 미성년자는 43만

1642명으로 3년 전보다 24배나 늘었다고 해요. 성장 가능성이 높은 회사의 주식을 산다면 주식이 오를 가능성도 크겠지요. 하지만 잘못 투자하면 돈을 모두 잃을 수 있어요. 그래서 주식 투자를 하기 전에 관심 있는 회사가 어떤 일을 하는지, 앞으로 발전 가능성은 얼마나 높은지 정보를 계속 알아보며 신중하게 결정해야 하지요.

똑똑한 배경지식

주식 시장
주식은 어른이든 어린이든 누구나 사고팔 수 있어요. 주식을 사고파는 곳을 주식 시장이라고 하지요. 증권 회사를 통해 계좌를 만들면 주식 시장에서 주식을 거래할 수 있어요. 옛날에는 직접 주식 시장에 가야 했지만 지금은 인터넷으로 쉽게 사고팔 수 있지요.

알쏭달쏭 어휘 풀이

◆ **지분**: 여러 사람이 공동으로 소유한 물건이나 재산에서, 각자 가지는 몫.
◆ **투자**: 이익을 얻기 위하여 자본을 대거나 시간이나 정성을 쏟음.
◆ **발행**: 화폐, 증권 등을 만들어 쓰도록 함.

✏️ 다음 빈칸에 알맞은 말을 쓰세요.

☐☐을 사는 것은 회사에 투자하는 방법 중 하나로, 그 회사의 주인이 되는 것이다.

✏️ 이 글을 통해 알 수 있는 내용에 ○, 알 수 없는 내용에 ×표 하세요.

● 주식 가격은 매일 바뀌어 오를 때 빨간색, 내릴 때 파란색으로 표시한다. ( )
● 주식으로 배당금을 받거나 시세 차익을 통해 돈을 벌 수 있다. ( )
● 주식에 투자하는 청소년들이 줄어들고 있다. ( )

✏️ 생각해 보기

만약 주식을 산다면 어떤 회사의 주식을 사고 싶어요? 이유도 생각해 봐요.

재택근무가 줄어들고 있어요

지난 코로나19 팬데믹 시기, 몇몇 친구의 부모님은 재택근무를 하셔서 집에서 일을 하시고 같이 식사를 하기도 하셨을 거예요. 부모님이 집에서 일하시면 우리에게 도움이 많이 되지요. 부모님도 출퇴근에 드는 시간을 다른 일에 활용할 수 있어서 좋으시다고 해요. 그런데 이런 재택근무가 다시 줄어들고 있어요.

재택근무는 팬데믹 때 확산됐다.

'제페토'를 운영하는 네이버제트가 2024년 4월 재택근무를 없애고 주 4일은 사무실로 출근하기로 했어요. 코로나 때 모든 직원이 재택근무를 하던 카카오 역시 2024년 4월부터 전 직원이 사무실에서 근무하기로 했어요. 배달의민족을 서비스하는 우아한형제들은 이미 2023년 하반기에 주 2회 이상 사무실로 출근하는 것으로 바꾸었죠. 미국에서도 재택근무를 끝내고 사무실에서 근무하는 방향으로 바뀌고 있어요.

재택근무, 많은 것을 바꿨어요

팬데믹 시기에 시행되기 시작한 재택근무는 많은 것을 바꿔 놓았어요. 출퇴근 시간을 크게 줄였고, 근무 시간이 자유로워졌지요. 누군가에게 눈치볼 일이 줄고, 식사비와 교통비 등을 절약할 수 있다는 장점도 있어요. 회사 입장에서는 사무실을 빌리는 비용이 줄어들고, 국내뿐 아니라 해외나 멀리 있는 우수한 인재를 뽑아 일하게 할 수 있어요. 미국에서는 재택근무를 시행한 이후 출산율이 크게 오르기도 했어요.

반면 일터와 쉼터를 나누기 어려워지고, 업무 효율이 떨어진다는 단점도 있어요. 바로바로 소통하기가 어려워 여럿이 협력하여 일하기에 불편하고, 일의 속도가 느려져 효율이 떨어진다는 말도 나왔어요. 사무실이 많이 필요 없어지니, 전 세계에 비어 있는 사무실이 늘어 부동산 시장도 좋지 않아졌지요.

회사와 직원의 서로 다른 입장

다시 사무실로 출근해야 하는 회사가 늘면서 다양한 갈등이 생기기도 했어요. 미국

기업인 마이크로소프트(MS)와 애플 등에서 재택 근무를 끝내고 직원들에게 사무실에서 근무해야 한다고 발표한 이후 회사를 떠나는 직원들이 많아졌어요. 카카오에서는 재택근무를 없애자 직원들이 한꺼번에 노동조합에 가입했어요. 이 때문에 주 3일은 출근, 2일은 재택근무를 하는 기업도 늘고 있어요.

똑똑한 배경지식

재택근무
회사에 출근하지 않고 근무 시간에 집에서 근무하는 것을 말해요. 컴퓨터를 통해 회사에 연락할 수 있고 정보를 주고받을 수 있어 공간에 제약이 없지요.

알쏭달쏭 어휘 풀이

- **팬데믹**: 전염병이 전 세계적으로 크게 유행하는 현상. 또는 그런 병.
- **업무 효율**: 일에 들인 노력 또는 시간과 얻은 결과물의 비율.
- **노동조합**: 노동자 중심에서 더 좋은 근로 조건을 만들고 사회적, 경제적 지위를 향상시키기 위해 활동하는 단체.

✏️ 다음 빈칸에 알맞은 말을 쓰세요.

회사들은 ☐☐☐☐에서 사무실로 출근하는 방식으로 돌아가고 있다.

✏️ 이 글을 통해 알 수 있는 내용에 ○, 알 수 없는 내용에 ×표 하세요.

- 팬데믹 시기에 재택근무가 늘어났다. ( )
- 재택근무는 공간과 시간 면에서 자유롭다는 장점이 있다. ( )
- 대부분의 직원들은 재택근무보다 사무실 출근을 바라고 있다. ( )

✏️ 생각해 보기

재택근무의 장점과 단점은 무엇일까요?

반려동물을 가족처럼, 펫팸족이 늘고 있어요

집에서 기르는 강아지나 고양이를 아들이나 딸이라고 부르는 '반려인'이 늘고 있어요. '펫팸(Pet+Family)족'이라는 말이 생겨나기도 했는데, 반려동물을 가족처럼 여기는 사람을 부르는 말이에요. 반려인이 늘어나면서 반려동물과 관련된 산업도 빠르게 성장하고 있어요.

대표적인 반려동물인 고양이.

반려동물을 키우는 집이 늘었어요

2022년에 우리나라에서 반려동물을 기르는 가정은 약 602만 가구라고 해요. 10년 전에 6집 중 1집이 키웠다면, 이제는 4집 중 1집이 반려동물을 키우는 것이지요. 반려동물 수 역시 2010년에 556만 마리였던 것이 2022년에는 799만 마리로 급증했어요. 이 숫자는 강아지와 고양이만 헤아린 숫자니까 아마 다른 종류의 반려동물까지 더하면 훨씬 많을 거예요. 이렇게 반려동물을 키우는 가정이 늘어난 이유는 여러 가지 사회적인 영향이 있어요. 경제 수준이 높아졌고, 1인 가구가 많아졌으며, 결혼하지 않거나 결혼해도 아이를 낳지 않는 가정이 늘었기 때문이에요. 코로나19로 집에 머무는 시간이 길어진 것도 '반려인'이 늘어난 이유예요.

반려동물을 가족처럼 여겨요

2023년 KB경영연구소 조사에 따르면 반려인의 81.5%가 반려동물을 가족으로 여긴다고 응답했어요. 반려동물을 사람처럼 여기는 '펫 휴머니제이션(Pet Humanization)' 현상이지요. 반려동물에게 사료뿐만 아니라 간식과 영양제 등 다양한 음식을 먹이고, 유치원에 보내기도 하고, 휴가도 같이 떠나요. 반려동물을 사람처럼 대하다 보니 예전보다 키우는 데 더 많은 돈을 쓰고 있어요.

나라에서 반려동물 산업을 지원해요

우리나라는 반려동물 문화가 오래된 나라에 비해 아직 관련 산업 규모가 작아요. 이제 막 성장을 시작한 산업 분야이기 때문이에요. 나라에서는 이 시장이 더욱 발전할 거라고 내다보고 있어요. 그래서 펫푸드를 일반 가축 사료와 분류해서 정리하고, 반려동물의 의약품 연구를 지원해서 해외 시장을 열어나갈 계획이라고 해요.

똑똑한 배경지식

펫 휴머니제이션(Pet Humanization)
반려동물을 사람처럼 대하고 보살피는 현상을 말해요. 최근 1인 가구가 많아지고, 나이 많은 사람들이 늘거나, 아이를 낳지 않는 가정이 느는 등의 다양한 사회적인 변화로 인해 반려동물을 가족처럼 여기는 사람이 많아졌어요.

알쏭달쏭 어휘 풀이

- **펫팸족**: 반려동물을 가족처럼 여기는 사람들을 이르는 신조어.
- **반려인**: 개나 고양이 등의 반려동물과 더불어 살아가는 사람.
- **펫푸드**: 반려동물을 위해 만들어진 먹이.

✏️ 다음 빈칸에 알맞은 말을 쓰세요.

□□□□을 가족처럼 대하는 가정이 늘어나 관련 산업이 성장하고 있다.

✏️ 이 글을 통해 알 수 있는 내용에 ○, 알 수 없는 내용에 ×표 하세요.

- 반려동물을 가족처럼 생각하는 사람들이 늘고 있다. ( )
- 반려동물을 키우는 사람들이 코로나19 이후 급격히 줄어들었다. ( )
- 반려동물을 사람처럼 대하는 것을 펫 휴머니제이션이라고 한다. ( )

✏️ 생각해 보기

왜 사람들이 반려동물을 키울까요? 반려동물이 있을 때 장단점을 생각해 봐요.

왜 가루쌀 농사를 지으면 돈을 줄까요?

우리나라 주식이라고 하면 제일 먼저 하얀 쌀밥이 떠올라요. 그런데 통계청 조사에 따르면 우리나라 한 사람이 하루에 먹는 쌀은 밥 한 공기가 채 되지 않는다고 해요. 1980년 이후 꾸준히 줄어들고 있어요.

익은 벼가 수확을 기다리고 있다.

남아돌아 골칫거리가 된 쌀

2023년 쌀 생산량은 2022년보다 1.6% 줄었고, 재배 면적은 2.6% 줄었어요. 사람들이 예전처럼 쌀을 많이 먹지 않으면서 소비가 줄어들자 쌀값이 날이 갈수록 떨어지고 있지요. 나라에서는 쌀값이 더 내려가지 않게 소비자들 대신 농민들의 쌀을 사 줬어요. 2024년에도 1조 2266억 원 어치 쌀을 사기로 했지요. 하지만 이미 전국 3400개가 넘는 창고에 쌓여 있는 쌀이 168만 톤(t)이나 돼요. 쌀을 보관하는 데 드는 비용만 4061억 원에 달해요. 쌀값은 계속 내려서 2023년 10월에는 20kg당 5만 4388원이었는데 2024년 7월에는 4만 5990원이 됐어요.

가루쌀 등 전략 작물 키우기도

농림축산식품부는 남아도는 쌀의 생산을 줄이기 위해 전략작물직불제를 시작했어요. 2024년에도 논에 벼 대신 가루쌀·밀·논콩 등을 심으면 지원금을 주는 제도예요. 가루쌀은 밀처럼 빻아 가루로 만들 수 있는 쌀이에요. 밀로 만든 음식을 많이 먹기 시작하면서 밀의 소비가 많아지자 이것을 가루쌀로 대체하려는 것이지요. 2023년 전략작물직불제에 참여한 사람은 약 7만 3000명이나 돼요. 덕분에 벼 재배 면적이 12만 5000헥타르(1250km²) 줄어드는 효과를 가져왔어요.

필요한 식량 절반은 수입

쌀은 남아돌지만, 모든 작물이 충분히 생산되는 건 아니에요. 우리나라 사람들의 식량 소비량 중에서 우리나라에서 생산한 식량이 차지하는 비율은 2022년 기준으로 49.3%

밖에 안 돼요. 사료용을 포함한 곡물은 22.3% 수준에 그쳤어요. 특히 쌀 다음으로 많이 소비하는 밀은 약 99%를 수입하고 있어요. 대부분 다른 나라에서 가져오고 있는 거예요. 한 나라에서 나는 식량으로 그 나라의 국민들이 충분히 먹고 살 수 있는지 측정하는 세계식량안보지수(GFSI) 순위에서도 2022년에 우리나라는 전체 113개국 중 39위를 했어요. 경제협력개발기구(OECD) 가입국 중 가장 낮은 수준이지요.

똑똑한 배경지식

전략작물직불제
벼를 재배하던 논에 나라에서 정한 작물을 재배하면 지원금을 주는 제도예요. 곡물을 재배하는 양을 늘리고 소비가 적은 쌀의 재배를 줄이기 위해 2023년부터 시행하고 있지요.

알쏭달쏭 어휘 풀이

- **안보**: 안전 보장.
- **자급률**: 필요한 물자를 자체로 공급하는 비율.
- **경제협력개발기구**: 경제 성장, 개발 도상국 원조, 통상 확대를 목적으로 1961년에 창설된 국제 경제 협력 기구.

✏️ 다음 빈칸에 알맞은 말을 쓰세요.

우리나라는 ☐의 소비가 줄어들고 곡물의 대부분을 수입에 의존하고 있다.

✏️ 이 글을 통해 알 수 있는 내용에 ○, 알 수 없는 내용에 ×표 하세요.

- 우리나라 사람들의 쌀의 소비가 줄어들고 있다. ( )
- 우리나라에서 전략작물직불제를 시행해서 쌀 대신 밀을 재배하는 농가가 늘어났다. ( )
- 우리나라는 자체적으로 생산하는 곡물이 많아서 수입을 줄이고 있다. ( )

✏️ 생각해 보기

우리나라에서 쌀의 생산이 더 늘면 어떤 문제가 생기나요?

Section 02

국제

국제 기사 읽기 전 알아두기 — 나라

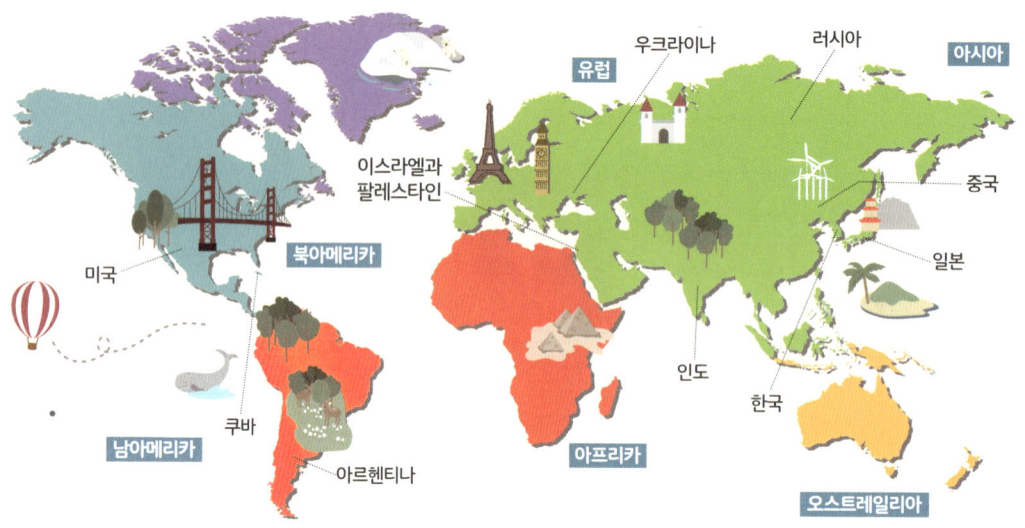

인도

인도는 전 세계에서 가장 인구가 많은 나라예요. 원래 중국이 전 세계 1위였는데 2024년 인도가 중국을 앞질렀어요. 인구 증가를 발판으로 인도의 경제 성장률은 주요 선진국 중 가장 높게 나타났어요. 특히 제조, 건설업이 인도의 경제 성장을 이끌고 있지요.

일본

일본은 아시아의 동쪽에 있는 섬나라예요. 우리나라는 나라의 대표를 대통령이라고 부르지만 일본은 총리라고 불러요. 그리고 일왕이 있지요. 세계에서 고령화율이 가장 높고, 인구가 감소하고 있는 나라이지요. 장기 불황으로 오랜 시간 마이너스 금리를 유지해 왔고, 엔화 가치가 떨어져 '슈퍼 엔저'로 불렸으나, 최근 17년 만에 기준 금리를 인상하며 다시 엔화 가치가 상승하고 있어요.

중국

중국의 정식 명칭은 중화인민공화국이에요. 시진핑 주석이 3번째 연임하고 있어요. 세계에서 가장 인구가 많은 나라였는데 2024년 인도에 그 자리를 내어주었어요. 1978년에 시행한 '한 자녀 정책' 때문에 최근 남성이 여성보다 많아져서 결혼할 배우자를 찾지 못하고 있다고 해요.

북한

북한은 남한과 6·25전쟁으로 지금까지 분단되어 있는, 대한민국 휴전선 북쪽의 나라예요. 공산주의 체제이며 최고 권력을 3대째 자손에게 물려주고 있어요. 몇 년 전에는 김정은 북한 국무위원장이 딸로 추측되는 김주애와 함께 등장하여 후계자가 아닌가 모두 궁금해했지요. 최근 북한에서 오물 풍선을 수시로 보내 다시 긴장이 조성됐어요.

러시아와 우크라이나

러시아가 2022년 2월 24일에 우크라이나를 공격하면서 두 나라의 전쟁이 시작되었어요. 우크라이나는 원래 소련에 속한 지역이었지만 소련이 사라지면서 독립한 나라예요. 우크라이나가 북대서양조약기구(NATO)에 가입했는데 러시아가 안보에 위협을 느끼며 전쟁이 일어났어요.

이스라엘과 팔레스타인

2023년 10월 7일에 팔레스타인의 무장 단체인 하마스 대원들이 이스라엘을 공격했어요. 이스라엘은 곧바로 팔레스타인 사람들이 살고 있는 가자지구를 공격했지요. 이 과정에서 팔레스타인의 민간인들이 많이 희생되었어요.

미국

미국은 50개 주로 이루어진 연방국이에요. 각 주는 독립적이어서 주 정부와 연방 정부가 따로 있고, 주마다 법도 다르게 적용되지요. 연방 정부의 대표는 미국 대통령이고, 주 정부의 대표는 주지사예요. 그렇기 때문에 미국 대통령 선거는 직접 선거와 간접 선거가 혼합되어 있어요. 미국은 2024년에 대통령 선거를 치러요.

아프리카 대륙

아프리카는 인구가 많고 계속 증가하고 있는 대륙이에요. 게다가 평균 나이도 젊어서 그만큼 일할 수 있는 사람도 많지요. 금·다이아몬드를 비롯해 전기차 배터리 등에 쓰이는 리튬·코발트 등 천연자원도 많아요. 지리적으로도 이점이 있어 아프리카의 경제는 가파르게 성장하고 있어요.

쿠바

쿠바는 중남미에 있는 사회주의 국가예요. 쿠바는 1961년에 카스트로에 의해 사회주의가 되었는데, 그때부터 북한과 형제국으로 수교를 맺어 왔어요. 이런 쿠바와 북한의 친밀한 관계 때문에 우리나라는 오랫동안 쿠바와 수교하지 못하다가 드디어 2024년에 수교국이 되었어요.

공해와 영해

공해는 공공의 바다라는 뜻으로 어떤 나라에 속해 있지 않고 모든 나라가 사용할 수 있는 바다를 말해요. 그에 반해 한 나라에 속해 있는 바다를 영해라고 하지요. 영해를 설정하는 기준선을 기선이라고 하는데, 우리나라 영해는 기선으로부터 12해리까지예요. 독도도 이 기준이 적용되어 대한민국 영토이지요. 하지만 일본은 독도와 독도 주변의 가치를 엿보고 끊임없이 독도가 일본 땅이라고 주장하고 있어요.

푸바오는 왜 중국으로 돌아갔을까요?

한국에서 태어나 많은 사랑을 받은 자이언트 판다 푸바오가 2024년 4월 중국으로 돌아갔어요. 푸바오는 왜 에버랜드를 떠나 중국으로 돌아가게 됐을까요?

한국에 어떻게 오게 됐을까요?

중국에서는 판다를 외교에 적극적으로 활용해요. 친분이 두터운 나라에 판다를 '선물'하는 거예요. 2014년 시진핑 중국 국가 주석이 한국을 방문했을 때 판다 한 쌍을 보내주겠다고 약속했어요. 그렇게 2016년 3월 러바오와 아이바오가 한국에 오게 됐어요. 푸바오는 러바오와 아이바오 사이에서 2020년 7월에 태어났어요. 한국에서 태어난 첫 번째 판다로 화제를 모았죠.

대나무잎을 먹고 있는 푸바오.

좀 더 있다 가면 안 될까요?

판다는 1년 중 임신할 수 있는 기간이 3일밖에 되지 않아 새끼를 낳기가 쉽지 않아요. 만 4세가 되면 짝짓기를 시작하는데, 한국에서는 다른 수컷이 없으니 짝짓기를 할 수 없어요. 4세가 되기 전에 중국으로 돌려보내야 한다는 조건이 생긴 것도 이 때문이에요. 그래서 푸바오도 4세 생일을 3개월 앞두고 중국으로 떠나게 됐어요.

판다는 멸종 위기에 처한 동물이에요

판다는 국제자연보호연맹(IUCN)이 지정한 멸종 취약종이에요. 전 세계에서 중국 쓰촨성 일대에서만 사는 희귀종이지요. 1975년 시작된 멸종 위기종 국제거래협약(CITES)에 따라 멸종 위기에 처한 동물이나 식물은 다른 나라에 사고팔지 못하게 됐어요. 1973년 미국 워싱턴에서 열린 국제회의에서 결정된 내용이라서 '워싱턴 협약'이라고도 불러요.

똑똑한 배경지식

멸종 위기종

국제자연보호연맹(IUCN)에서는 지구에서 사라지거나 사라질 위험에 처한 생물들을 조사해 멸종 위기 동물 목록을 만들었어요. 적색 목록이라고도 해요. 그중에서 멸종 위기종은 그 수가 감소해 멸종으로 가고 있는 생물로 위급, 위기, 취약 단계에 속해요.

국제자연보호연맹에서 작성한 멸종 위기 동물 목록 기준

알쏭달쏭 어휘 풀이

◆ **외교**: 다른 나라와 정치적, 경제적, 문화적 관계를 맺는 일.
◆ **멸종**: 생물의 한 종류가 지구에서 완전히 없어짐.
◆ **희귀종**: 많이 없거나 쉽게 만날 수 없어서 매우 귀한 물건이나 품종.

✏️ 다음 빈칸에 알맞은 말을 쓰세요.

판다 푸바오는 ☐☐ 위기에 처한 동물이기 때문에 중국으로 돌아갔다.

✏️ 이 글을 통해 알 수 있는 내용에 ○, 알 수 없는 내용에 ×표 하세요.

- 중국은 판다를 외교에 활용한다. ( )
- 판다는 짝짓기를 하기 위해 만 4세가 되기 전 중국으로 돌아가야 한다. ( )
- 판다는 전 세계 여러 나라에서 살고 있다. ( )

✏️ 생각해 보기

멸종 위기에 처한 동물들은 어떻게 해야 할까요?

세계 최고 부자는 누구일까요?

세계 최고 부자는 누구일까요? 베르나르 아르노, 일론 머스크, 제프 베이조스, 바로 이 세 사람이 그 자리를 놓고 다투고 있어요. 각각 프랑스 명품 그룹 루이비통모에헤네시(LVMH)의 회장, 미국 자동차 회사 테슬라의 최고경영자(CEO), 미국 유통 회사 아마존의 창업자예요. 이들은 어떻게 부자가 되었을까요?

기업가들이 세계 최고 부자 자리를 지키고 있다.

명품 브랜드의 황제, 아르노

베르나르 아르노 회장은 미국 경제지 〈포브스〉에서 뽑은 '세계 최고 부자 순위'에서 2년째 1위를 하고 있어요. 그가 가진 재산은 무려 2330억 달러(약 312조 원)예요. 아르노 회장은 원래 아버지가 운영하던 건설 회사를 물려받아 부동산 사업을 했다고 해요. 그러다가 1984년에 명품 브랜드 그룹을 사들이면서 패션업계에 뛰어들었던 것이죠. 그리고 1989년에 루이비통모에헤네시를 비롯해 유명한 명품 브랜드 회사를 차례차례 사들이면서 명품 브랜드의 황제가 되었어요.

화성 이주를 꿈꾸는 머스크

세계에서 2번째 부자는 1950억 달러(약 261조 원)의 자산을 가지고 있는 일론 머스크예요. 2022년 1위에 오른 이후 2년 연속 2위 자리를 지키고 있어요. 현재 머스크는 3개의 직함을 가지고 있어요. 전기차 회사 테슬라 CEO, 우주탐사 기업 스페이스X CEO, 태양에너지 기업 솔라시티 회장직을 겸하고 있거든요. 머스크는 '화성 이주'라는 원대한 꿈을 품고 있어요. 인류를 다른 행성으로 옮겨가기 위한 로켓을 만들려고 2002년에 스페이스X를 세우고, 친환경 에너지원을 확보하려고 2006년에 솔라시티를 만들었지요.

세상 모든 것을 판다, 베이조스

부자 순위 3위는 제프 베이조스 아마존 의장이에요. 그의 재산은 1940억 달러(약

260조 원)예요. 베이조스는 1994년에 아마존을 만들었어요. 아마존은 처음에는 인터넷 서점으로 시작했어요. 아마존을 이용자를 늘리기 위해 전자책 리더기와 전자책 콘텐츠를 만들었고, 회원들을 대상으로 무료 배송 서비스를 제공해서 고객을 끌어모았어요. 그 결과 세계에서 제일 큰 전자상거래 회사가 되었지요.

똑똑한 배경지식

테슬라
2003년에 설립된 미국의 전기자동차 회사예요. 일론 머스크가 CEO이지요. 테슬라는 미국의 물리학자이자 전기공학자인 니콜라 테슬라의 이름에서 유래했어요. 테슬라는 전기자동차의 약점이었던 배터리 문제를 해소하며 발전을 거듭하고 있지요.

알쏭달쏭 어휘 풀이

- **명품**: 뛰어나거나 이름난 상품이나 작품.
- **창업자**: 회사를 세운 사람.
- **직함**: 직책이나 직무의 이름.
- **이주**: 개인이나 종족, 민족이 원래 살던 지역을 떠나 다른 지역으로 이동해서 삶.

✏️ **다음 빈칸에 알맞은 말을 쓰세요.**

세계의 최고 ☐☐ 3인은 베르나르 아르노, 일론 머스크, 제프 베이조스이다.

✏️ **이 글을 통해 알 수 있는 내용에 ○, 알 수 없는 내용에 ×표 하세요.**

- 세계의 최고 부자 3인은 모두 같은 분야에 있는 사람들이다. ( )
- 일론 머스크는 전기자동차를 만드는 테슬라의 CEO로 유명하다 ( )
- 아마존은 처음에 인터넷 서점이었지만 지금은 전자상거래 회사다. ( )

✏️ **생각해 보기**

세계적인 부자들은 성장 과정에서 어떠한 노력을 했을지 생각해 봐요.

인구가 가장 많은 나라가 바뀌었어요

세계 여러 나라의 언론들은 "코끼리가 판다를 마침내 추월했다"고 보도했어요. 2023년 4월 유엔인구기금(UNFPA)은 세계 인구 보고서를 통해 "인도의 인구가 2024년 중반 중국의 인구를 뛰어넘을 것"이라고 발표했거든요. 이 발표를 보고 언론사들이 인도와 중국을 대표하는 동물에 빗대어 보도한 거예요.

인도는 전 세계에서 가장 인구가 많은 나라이다.

인도의 인구가 점점 많아져요

인도의 인구는 14억 2860만 명이에요. 중국이 14억 2570만 명이니까 중국보다 약 300만 명이나 많은 거예요. 그중 15~64세 인구는 전체의 68%, 65세 이상은 7%예요. 인도는 이렇듯 인구가 빠르게 늘어 오랫동안 '세계 인구 1위'였던 중국을 밀어냈어요. 전 세계 인구는 80억 4500만 명이에요. 인도와 중국, 두 나라가 차지하는 인구의 비율이 36%나 되지요.

경제도 빠르게 성장하고 있어요

인도 통계청에 따르면 2023년 인도의 국내총생산(GDP)은 약 2880조 원이에요. 경제 성장률은 연 8.2%에 달해요. 주요 선진국들 가운데 가장 높은 수치예요. 같은 기간 동안 중국은 5.2%, 미국은 2.5%밖에 성장하지 못했지요. 2023년 인도의 경제 규모는 세계 6위에요. 1위인 미국과 2위 중국을 무섭게 쫓아가고 있어요.

인도의 개선해야 할 문제들

인도 사회에는 아직 개선해야 할 점이 많아요. 영국 BBC는 인도에서는 일할 수 있는 여성 가운데 10%만 일을 하고 있다고 해요. 중국 여성은 69%나 일을 하는 데 비해 아주 적은 숫자이지요. 그리고 많은 사람들이 뉴델리와 같은 대도시로만 몰리고 있어서 지방은 낙후되는 문제도 있어요. 또 인도 일부 지역에서는 결혼할 때 신부가 신랑에게 돈을 내야 하는 문화가 있는데, 이 때문에 싸움이 많이 일어나요. 1961년부터 이런 문화를 불법으로 정했는데, 여전히 없어지지 않은 곳도 있어요.

똑똑한 배경지식

인구
한 지역이나 나라에 살고 있는 사람의 수를 말해요. 오늘날 전 세계에 살고 있는 인구는 80억 명을 넘어섰어요. 경제가 발전하고 생활 수준이 향상되며 의료 기술이 발달해 평균 수명도 길어지면서 인구가 증가하게 되었어요.

알쏭달쏭 어휘 풀이

- **추월하다**: 앞질러서 먼저 나아가다.
- **개선하다**: 부족한 점, 잘못된 점, 나쁜 점을 고쳐서 더 좋아지게 하다.
- **낙후**: 기술, 문화, 생활이 뒤떨어짐.

✏️ 다음 빈칸에 알맞은 말을 쓰세요.

인도는 중국을 제치고 전 세계 ☐☐ 1위를 차지했다.

✏️ 이 글을 통해 알 수 있는 내용에 ○, 알 수 없는 내용에 ×표 하세요.

- 인도는 오랫동안 1위였던 중국의 인구를 넘어섰다. ( )
- 인도는 젊은 사람보다 노인의 수가 더 많다. ( )
- 인도가 더 성장하려면 개선해야 할 점들이 많이 남아 있다. ( )

✏️ 생각해 보기

인도가 더 성장하려면 어떤 점이 달라져야 할까요?

결혼 못 하는 중국 남성이 늘고 있어요

인도 다음으로 세계에서 가장 인구가 많은 나라는 바로 중국이에요. 그런데 이렇게 인구가 많은 중국에서 배우자를 찾지 못해 결혼하지 못하는 남성이 3000만 명이 넘는다고 해요. 중국 국가통계국에서 발표한 인구 주택 총조사 결과에 따르면 2020년 11월 기준 남성이 7억 2334만 명, 여성이 6억 8844만 명으로 남성이 여성보다 3490만 명 더 많다고 해요.

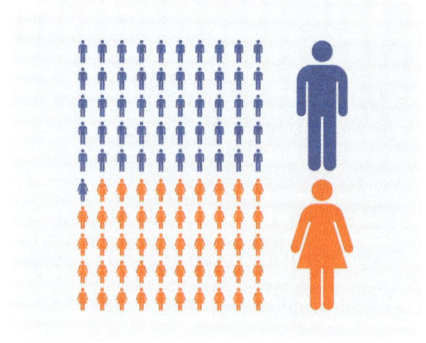
중국 남성과 여성의 성비는 약 51대 49이다.

남성이 더 많은 이유는?

중국에서 남자가 여자보다 더 많아지게 된 이유는 1978년 시작된 '한 자녀 정책' 때문이라는 의견이 많아요. 그때 중국은 인구가 엄청나게 늘어나서 한 가정당 자녀는 한 명씩만 낳자는 정책을 적극적으로 시행했지요. 그런데 중국 사람들은 '남아 선호 사상'이 심해서 한 명만 낳는다면 아들을 낳겠다는 부모들이 많았어요. 태아의 성별을 미리 알아보고 아들이면 낳고 딸이면 인공 유산을 하는 경우가 많았지요. 그래서 여자보다 남자가 더 많아지게 된 거예요. 뒤늦게나마 '두 자녀 정책'을 시행했고, '세 자녀 정책'까지 발표했지만 효과는 별로 없었어요.

결혼을 꺼리는 청년들이 늘었어요

요즘에는 경기 침체와 취업난이 갈수록 심해지면서 청년들이 결혼을 꺼리기까지 하고 있어요. 결혼식 비용도 많이 들고 집과 차도 있어야 한다는 부담감에 결혼을 포기하게 되는 것이지요. 2022년 기준으로 중국의 결혼 건수는 역대 최저 수준인 683만 건밖에 되지 않아요. 이렇게 혼인율이 줄어들자 당연히 출산율도 줄어들었지요. 출산율은 1949년 이후 처음으로 최저를 기록했어요. 결혼할 나이가 된 남성들이 신부를 찾지 못하는 현상은 더 심해지고 있어요.

나라에서도 결혼을 장려하는 정책을 내놓았어요. 몇몇 지방에서는 청년들의 결혼을 주선하는 사람에게 현금을 지원하기도 하고, 방송에서 돈이 없어도 잘 살 수 있다는 의미로 '작은 결혼식'을 추천하기도 했지요. 하지만 혼인율과 출생률을 높이는 데 도움이 되지는 못했어요.

똑똑한 배경지식

남아 선호 사상

부계 혈통을 중시하는 사회에서 여자아이보다 남자아이를 특별히 좋아하는 것을 말해요. 전통적인 가부장적 가족 제도에서 찾아볼 수 있고, 우리나라도 고려 시대부터 1990년대 중반까지 이 현상이 두드러졌어요. 현대 사회에서는 없어져야 할 사상으로 비판받고 있어요.

알쏭달쏭 어휘 풀이

- ◆ **인공 유산**: 임신한 아기를 인공적으로 없앰.
- ◆ **꺼리다**: 사물이나 일 따위가 해를 끼칠 것 같아 피하거나 싫어하다.
- ◆ **장려하다**: 좋은 일을 하도록 북돋아 주다.
- ◆ **주선하다**: 다른 사람의 일이 잘 이루어지도록 중간에서 힘쓰다.

✏️ 다음 빈칸에 알맞은 말을 쓰세요.

□□은 한 자녀 정책과 남아 선호 사상으로 결혼하지 못하는 남성이 늘고 있다.

✏️ 이 글을 통해 알 수 있는 내용에 ○, 알 수 없는 내용에 ×표 하세요.

- 중국은 남성보다 여성이 더 많아 여성이 결혼하기 어려워졌다. ( )
- 중국은 한 자녀 정책을 중단했다. ( )
- 중국에서 결혼 장려 정책으로 혼인율이 늘어났다. ( )

✏️ 생각해 보기

과거에는 왜 남아 선호 사상이 있었을까요?

미국과 중국이 아프리카로 가고 있어요

미국과 중국이 앞다퉈 아프리카를 찾고 있어요. 아프리카는 경제 산업과 외교 안보에서 큰 가치를 가지고 있거든요. 여러 나라가 이런 아프리카와 협력하기 위해 힘쓰고 있는 것이지요.

아프리카에서 채굴한 코발트.

아프리카 정상 초대해 회의 열어

중국은 1955년부터 아프리카와 교류해 왔어요. 지금은 중국이 아프리카의 최대 무역 국가이지요. 2006년에는 아프리카 54개국 지도자들에게 초청장을 보내며 베이징에서 중국-아프리카 협력 포럼 정상 회의를 열어 세계를 놀라게 했어요. 2021년에는 이 정상 회의에서 400억 달러(54조 5200억 원)를 지원하기로 약속하기도 했지요. 미국도 지난 2022년에 미국-아프리카 정상 회의를 열었어요. 조 바이든 미국 대통령은 "미국은 아프리카의 미래에 힘을 쏟겠다"고 했어요. 그러면서 3년 동안 아프리카에 총 550억 달러(약 73조 원)를 지원하겠다고 약속했어요.

풍부한 자원으로 가파른 성장

국제연합(UN) 발표에 따르면 아프리카 인구는 14억 8000만 명(전 세계 인구의 18.3%) 수준인데, 2050년에는 25억 명까지 늘어날 전망이라고 해요. 게다가 인구의 중간 나이도 19세로 전 세계에서 가장 어려요. 풍부한 자원 역시 아프리카의 강점이에요. 전기차 배터리 등 친환경 산업의 핵심 원료로 꼽히는 리튬·코발트 등 자원도 풍부해요. 지리적으로는 유럽·중동과 맞닿아 있고, 미국·인도 등과 해상 교역을 할 수 있다는 점도 강점이에요. 이런 강점을 바탕으로 아프리카의 경제 성장률은 해마다 가파르게 오르고 있어요.

협력일까, 약탈일까?

미국과 중국처럼 큰돈을 지원해 주며 아프리카에 투자하는 상황이 이어지자 아프리카 국가들 사이에서는 '협력을 가장한 약탈'이라는 비판적인 목소리도 나오고 있어요. 2023년에 프란치스코 교황은 콩고민주공화국에서 생산되는 코발트 등 천연자원의 채굴에 대해 "부유한 국가들은 콩고민주공화국의 천연자원에서 손을 떼라"며 비판했어요.

똑똑한 배경지식

코발트

코발트는 전기차의 배터리인 리튬이온 배터리에 쓰이는 희귀 광물이에요. 전 세계에서 생산되는 코발트 70% 이상이 콩고민주공화국에서 나와요. 하지만 코발트를 채굴하는 환경이 열악하고 어린이들까지 일하고 있어 문제가 되고 있어요.

알쏭달쏭 어휘 풀이

- **정상 회의**: 각 나라의 최고 지도자들이 모여 의논하는 모임.
- **채굴**: 땅속에 묻혀 있는 광물을 캐냄.
- **약탈**: 폭력을 써서 남의 것을 빼앗음.

✏️ 다음 빈칸에 알맞은 말을 쓰세요.

미국과 중국은 경제적, 지리적으로 가치가 있는 ☐☐☐☐ 와 협력하기 위해 애쓰고 있다.

✏️ 이 글을 통해 알 수 있는 내용에 ○, 알 수 없는 내용에 ×표 하세요.

- 미국과 중국은 아프리카와 경제적인 교류를 맺기 위해 애쓰고 있다. ( )
- 아프리카는 인구가 가장 많은 대륙이며 인구의 중간 나이도 가장 젊다. ( )
- 교황은 천연자원 채굴과 관련하여 아프리카의 상황을 안타까워하고 있다. ( )

✏️ 생각해 보기

아프리카에는 어떤 방식의 도움이 필요할까요?

제주도 갈 때 세금을 내게 될까요?

경복궁과 창덕궁, 북촌 한옥 마을은 서울의 관광 명소로 유명해요. 도시 같지 않은 분위기를 느끼려고 많은 사람들이 찾는 곳이지요. 그런데 골목 곳곳에 '흡연 금지', '외부인 출입 금지' 같은 푯말이 붙어 있어요. 관광객들이 시끄럽게 하거나 쓰레기를 함부로 버리기도 하고, 가끔 대문이 열려 있으면 집 안을 들여다보기도 해서 참다못한 주민들이 붙인 거예요.

제주도의 아름다운 자연 환경을 경험하고자 많은 관광객이 몰리고 있다.

'과잉 관광'으로 주민들이 떠나

'오버투어리즘(Overtourism)', 관광객이 지나치게 많이 와서 그곳에 살고 있는 주민이나 환경에 피해를 주는 현상을 말해요. 우리말로 하면 '과잉 관광'이지요. 과잉 관광의 피해를 겪는 대표적인 곳은 이탈리아의 베네치아예요. 이곳은 주민보다 관광객 수가 더 많아요. 매일 전 세계에서 모인 6만~12만 명의 관광객이 찾아요. 그래서 집값과 물가가 오르고 주거 환경이 나빠지자 많은 주민이 떠났지요. 1961년에는 13만 명이 살았는데 2022년에는 5만 명이 채 되지 않아요.

세계 도시들 관광세, 숙박세 걷어

과잉 관광을 줄이기 위해 베네치아는 여러 방법을 마련했어요. 단체 관광객은 25명을 넘지 못하게 했어요. 관광 가이드는 확성기를 쓸 수 없고, 좁은 다리나 골목에 멈춰 서서 설명하는 것도 금지했어요. 당일치기 관광객에게는 7000원의 입장료도 받아요. 일본에도 숙박세가 있어요. 2002년부터 도쿄·오사카·교토 등이 최고 9000원을 걷고 있지요.

제주도, 환경 보전 분담금 검토 중

2023년 제주를 찾은 관광객은 1337만 529명이에요. 제주 인구가 67만 2700명인 것을 생각하면 굉장히 많은 수이지요. 제주는 이제 생활 폐기물과 하수가 너무 많아지고, 교통 체증과 자연환경 훼손도 심각한 상황이에요. 그래서 제주도도 환경 보전을 위한 비용을 걷는 방안을 검토하고 있어요.

똑똑한 배경지식

오버투어리즘(Overtourism)
지나치게 많다는 뜻의 오버(Over)와 관광을 뜻하는 투어리즘(Tourism)이 합쳐진 말이에요. 어떤 관광지에 지나치게 많은 관광객들이 몰려들어 주민과 환경에 피해를 주는 것을 말하지요. 교통 혼잡, 소음 공해, 환경 오염, 물가 상승 같은 문제가 생겨요.

알쏭달쏭 어휘 풀이

- **명소**: 아름다운 경치나 유적, 특산물로 유명한 장소.
- **당일치기**: 하루에 일을 끝냄.
- **훼손**: 무너뜨리거나 깨뜨림.

✏️ 다음 빈칸에 알맞은 말을 쓰세요.

과잉 ☐☐으로 인해 세계 곳곳의 관광지가 관광세를 걷는 등 방법을 찾고 있다.

✏️ 이 글을 통해 알 수 있는 내용에 ○, 알 수 없는 내용에 ×표 하세요.

- 과잉 관광이란 너무 많은 관광객이 몰려 주민과 환경에 피해를 주는 것을 말한다. ( )
- 이탈리아의 베네치아는 숙박세를 받고 있다. ( )
- 제주도에는 관광객이 지나치게 많아져 환경 보전 분담금을 검토 중이다. ( )

✏️ 생각해 보기

과잉 관광의 문제점은 무엇일까요?

히잡, 쓸래! 벗을래!

이슬람권 문화에서는 여성들이 '히잡'이라는 베일을 써요. 그런데 여기저기에서 이 히잡을 둘러싸고 싸움이 벌어지고 있어요. 한쪽에서는 "히잡을 벗고 다닐 수 있게 해달라"고 하고, 다른 한쪽에서는 "히잡을 쓰게 해달라"고 하고 있지요.

터키의 한 아이가 히잡을 쓰고 있다.

이란, 히잡 안 썼다가 목숨 잃어

2022년 9월 이슬람 국가인 이란에서 한 여성이 히잡을 쓰지 않았다는 이유로 경찰에 붙잡혀 갔어요. 그 과정에서 여성은 목숨을 잃었지요. 이 사건으로 이란에서는 히잡을 반대하는 시위가 일어났어요. 그렇지만 이 시위에 참여한 어린 친구들과 학생들을 이란 정부가 무력으로 막으면서 수백 명이 죽음에 이르렀지요. 그러고 나서 이란은 2023년에 히잡을 제대로 쓰지 않은 여성이나 이를 부추긴 사람들에게 징역 10년형, 벌금 최대 3억 6000천만 리얄(약 1000만 원)에 처하는 법을 만들었어요.

프랑스, 국가대표 히잡 착용하면 안 돼

반대로 2024년 7월 프랑스 파리에서 하계 올림픽이 열렸는데, 프랑스는 국가대표 선수들에게 "히잡을 쓰고 경기에 참여할 수 없다"고 발표했어요. 이슬람 여성 운동 단체들은 "히잡을 쓰고 경기를 뛰게 해달라"며 소송을 내고 시위를 벌였지만, 히잡을 벗어야 한다는 판결이 났어요. 프랑스에는 이슬람계 이민자가 전체 인구의 9%로 유럽에서 가장 많아요. 그래서 이슬람권 여성의 복장은 2000년대 중반부터 논쟁이 되어 왔지요.

"여성의 복장, 누구든 강요해서는 안 돼"

국제연합(UN)은 이란의 히잡에 대한 법을 "성별로 인한 차별 정책"이라며 강하게 비판하고 있어요. 또한 프랑스의 히잡 금지 정책도 "이슬람 단체와 여성 권리를 축소할 수 있다"며 우려했어요. 유엔인권최고대표사무소(UNHCR)의 대변인은 이렇게 말했어요. "그 누구도 여성에게 무엇을 입어야 하는지, 혹은 입지 말아야 하는지를 강요해서는 안 된다." 어떤 입장을 지지하든 이 말의 의미를 곰곰이 생각해 봐야 해요.

똑똑한 배경지식

히잡
이슬람의 여성들이 머리와 목 등을 가리기 위해서 쓰는 복장이에요. 머리카락만 가리는 짧은 스카프부터 온몸을 가리는 것까지, 히잡·니캅·부르카·차도르·샤일라 등 나라별로 부르는 이름과 종류가 다양해요.

알쏭달쏭 어휘 풀이

- **시위**: 혼자서 또는 많은 사람들이 모여서 의사를 표시하는 행동.
- **무력**: 때리거나 부수는 힘.
- **논쟁**: 서로 생각이 다른 사람들이 자신이 옳다고 다툼.

✏️ **다음 빈칸에 알맞은 말을 쓰세요.**

이슬람 여성이 ☐☐을 쓸지 말지를 두고 각지에서 논쟁을 벌이고 있다.

✏️ **이 글을 통해 알 수 있는 내용에 ○, 알 수 없는 내용에 ×표 하세요.**

- 이란에서는 히잡을 쓰지 않을 경우 법에 어긋난다. ( )
- 2024년 열린 프랑스 하계 올림픽대회에서 국가대표 선수에게 히잡을 쓰지 못하게 했다. ( )
- 히잡은 종교적인 상징물이므로 이슬람 국가에서만 허용해야 한다. ( )

✏️ **생각해 보기**

이슬람 여자들이 히잡을 쓸지 말지를 누가 결정하는 게 좋을까요?

우리나라와 쿠바의 '007 작전'

2024년 2월 14일 밤, 외교부는 깜짝 뉴스를 발표했어요. 오랫동안 교류가 없었던 중남미의 사회주의 국가 쿠바가 한국의 193번째 수교국이 됐다는 소식이었죠. 우리나라는 쿠바에 2000년부터 수교하자고 했으니, 24년 만에 성공한 거예요.

우리나라와 쿠바의 국기.

'북한의 형제국'과 수교하게 됐어요

우리나라는 쿠바와 1959년 이후부터 교류가 없었어요. 사회주의 국가인 쿠바는 우리나라 대신에 북한과 1960년 수교했지요. 이때부터 쿠바와 공산주의 체제인 북한은 서로를 '형제국'이라고 부르며 친밀하게 지냈어요. 쿠바의 피델 카스트로 전 국가평의회장은 김일성 북한 주석과 친해서 평양을 방문하기도 했지요. 김정은 북한 국무위원장도 2018년에 지금의 쿠바 대통령이 방문했을 때 환영해 주었어요.

이렇게 북한과 쿠바가 워낙 친하기 때문에 우리나라는 오랫동안 수교가 쉽지 않았어요. 그래서 북한이 쿠바에 우리나라와 수교하지 말라고 설득하거나 압박할 수도 있었기 때문에 비밀리에 수교를 진행한 거예요.

한류에 마음 연 쿠바

그렇다면 쿠바는 어떻게 마음의 문을 열었을까요? 60년 가까이 닫혀 있던 쿠바의 마음을 연 것은 바로 문화의 힘이었어요. 2000년대에 들어 우리나라 드라마와 K팝 등 한류 문화가 쿠바 젊은이들 사이에서 선풍적인 인기를 끌었던 거예요. 지금 쿠바에 사는 젊은 세대는 기성세대와는 삶의 가치관도 달라졌지요.

쿠바는 주로 관광 산업으로 돈을 벌었어요. 그러나 코로나19로 인해 관광객이 줄자 경제가 좋지 않아졌지요. 많은 사람들이 식료품과 의약품, 연료, 전력 등이 부족해 힘들어하고 있어요. 우리나라뿐만 아니라 세계 여러 나라와의 수교가 필요한 상황이지요.

우리나라는 쿠바가 새로운 수출 시장이 될 수 있어요. 쿠바는 니켈·코발트·망간 등 미래 산업에 필요한 광물 매장량이 풍부한 나라예요. 서로에게 좋은 영향을 주고받을 수 있을 거예요.

똑똑한 배경지식

사회주의
사람은 사회 속에서 생활하면서 살기 때문에 개인의 자유보다 공동체의 이익이 더 중요하다는 생각이에요. 따라서 나라에서 모든 경제 활동을 관리해서 사람들의 재산을 사회 전체의 것으로 하지요.

알쏭달쏭 어휘 풀이

- **교류**: 문화나 사상이 서로 오감.
- **수교**: 두 나라가 서로 가까이 지냄.
- **압박하다**: 힘으로 세게 누르다.
- **선풍적**: 갑자기 사회에 큰 영향을 미치는.

✎ 다음 빈칸에 알맞은 말을 쓰세요.

우리나라와 ☐☐는 비밀리에 수교를 맺었다.

✎ 이 글을 통해 알 수 있는 내용에 ○, 알 수 없는 내용에 ×표 하세요.

- 쿠바는 우리나라와 193번째 수교국이 되었다. ( )
- 쿠바는 사회주의 국가라서 다른 나라들과 전혀 수교하지 않았다. ( )
- 쿠바는 한류 문화의 열풍에 마음을 열고 수교의 문을 열었다. ( )

✎ 생각해 보기

쿠바와 수교를 하면 어떤 점이 좋을까요?

세계에서 가장 오랫동안 집권한 사람은?

세계에는 다양한 나라가 있고 저마다 나라를 다스리는 방식도 조금씩 달라요. 우리나라처럼 민주적으로 대통령을 뽑고, 국가의 권력이 국민에게 있는 나라가 있고요. 누군가가 독재적으로 국민을 지배하려는 나라도 있어요. 러시아·중국·북한·이란 같은 나라는 공통점이 있어요. 이 나라를 다스리는 사람들은 몇십 년씩 아주 오랫동안 그 자리를 차지하고 있다는 거죠.

러시아의 푸틴 대통령.

러시아, 30년 동안 대통령을 하는 푸틴

러시아 대통령인 블라디미르 푸틴은 1999년부터 25년 동안이나 대통령을 하고 있어요. 우크라이나와 전쟁을 치르고 있는 2024년 3월 선거에서 또다시 승리하면서 푸틴은 2030년까지 대통령을 맡게 됐지요. 국민의 87.32%가 푸틴을 뽑았는데, 사실은 푸틴이 그를 반대하는 쪽 지도자들을 권력으로 눌러 버렸던 거예요.

중국, 법을 고쳐 3차례 주석 된 시진핑

중국의 시진핑 국가 주석 역시 2012년부터 지금까지 나라를 다스리고 있어요. 2023년 10월에 그는 예상대로 다시 중국 국가 주석이 됐어요. 시진핑은 중국 역사상 처음으로 3번을 연속해서 주석을 맡았어요. 왜냐하면 그가 2018년에 연속해서 주석을 맡으면 안 된다는 법을 없앴거든요. 그리고 국가 내 중요한 직책은 모두 그와 가까운 사람들에게 맡겼어요.

신의 권력 이란, 독재 국가 북한

이란은 나라를 다스리는 사람이 신을 대신하는 사람이라고 믿어요. 지금 이란에서 최고 권력을 가진 사람은 이슬람 최고 지도자인 아야톨라 알리 하메네이에요. 하메네이는 1989년부터 36년이나 이란의 최고 권력자 자리를 차지하고 있어요.

북한의 김정은 북한 국무위원장은 2011년에 아버지 김정일이 사망하면서 2012년 4월에 지도자 자리에 올랐어요. 북한은 김일성-김정일-김정은, 김씨 일가가 3대째 나라를 다스리는 권력을 물려주고 있지요. 이 체제가 계속된다면, 김정은도 아마 사망할 때까지 북한을 다스릴 거예요.

똑똑한 배경지식

독재
민주적인 절차를 무시하고 통치자의 독단으로 행하는 정치를 말해요. 독일의 히틀러, 이탈리아의 무솔리니, 소련의 레닌과 같은 인물이 독재 정치를 했지요. 북한의 김일성, 김정일, 김정은도 독재자로 평가받고 있어요.

알쏭달쏭 어휘 풀이

- **주석**: 국가나 정당의 최고 직위에 있는 사람.
- **직책**: 직무의 책임.
- **일가**: 한집에서 사는 가족.

✏️ 다음 빈칸에 알맞은 말을 쓰세요.

러시아·중국·이란·☐☐의 공통점은 한 사람이 오랫동안 나라를 다스리고 있다는 것이다.

✏️ 이 글을 통해 알 수 있는 내용에 ○, 알 수 없는 내용에 ×표 하세요.

- 러시아·중국·이란·북한은 같은 사람이 최고 권력자 자리를 오랫동안 맡고 있다. (   )
- 중국의 시진핑은 3번째 연속해서 주석이 되었다. (   )
- 북한은 김씨 집안에서 가장 유능한 인물을 국가 최고 지도자로 뽑았다. (   )

✏️ 생각해 보기

우리나라에서 같은 대통령이 몇십 년 동안 나라를 다스린다면 어떤 문제점이 있을까요?

북한의 4번째 후계자는 누구일까요?

2022년 11월, 김정은 북한 국무위원장은 자신과 꼭 닮은 통통한 볼의 소녀의 손을 잡고 등장했어요. 북한에서 신형 미사일을 시험 발사하는 곳에 9세의 어린 소녀를 데리고 온 거예요. 국내외 북한 전문가들은 이 소녀가 김정은의 딸 김주애라고 추측했어요.

만경대 학생소년궁전 앞 풍경. 김일성, 김정일 액자가 걸려 있다.

김주애가 후계자일까?

2013년에 김정은이 미국프로농구(NBA) 출신 데니스 로드먼을 북한에 초청한 적이 있어요. 로드먼은 당시에 "김정은의 딸 주애를 안아 봤다"고 말했지요. 그때 김주애의 존재가 세상에 처음 알려졌어요. 이후 김정은은 신형 무기를 발사하는 자리나 군과 관련된 행사마다 김주애를 자주 데리고 왔어요. 북한의 군에서 2번째로 높은 사람이 김주애와 귓속말을 나누며 한쪽 무릎을 꿇은 사진도 나왔지요. 사람들은 이 사진을 보고 "김정일이 김정은을 공개했던 과정과 비슷하다"며 "4대에 권력을 물려줄 준비에 들어갔다"고 했어요.

비밀 속에 있는 후계자

국가정보원에서는 김정은에게 자녀가 3명일 수도 있다고 해요. 하지만 북한이 먼저 공개하기 전까지는 확신할 수 없지요. 그리고 4대에 권력을 물려주려는 의지는 강하지만, 김주애가 후계자를 의미하는지는 좀 더 지켜봐야 한다고 해요. 탈북자이자 대한민국 국회의원을 지낸 태영호 전 의원은 "북한에서는 김씨 일가의 자녀에 관한 사항은 절대 알려져서는 안 되는 비밀"로 한다고 말했어요.

북한의 젊은 세대 속마음

김주애는 일반 학교에 다니지 않고, 평양에서 홈스쿨링을 하면서 승마·수영·스키를

즐긴다고 해요. 북한에 사는 평범한 젊은 세대가 누리기 어려운 취미들이지요. 아주 값비싼 옷을 입고 나오기도 했어요. 국내외 북한 전문가들은 김주애의 이런 모습들이 사치스러워 보이기 때문에 북한의 젊은 세대에게 반감을 살 수도 있다고 해요.

똑똑한 배경지식

북한의 권력 세습

북한은 최고 권력을 자손에게 계속해서 물려주고 있어요. 김일성은 1948년부터 1994년까지 북한을 다스렸고, 그 후에는 아들 김정일이 2011년까지 북한을 다스렸어요. 지금은 김정일의 아들인 김정은이 최고 권력자의 자리에 있어요.

알쏭달쏭 어휘 풀이

◆ **후계자**: 어떤 일이나 사람의 뒤를 잇는 사람.
◆ **세습**: 집안의 재산이나 신분, 직업 등을 대대로 물려줌.
◆ **반감**: 반대하거나 반항하는 감정.

✏️ **다음 빈칸에 알맞은 말을 쓰세요.**

북한의 후계자가 누가 될지 정확하지 않지만, 4대에도 ☐☐을 물려줄 것이다.

✏️ **이 글을 통해 알 수 있는 내용에 ○, 알 수 없는 내용에 ×표 하세요.**

- 김주애는 김정은의 딸로 추측되고 있다. ( )
- 북한의 김정은은 김주애를 자신의 다음을 이을 최고 지도자로 지목하였다. ( )
- 김주애는 북한의 다른 아이들처럼 평범한 일상생활을 지내고 있다. ( )

✏️ **생각해 보기**

김정은이 공식적인 자리에 김주애를 데리고 자주 나타나는 이유는 무엇일까요?

미국 대통령, 누가 될지 왜 궁금해하나요?

2024년 11월 미국에서 치러질 60번째 대통령 선거가 전 세계인의 이목을 끌고 있어요. 현재 미국 부통령인 카멀라 해리스와 58대 대통령이었던 도널드 트럼프가 대통령 자리를 두고 경쟁 중이에요. 우리나라에서는 왜 미국 대통령 선거에 주목할까요?

연설 중인 해리스와 트럼프.

미국 최초 흑인 여성 부통령 vs. 인지도 높은 전 대통령

카멀라 해리스는 미국 최초의 흑인 여성 부통령으로 화제를 모았던 인물이에요. 인도계 어머니와 자메이카 출신 아버지 사이에서 태어난 해리스는 검사로 일하다가 정치인이 되었어요. 만약 당선되면 최초의 여성이자 인도·자메이카계 미국 대통령이 돼요.

트럼프는 58대 대통령으로 일할 당시의 여러 문제로 인해 59대 대통령 선거에서 떨어졌지만, 4년 뒤 다시 대통령 후보로 선출될 정도로 높은 인지도를 갖고 있어요. 2024년 7월 미국 펜실베이니아주에서 선거 유세 도중에 총에 맞아 귀를 다치고도 바로 일어나 주먹을 치켜들어 대중의 환호를 이끌어 내기도 했어요.

북한 위협 맞설까, 관리할까

우리나라에서는 왜 미국 대통령 선거를 주목할까요? 두 사람은 한국과 북한을 대하는 방식에 있어 선명한 차이를 보여요. 해리스 후보는 북한의 위협을 누르는 힘을 유지하겠다고 예고했어요. 반면 트럼프 후보는 당선이 된다면 북한의 김정은 국무위원장과 정상외교를 통해 관계를 개선해서 북의 위협을 관리하겠다는 입장이에요.

다른 나라와 관계에 대한 입장도 달라요

해리스 후보는 한국·미국·일본의 안보 협력을 강화하는 조 바이든 정부와 같은 입장일 수 있어요. 한편 트럼프 후보는 한국에 있는 미국 군인(주한 미군)에게 우리나라가 주고 있는 돈을 더 많이 내라고 요구할 가능성이 높아요. 전문가들은 트럼프 후보가 당선되면 미국이 요구하는 돈이 더 커질 것이고, 주한 미군이 철수할 가능성도 있다고 봐요. 이 외에도 러시아-우크라이나 전쟁, 대북 문제, 보호 무역에 대한 입장 등 주요 이슈를 대하는 두 사람의 태도가 완전히 다르기 때문에 누가 당선되느냐에 따라 국제사회가 받는 영향은 매우 클 거예요. 다른 나라들이 미국 대통령 선거를 주목하는 이유예요.

똑똑한 배경지식

보호 무역
자기 나라의 산업을 보호하고 성장시키기 위해서 국가가 나서서 해외 제품 수입을 할 때 여러 제한을 두는 무역 방식이에요. 다른 나라의 저렴하고 품질 좋은 제품이 많이 수입되면, 자기 나라에서 만들어진 제품이 잘 팔리지 않을 수 있기 때문에 국가가 보호하려는 거예요.

알쏭달쏭 어휘 풀이

- **사퇴**: 어떤 일을 그만두고 물러섬.
- **유세**: 자기 의견 또는 주장을 선전하며 돌아다님.
- **안보 협력**: 외국의 침략 행위로부터 자기 나라를 안전하게 지키기 위해 둘 이상의 국가가 지식과 정보를 교환하는 등 서로 돕는 행위.

✏️ 다음 빈칸에 알맞은 말을 쓰세요.

미국 ☐☐☐ 선거가 다가오면서 관련된 나라의 관심이 쏠리고 있다.

✏️ 이 글을 통해 알 수 있는 내용에 ○, 알 수 없는 내용에 ×표 하세요.
- 해리스는 최초로 부통령이 된 흑인 여성이다. ( )
- 미국 대통령이 누가 될지 관심이 모이는 것은 여러 나라와 관련이 있기 때문이다. ( )
- 우리나라는 해리스와 트럼프 중에 누가 대통령이 되든 큰 영향이 없을 것이다 ( )

✏️ 생각해 보기

미국 대통령 선거 결과에 따라 우리나라에는 어떤 변화가 생길까요?

국제연합 사무총장이 전 세계 대표일까요?

지구에 외계인이 쳐들어와 공격한다면 우리는 어떻게 해야 할까요? 지구 대표가 외계인 대표와 대화로 잘 풀어나간다면 좋겠지요. 공상과학 만화에서 볼 법한 이야기지만 이럴 때 지구 대표는 과연 누가 될까요? 어떤 소설에서는 국제연합(UN)의 사무총장을 내세웠어요. 하지만 사무총이 전 세

2024년 초 UN 뉴욕 본부에서 열린 안보리 회의.

계 대표는 아니에요. 모든 나라는 동등한 권리를 가지고 있거든요. 언뜻 전 세계를 대표하는 것처럼 보이는 국제연합은 과연 어떤 조직일까요?

국제연합은 전쟁 속에서 생겨났어요

국제연합은 1945년 10월 24일 제2차 세계대전이 끝난 기념으로 만들어진 국제기구예요. 전쟁 방지와 평화 유지를 위해 설립되었지요. 미국·영국·프랑스·중국·소련(옛 러시아)과 그 밖의 회원국이 '국제연합 헌장'을 바탕으로 만들었어요. 헌장의 내용은 '연합국 공동 선언'을 기초로 했지요. 이 선언은 전쟁을 일으킨 독일·이탈리아·일본에 맞서기 위해 미국을 비롯한 연합국 26개국이 제2차 세계 대전 시기에 만들었던 거예요.

국제연합의 중심, '안보리'

국제연합의 가장 중요한 기능은 군사적인 조치를 할 수 있는 '안보리'에 있어요. 안보리의 정식 명칭은 '국제연합안전보장이사회'예요. 우리나라는 이것을 줄여서 안보리라고 부르지요. 안보리는 상임이사국인 미국·영국·프랑스·중국·러시아와 10개의 비상임이사국으로 구성돼요. 상임이사국은 영원히 바뀌지 않아요. 그리고 이들은 핵보유국이기도 하지요. 이들은 어떠한 결의안에 대해 거부할 수 있는 권리가 있어요. 5개국 중에서 어느 한 나라라도 거부하면 결의안이 채택되지 못해요. 5개국이 서로 이해관계가 달라 한 뜻을 모으기가 어렵지요.

2022년 2월에 러시아가 우크라이나를 공격해 전쟁이 시작됐지요. 러시아는 상임이사국의 한 나라이기 때문에 안보리의 결의안 채택이 더 어려워졌어요. 러시아가 번번이 거부해서, 대체로 일치단결해 왔던 북한의 핵·미사일 개발에 대한 결의안 또한 채택되지 못하는 상황이 되었지요. 이런 문제 때문에 안보리 체제를 반대하는 목소리도 높아지고 있어요.

똑똑한 배경지식

국제연합(UN; United Nations)
전쟁 방지와 평화 유지를 위해 설립된 국제기구예요. 평화 유지 활동, 군비 축소 활동, 국제 협력 활동을 하지요. 총회, 안전보장이사회, 경제사회이사회, 신탁통치이사회, 국제사법재판소, 사무국 6개의 주요 기관을 가지고 있어요.

알쏭달쏭 어휘 풀이

- **주권**: 국가의 의사를 최종적으로 결정하는 권력.
- **연합국**: 같은 목적을 위해 하나로 뭉친 나라.
- **이해관계**: 이익과 손해가 걸려 있는 관계.

✏️ **다음 빈칸에 알맞은 말을 쓰세요.**

□□□□은 제2차 세계 대전이 끝난 후 설립되었고, 안보리가 중요한 기능을 한다.

✏️ **이 글을 통해 알 수 있는 내용에 ○, 알 수 없는 내용에 ×표 하세요.**

- 국제연합은 제2차 세계 대전 때 모였던 국가들이 전쟁이 끝난 기념으로 만들었다. ( )
- 국제연합의 가장 중요한 기능은 안보리에서 담당하고 있다. ( )
- 안보리의 상임이사국과 비상임이사국은 영원히 바뀌지 않는다. ( )

✏️ **생각해 보기**

국제연합은 왜 만들었고 무슨 일을 할까요?

'여행 금지' 국가는 가면 안 되나요?

2022년 2월, 러시아가 우크라이나를 공격했어요. 우크라이나는 러시아보다 힘이 많이 약했어요. 이때 볼로디미르 젤렌스키 우크라이나 대통령이 전 세계 사람들에게 도와달라고 부탁했어요. 그래서 수만 명이 우크라이나를 도우러 떠났고, 그중에는 우리나라 사람들도 있었어요.

우크라이나는 국가의 허가 없이 갈 수 없다.

유튜버 이근 씨도 그중 한 명이에요. 그는 그해 3월에 우크라이나로 갔다가 전쟁에서 얻은 부상을 치료하려고 2달쯤 지나서 다시 한국으로 돌아왔어요. 그러고는 여권법 위반 혐의로 수사와 재판을 받게 됐어요.

여행 경보 4단계인 나라는 갈 수 없어요

우리나라는 우크라이나에 '여행 경보 4단계-흑색 경보'를 내렸어요. 전쟁이 나서 위험한 상황이기 때문이에요. 우크라이나와 가까운 러시아 도시들에도 4단계 경보를 내렸지요. 여행 경보 4단계 지역에는 국가의 허가 없이 여행을 갈 수 없고, 그곳에 머물고 있던 사람도 빨리 대피해야 해요. 이를 어기면 여권법 26조에 따라 1년 이하의 징역 또는 1000만 원 이하의 벌금에 처하게 돼요. 이근 씨도 이를 어겼기 때문에 처벌을 받게 된 거예요. 이 씨는 재판을 받으면서 "사람들을 살리기 위해 갔다"며 선처를 바랐지만, 법원은 "본인 의도와 달리 국가에 과도한 부담을 줄 우려가 있다"며 처벌을 내렸어요.

여행지가 위험한 곳인지 살펴봐야 해요

외교부는 2004년부터 여행 경보 제도를 만들었어요. 사람들이 여행할 곳이 위험한지 아닌지 알고 대비하는 걸 돕기 위해서예요. 경보를 내릴 때는 범죄나 테러, 정치 상황, 자연재해나 보건 상황 등을 종합적으로 살펴요. 1~4단계까지 있는데, 4단계 '여행 금지'는 어기면 처벌을 받아요. 1~4단계 외에 '특별여행주의보'도 있어요. 코로나19가

전 세계를 휩쓴 2020년 3월부터 2022년 4월까지 우리가 해외여행을 못 간 것도 '특별여행주의보' 때문이에요.

똑똑한 배경지식

여행 경보 제도

여행할 때 특별히 주의해야 하는 국가 및 지역을 정해 위험 수준과 이에 따른 안전 대책(행동 지침)을 정해 안내하는 제도예요. 남색 경보(여행 유의)-황색 경보(여행 자제)-적색 경보(출국 권고)-흑색 경보(여행 금지)까지 4단계가 있어요. 경보 수준은 계속 바뀌어요. 외교부 해외안전여행 사이트(www.0404.go.kr)에서 확인할 수 있어요.

알쏭달쏭 어휘 풀이

- **경보**: 위험이 닥쳐올 때 조심하도록 미리 알리는 일.
- **허가**: 특정한 경우에 한해 허용함.
- **선처**: 어떤 문제를 너그럽게 잘 처리함.
- **과도하다**: 정도가 지나치다.

✏️ 다음 빈칸에 알맞은 말을 쓰세요.

우리나라는 여행 경보 제도를 시행하고 있어서, 허가 없이 ☐단계 여행 금지 국가에 가면 처벌을 받는다.

✏️ 이 글을 통해 알 수 있는 내용에 ○, 알 수 없는 내용에 ×표 하세요.

- 우크라이나는 러시아와 전쟁 중이기 때문에 여행 경보 3단계가 내려졌다. ( )
- 우리나라는 여행 전에 그곳이 위험한지 아닌지 미리 알 수 있게 정보를 제공한다. ( )
- 여행 중인 국가가 여행 경보 4단계 국가로 지정되면 그 지역에서 빨리 대피해야 한다. ( )

✏️ 생각해 보기

외교부에서 왜 여행 경보 제도를 운영할까요?

우크라이나 전쟁에 한글 포탄이?

한 우크라이나의 경찰국 수사국장은 우크라이나에 떨어진 포탄 잔해의 사진을 찍어 자신의 소셜미디어(SNS)에 올렸어요. 그 포탄에는 '순타지-2신'이라는 한글이 선명하게 적혀 있었어요. 한국에서 무려 7500km나 떨어진 곳에서 어떻게 한글이 적힌 포탄이 발견됐을까요? 한글은 우리나라와 북한이 사용하는 언어예요. 그 수사국장은 포탄을 보며 "러시아가 북한에서 받은 무기를 사용하고 있다는 증거"라고 했어요.

세르게이 볼비노프 우크라이나 경찰국 수사국장이 SNS에 올린 포탄 잔해 사진.

오랫동안 이어지는 전쟁

우크라이나는 러시아와 전쟁 중이에요. 2022년 2월 러시아가 우크라이나를 공격하면서 시작되었어요. 두 나라는 '1m 땅 빼앗기 싸움'이라고 부를 만큼 치열한 전투를 벌이고 있어요. 그만큼 포탄이 많이 필요하지요. 전쟁이 오랫동안 이어지자 포탄이 부족해졌어요. 그래서 러시아는 중국·이란·북한에서 포탄을 빌려 왔지요. 우크라이나에서 한글이 적힌 북한산 포탄이 발견된 것도 이 때문이에요.

국제연합(UN) 등 국제 사회는 러시아가 우크라이나를 공격한 것이 불법이라고 했어요. 미국과 유럽 국가들이 러시아를 압박하기 위해 러시아에서 나온 석유를 수입하지 않겠다고 하자, 러시아도 천연가스와 원자재 등을 수출하지 않기로 했어요. 갈등은 전 세계로 퍼져 나가고 있어요. 러시아는 "핵무기를 쏠 수도 있다"며 우크라이나와 우크라이나를 돕는 국가를 위협하기도 해요.

전 세계 살림이 어려워졌어요

2023년 1월 프랑스 파리에서는 빵을 든 제빵사들이 거리로 몰려나와 시위를 벌였어요. 빵을 만들 때 필요한 밀가루·설탕·버터 같은 재료 가격은 물론이고, 전기료도 많이 올라서 문을 닫는 빵집이 많아졌기 때문이에요. 우크라이나는 유럽의 '빵 공장'이라고 불릴 정도로 보리·옥수수·밀이 풍부하게 생산돼요. 그런데 전쟁 때문에 우크라이나가 수출을 할 수 없게 되자 국제 식량 가격도 크게 오르게 된 거예요. 현대 사회는 전 세계가 무역으로 연결되어 있는데, 어느 한 나라가 전쟁이 나면 다른 나라들도 줄줄이 경제 활동에 영향을 받게 되지요.

똑똑한 배경지식

러시아-우크라이나 전쟁
러시아가 2022년 2월 24일에 우크라이나 수도 키이우를 미사일로 공습하고 지상군을 투입하면서 침공했어요. 이 전쟁은 3년 동안 이어지면서 국제적으로도 영향을 미치고 있지요.

알쏭달쏭 어휘 풀이

◆ **잔해**: 부서지거나 망가지고 남은 물체.
◆ **치열하다**: 기세나 세력이 타오르는 불꽃같이 세차다.
◆ **무역**: 나라와 나라 사이에 서로 물건을 사고파는 일.

✏️ **다음 빈칸에 알맞은 말을 쓰세요.**

우크라이나 전쟁이 오랫동안 이어지자 러시아는 북한 등에서 ☐☐을 빌려왔다.

✏️ **이 글을 통해 알 수 있는 내용에 ○, 알 수 없는 내용에 ×표 하세요.**

● 러시아는 중국·이란·북한의 포탄을 빌려 전쟁에 이용하고 있다. ( )
● 국제연합 등 국제 사회는 러시아가 우크라이나를 공격한 것을 지지하고 있다. ( )
● 우크라이나 전쟁이 오랫동안 이어져 국제적으로 경제가 흔들리고 있다. ( )

✏️ **생각해 보기**

전쟁은 왜 일어나는 것일까요?

이스라엘-하마스 전쟁은 왜 일어났을까요?

2023년 10월 7일에 팔레스타인의 무장 단체인 하마스 대원들이 이스라엘을 공격했어요. 이들은 이스라엘인과 외국인을 끌고 갔어요. 또 로켓포로 공격해서 1200명의 이스라엘인이 목숨을 잃었지요. 그러자 이스라엘은 전쟁을 선포했어요. 이것이 바로 이스라엘-하마스 전쟁이에요.

가자지구 국경. 이스라엘 방위군이 무장하고 있다.

이스라엘의 보복과 이란의 공격

이후 이스라엘은 팔레스타인의 가자지구에 군대를 보내서 하마스가 머물고 있는 민간 병원을 공격했어요. 이 과정에서 팔레스타인의 민간인들이 많이 희생되었어요. 민간인이 목숨을 잃게 되자 이 전쟁을 지켜보던 다른 나라들도 점차 이스라엘에게도 보복을 그만하라고 했어요.

그런데 전쟁은 점점 더 복잡해지고 있어요. 2024년 4월 이슬람 국가인 이란이 이스라엘을 향해 미사일을 쐈어요. 그러자 이스라엘은 공격을 막아낸 뒤, 이란의 공군 시설을 공격했어요. 2024년 9월에는 이스라엘이 이란과 친하게 지내는 무장 세력 단체인 헤즈볼라의 수장이 있는 레바논 수도 한복판에도 폭격을 퍼부었어요. 국제 사회는 이 전쟁이 이스라엘과 팔레스타인을 넘어 레바논과 이란까지 번질까 봐 우려해요.

유대교와 이슬람교의 오래된 다툼

이스라엘은 유대교를 믿는 나라예요. 원래 유대인은 기원전 1500년 무렵부터 팔레스타인 땅에 살았는데 135년 로마에 의해 쫓겨나서 세계 곳곳에 흩어져 살았지요. 그러다가 1948년에 팔레스타인에 이스라엘이라는 나라를 세우게 된 거예요. 그러자 그곳에서 이미 몇천 년 동안 살고 있던 이슬람교도인 팔레스타인 사람들은 갈 곳이 없어지게 되었어요. 그래서 이스라엘은 이슬람교를 믿는 주변 나라들과 4차례나 전쟁을 치러야 했어요. 이 과정에서 팔레스타인 사람들은 요르단강 서안지구와 가자지구로 모여 좁은 지역에서 살게 되었지요. 팔레스타인에서는 무장 단체인 하마스가 힘을 키웠고 이번 사태까지 이끌었어요. 국제연합(UN)을 비롯해서 다른 나라들은 이스라엘과 팔레스타인이 두 나라로서 함께 평화롭게 살아가기를 바라고 있어요.

똑똑한 배경지식

하마스
1987년에 세워진 이슬람주의 무장 단체예요. '이슬람 저항 운동'을 뜻하는 아랍어의 앞 글자를 따서 만들었어요. 아랍어로 '열정'을 뜻하기도 해요. 하마스는 이스라엘을 없애고 팔레스타인에 이슬람 사회를 만들고 싶어 해요.

알쏭달쏭 어휘 풀이

- **무장**: 전투에 필요한 무기나 장비를 갖춤.
- **민간인**: 군인이 아닌 사람.
- **보복**: 해를 입은 것에 대한 복수로 상대방에게 똑같이 해를 입힘.
- **수장**: 집단이나 단체를 지배 또는 통솔하는 사람.

✏️ 다음 빈칸에 알맞은 말을 쓰세요.
□□□□과 팔레스타인의 하마스와의 전쟁으로 많은 민간인이 희생되었다.

✏️ 이 글을 통해 알 수 있는 내용에 ○, 알 수 없는 내용에 ×표 하세요.
- 이스라엘은 하마스가 침공하자 가자지구에 군대를 보내 보복하였다. ( )
- 국제 사회는 이스라엘-하마스 전쟁이 이란과 레바논까지 번질까 봐 우려한다. ( )
- 이스라엘은 유대교를 믿고 팔레스타인 사람들은 이슬람교를 믿는다. ( )

✏️ 생각해 보기
이스라엘인과 팔레스타인인이 평화롭게 지내려면 어떻게 해야 할까요?

'독도의 날' 기념일이 생겼어요

우리나라의 작은 섬 독도에는 11만 명이 넘는 주민이 있어요. 그 많은 사람이 진짜로 살고 있는 것은 아니에요. 독도를 방문했던 사람들의 신청을 받아 '독도 명예 주민증'을 발급해 준 것이지요. 이 주민증으로 독도는 우리 땅이라는 마음을 모으는 거예요.

10월 25일 독도의 날을 알리기 위한 포스터.

삼국시대부터 우리 땅이었어요

독도가 언제부터 우리 땅이었는지 살펴보려면 512년, 신라 지증왕 때로 올라가요. 신라의 장군 이사부가 우산국(울릉도와 독도를 다스리던 옛 나라)을 정벌하며 독도는 우리 역사에 기록되었거든요. 이후 역사서와 지도에 쭉 우리 영토로 기록되어 왔지요. 그런데 조선 때 일본 어부들이 자꾸 독도 근처에 와서 고기를 잡아 우리 어부들과 다툼이 벌어지고는 했어요. 1693년에는 안용복이라는 어부가 일본에 납치된 사건이 있었어요. 하지만 일본은 '도해금지령'을 내려서 일본 어부들에게 '조선의 두 섬에 건너가지 말라'고 하며 조선의 승리로 끝이 났지요. 이 두 섬이 바로 울릉도와 독도예요. 1900년 10월 25일에는 대한제국이 울릉도와 독도를 강원도로 포함시켰어요.

그런데 러일전쟁 때, 일본의 해군은 1905년 2월에 독도를 일본 땅이라 정해 버렸어요. 이렇게 독도를 강제로 빼앗았지만, 제2차 세계 대전이 끝나고 일본은 전쟁으로 빼앗은 모든 지역을 돌려주어야 했어요. 당연히 독도는 다시 우리 땅이 되었지요.

10월 25일, '독도의 날'

독도는 1957년부터 우리 독도 경비대가 지키고 있고, 경비대원과 등대 관리원, 소방대원, 울릉군청 직원 등이 살고 있어요. 이렇게 실제로 우리가 살고 있는데도 일본이 계속해서 자기네 땅이라고 우기는 것은 국제 사법 재판소에서 누구의 땅인지 가려 보려는 생각이 있기 때문이라고 해요. 일본은 '다케시마(독도의 일본식 표기)의 날'을 만들어

기념하고 교과서에도 그런 주장을 담고 있지요.

우리나라도 10월 25일, '독도의 날'이 있어요. 원래 민간 단체에서 기념하던 날이었지요. 대한제국이 독도를 강원도로 포함시킨 날을 기념해 온 거예요. 이 날을 2024년 5월에 울릉군과 울릉군의회가 기념일로 제정했답니다.

똑똑한 배경지식

독도
우리나라 동쪽 끝 독도는 바다서 솟은 용암이 굳어서 된 화산섬이에요. 동도와 서도, 그 주위의 약 89개 바위와 암초가 있고, 울릉도로부터 동남쪽으로 87.4km 떨어져 있어요. 《세종실록지리지(1454)》에는 '두 섬이 서로 거리가 멀지 않아, 날씨가 맑으면 바라볼 수 있다'고 기록되어 있답니다.

알쏭달쏭 어휘 풀이

- **발급**: 기관에서 증명서를 만들어 줌.
- **정벌**: 적이나 나쁜 무리를 물리침.
- **제정**: 법이나 제도를 만들어서 정함.

✏️ 다음 빈칸에 알맞은 말을 쓰세요.

울릉군은 10월 25일을 '☐☐의 날' 기념일로 제정하였다.

✏️ 이 글을 통해 알 수 있는 내용에 ○, 알 수 없는 내용에 ×표 하세요.

- 독도 명예 주민증은 독도에서 거주해 본 사람에게 발급해 준다. ( )
- 독도는 신라 시대 때부터 우리 역사에 기록되어 왔다. ( )
- 일본은 독도를 러일 전쟁 때 빼앗은 후 지금까지 소유하고 있다. ( )

✏️ 생각해 보기

독도가 우리 땅인 이유를 생각해 봐요.

챗GPT, 사람보다 똑똑하다고요?

질문을 하면 사람처럼 대답하는 '똑똑한 인공지능(AI)'이 나왔어요. 2022년 11월에 미국의 인공지능 연구소인 오픈AI가 탄생시킨 대화 전문 인공지능 챗봇이에요. 챗GPT(Chat GPT)는 순식간에 전 세계 사람들의 마음을 사로잡았지요. 그런데 미국 웨버대의 알렉스 로렌스 교수는 챗GPT를 "지금까지 발명된 가장 위대한 컨닝 도구"라고 비판했어요.

챗GPT에 대해 미국 교육계는 다양한 반응을 내놓았다.

미국 학생들, 챗GPT 숙제에 이용해요

미국의 온라인 학습 사이트 스터디닷컴이 미국의 18세 이상 1000명에게 챗GPT에 관한 설문조사를 했어요. 응답자 4명 중 3명은 "챗GPT를 학교 과제에 활용해 봤다"고 대답했지요. 스스로 공부한 게 아니라 챗GPT가 답한 것으로 숙제를 한 거예요. 그래서 미국 뉴욕시 교육 당국은 2023년 1월에 모든 공립학교에서 챗GPT 사용을 못 하게 했어요. 영국 옥스퍼드·케임브리지 대학 같은 명문대들도 과제와 시험에서 챗GPT를 활용해서는 안 된다고 했지요.

진짜와 가짜를 구분하지 못해요

챗GPT가 똑똑해 보이지만 사실은 엉뚱하거나 가짜 정보를 진짜처럼 대답할 때가 있어요. 처음에 엄청난 양의 데이터를 학습할 때 각각의 데이터가 진짜인지 가짜인지 챗GPT 스스로 확인할 수 없기 때문에 일어나는 현상이에요. 카카오클라우드는 이런 현상을 "챗GPT의 대답은 인간처럼 실제 지식이나 추론 능력에 기반한 게 아니기 때문"이라고 했어요. 유명한 언어학자 노엄 촘스키는 "챗GPT는 이해 능력이 없고 윤리적 판단을 할 수 없다"고 지적했지요.

보조 도구로 활용할 수 있어요

AI는 점차 발전하고 있어요. 그렇기 때문에 챗GPT를 계속 모른 체할 수는 없다는 시각도 있어요. 미국 펜실베이니아대 와튼 스쿨의 에단 몰릭 교수는 챗GPT를 보조 도구로 활용할 수 있다고 말해요. '챗GPT에 가장 예리한 질문을 하는 방법, 챗GPT의 답변을 살펴보고, 사실인지 확인하고, 다시 구성해 보는 방법'을 배우면서 학생들의 사고력을 키울 수 있다고 했어요.

똑똑한 배경지식

챗GPT(Chat GPT)
챗GPT는 미국의 오픈AI가 만든, 대화를 전문으로 하는 인공지능 채팅 로봇이에요. 대화창에 질문이나 대화를 입력하면 그에 맞게 답변해 주거나 대화를 나눌 수 있는 서비스지요. 그전의 챗봇들보다 뛰어난 능력으로 사람들의 인기를 끌고 있어요.

알쏭달쏭 어휘 풀이

◆ **인공지능(AI)**: 인간의 지능이 가지는 학습, 추리, 적응, 논증 등의 기능을 갖춘 컴퓨터 시스템.
◆ **데이터**: 컴퓨터가 처리할 수 있는 문자, 숫자, 소리, 그림 같은 형태로 된 정보.
◆ **추론**: 미루어 생각하여 논함.

✏️ 다음 빈칸에 알맞은 말을 쓰세요.

☐☐☐☐는 데이터의 진짜와 가짜를 구별하지 못하여 잘못된 정보를 알려주기도 한다.

✏️ 이 글을 통해 알 수 있는 내용에 ○, 알 수 없는 내용에 ×표 하세요.

- 챗GPT는 미국에서 개발된 대화 전문 채팅 로봇이다. ( )
- 미국의 뉴욕 국공립학교들은 챗GPT를 적극 사용하라고 했다. ( )
- 챗GPT는 데이터를 수집하는 과정에서 진위 여부를 가리지 못한다. ( )

✏️ 생각해 보기

챗GPT가 내 숙제를 해 준다면 좋을까요, 나쁠까요?

사회 기사 읽을 때 필수 어휘 15

사회
가족, 마을, 회사, 국가 등 공동생활을 하는 사람들의 모든 집단.
- 비슷한 말: 사회 집단
- 예문: 현대 **사회**는 기술이 발달하여 로봇이 사람의 일을 대신하기도 해요.

고령화
전체 인구에서 노인이 차지하는 부분이 많아지는 것.
- 예문: 우리나라는 수명이 늘고 출산율이 줄어들면서 **고령화** 사회가 되었어요.

국회의원
국민의 선거에 의해 뽑힌 국회의 구성원.
- 비슷한 말: 국민대표
- 예문: 국회 의사당은 **국회의원**들이 법률을 만들고 고치는 곳이에요.

기본권
사람이 태어날 때부터 가지는 기본적인 권리. 자유권·참정권·사회권 등이 있음.
- 비슷한 말: 기본적 인권
- 예문: 모든 국민은 헌법이 정한 **기본권**을 누릴 수 있습니다.

분포
정해진 범위 안에서 나뉘어 모여 있거나 퍼져 있는 것.
- 예문: 우리나라는 서울에 인구가 집중적으로 **분포**해 있어요.

선거
학급의 회장을 뽑는 것처럼 자신들을 대표할 사람을 뽑는 것.
- 비슷한 말: 선출
- 예문: 대통령 **선거**를 앞두고 후보들이 함께 토론을 했습니다.

소송
사람들 사이에 일어난 다툼을 재판을 통해 법률에 따라 판결해 달라고 법원에 요구함.
- 비슷한 말: 송사, 송소
- 예문: 이번 **소송**으로 회사에서 보상금을 받게 되었어요.

언론

신문이나 방송 같은 매체를 통해 어떤 사실이나 의견을 널리 알리는 활동.

비슷한 말 매스컴, 보도
예문 **언론**은 발 빠르게 사건의 심각성을 국민들에게 알렸습니다.

의무

국민으로서 꼭 해야 하는 것.

예문 우리나라의 모든 국민은 교육, 근로, 국방, 납세, 환경 보전의 **의무**를 지닙니다.

정부

나라의 여러 가지 일을 처리하는 국가 기관. 행정을 맡아보는 국가 기관만을 의미하기도 함.

비슷한 말 행정부
예문 **정부**에서 다양한 정책을 만들어 실천하고 있습니다.

정치

나라를 다스리는 일. 사회 질서를 바로잡고 국민의 기본 생활을 보장하기 위해 국가의 권력을 유지하며 행사함.

비슷한 말 통치
예문 국민들은 투표를 통해 **정치**에 참여할 수 있어요.

주권

국가의 의사를 최종적으로 결정하는 힘.

예문 독도는 우리나라 **주권**이 미치는 우리나라 땅입니다.

파업

노동 조건을 개선하기 위해 노동자들이 한꺼번에 일을 중단하는 것.

예문 의사들은 정부의 의견에 반대하며 **파업**을 이어 나갔어요.

헌법

대한민국에서 가장 기본이 되고 중요한 법.

예문 **헌법**에서 모든 국민이 행복하게 살아갈 권리를 보장하고 있습니다.

효력

법률이나 규칙 등이 영향을 미침.

비슷한 말 힘
예문 이 법률은 내일부터 법적 **효력**을 갖습니다.

저도 국회의원 선거에 나갈 수 있어요?

2024년 4월 국회의원을 뽑는 선거가 있었어요. 선거 전에는 후보들이 자기를 뽑아 달라며 거리에서 인사를 하거나 벽보를 붙였어요. 전국의 많은 사람들이 투표장을 찾아 우리 동네 국회의원을 뽑았어요. 이렇게 뽑은 국회의원은 총 300명이고 다음 선거까지 4년 동안 우리나라를 위해 일을 해요. 그렇다면 국회의원 선거는 누가 나갈 수 있을까요?

여의도에 위치한 국회의사당. 국회의원들은 이곳에 모여서 우리 삶에 영향을 미치는 법안을 만든다.

고등학생도 선거에 나갈 수 있어요

선거에 나갈 수 있는 권리를 '피선거권'이라고 해요. 대한민국 국민이라면 누구나 선거에 나갈 수 있지만, 몇 가지 조건이 있어요. 먼저 국회의원과 시장·구청장·구의원 선거에는 만 18세 이상인 사람만 나갈 수 있어요. 고등학교 3학년 중에서 생일이 지난 학생은 국회의원 선거에 나갈 수 있는 거죠. 투표도 마찬가지로 만 18세 이상부터 할 수 있어요.

대통령은 40세가 넘어야 해요

대통령 선거에 나갈 수 있는 사람의 조건은 좀 더 까다로워요. 5년 이상 한국에 살고 있어야 하고, 40세가 넘어야 해요. 선거 때마다 대통령 선거에 나갈 수 있는 나이를 낮추자는 의견이 있었어요. 나이가 많아야만 나라를 잘 이끌어 나가는 것은 아니니까요. 프랑스의 에마뉘엘 마크롱은 39세에 대통령이 되어 7년째 일하고 있고, 뉴질랜드의 저신다 아던은 37세에 총리가 됐어요. 하지만 우리나라는 아직 40세가 넘어야 대통령 선거에 나갈 수 있다는 법을 바꾸지 못했어요.

누구에게나 선거는 중요해요

선거는 민주주의의 꽃이라고도 해요. 선거에 나가는 사람은 나라를 위해 일할 기회를 얻고, 투표하는 사람은 나를 대신해서 일할 사람을 내 손으로 뽑음으로써 나라의 주인이 나라는 것을 알 수 있는 소중한 기회이기 때문이에요.

똑똑한 배경지식

선거

우리가 학급의 회장을 뽑는 것처럼, 국민이 나라를 잘 이끌어 갈 국민의 대표를 투표로 뽑는 일을 선거라고 해요. 우리나라는 대통령·국회의원·도지사·시장·군수·구청장·지방의회 의원을 선거로 뽑아요.

알쏭달쏭 어휘 풀이

- ◆ **국회의원**: 선거를 통해 뽑는 국민의 대표. 국회에서 여러 가지 국가의 중요 사항을 의논하고 결정하는 역할을 한다.
- ◆ **투표**: 선거를 하거나 어떤 일을 결정할 때 정해진 용지에 나의 의견을 표시해서 내는 일.
- ◆ **민주주의**: 국민이 권력을 가지고 있고 그 권력을 스스로 행사하는 제도나 사상.

✏️ 다음 빈칸에 알맞은 말을 쓰세요.

국회의원 ☐☐ 는 만 18세 이상이 되면 나갈 수 있다.

✏️ 이 글을 통해 알 수 있는 내용에 ○, 알 수 없는 내용에 ×표 하세요.

- 우리나라 국회의원 선거는 4년마다 치러진다. ( )
- 우리나라 대통령 선거에는 만 18세부터 나갈 수 있다. ( )
- 다른 나라들은 만 40세 이전에 대통령이 될 수 없다. ( )

✏️ 생각해 보기

우리 엄마 아빠가 국회의원 선거에 나갈 수 있을까요?

대통령은 한 달에 얼마를 받나요?

2021년 프랑스 마르세유의 한 초등학교를 찾은 에마뉘엘 마크롱 프랑스 대통령에게 여학생이 질문을 했어요. "대통령은 한 달에 얼마를 받나요?" 마크롱 대통령은 "실제로 받는 금액은 8500유로(약 1170만 원)"라고 대답했어요. 그렇다면 누구나 한번쯤 궁금해할 법한 우리나라 대통령의 월급, 과연 얼마일까요?

대통령의 월급은 우리가 낸 세금에서 나온다.

대통령은 어떤 자리일까요?

대통령은 우리나라를 대표하는 사람이에요. 우리나라를 이끌어 가는 최고 책임자이기도 하지요. 모든 국민이 어떻게 하면 행복하게 살 수 있을지 늘 고민해야 하고, 나라가 어려움에 처했을 때는 국민을 보호해야 해요. 그렇기 때문에 대통령이 되려면 나라와 국민을 위해 몸과 마음을 바쳐 있는 힘을 다해야 하지요. 그만큼 대통령은 해야 할 일이 많고 책임도 커요. 이런 대통령의 월급은 바로 우리 국민이 낸 세금에서 나오게 돼요.

우리나라 대통령의 월급은 얼마일까요?

대통령이 받는 월급은 법으로 정해요. 대통령의 월급도 다른 공무원과 마찬가지로 '공무원 보수 규정'에 따라 해마다 조금씩 오르지요. 국무총리나 장관은 물론이고, 일반 공무원·교사·군인의 월급도 이 규정에 따라 정해져요.

원래 대통령의 월급은 해마다 일정하게 올랐어요. 그런데 1999년부터는 성과를 많이 내면 월급을 많이 올리고, 성과를 적게 내면 월급을 적게 올리는 연봉제로 바꾸었어요. 그때 당시 우리나라에서 연봉제로 바꾸는 회사가 많아지기 시작했거든요. 대통령의 임금 체계도 그에 맞춰 바꾼 것이지요. 이후 24년간 성과가 적든 많든 간에 대통령의 연봉은 계속 올랐어요. 윤석열 대통령이 받는 2024년 연봉은 2억 5400만 원으로 24년 전보다 2.7배가 올랐지요. 우리나라 대통령은 세금을 빼면 매달 1700만 원 정도를 월급으로 받고 있는 거예요.

똑똑한 배경지식

대통령이 하는 일
대통령은 우리나라를 대표하는 최고 책임자로서, 다른 나라와 외교 활동을 해요. 또 나라의 안전을 책임져야 해요. 행정부의 우두머리로서 같이 일하는 고위공무원을 임명하고, 국군을 지휘하고 거느려요. 그리고 국무총리와 장관들과 함께 나라의 중요한 일을 결정하지요.

알쏭달쏭 어휘 풀이

- **세금**: 국가 또는 지방 공공 단체가 사용하기 위해 국민이나 주민에게 강제로 거두어들이는 돈.
- **성과**: 일을 이루어 낸 결과.
- **연봉**: 개인의 업무 능력·실적 등을 평가해 이를 기반으로 1년 단위 급여를 결정하는 제도.

✏️ **다음 빈칸에 알맞은 말을 쓰세요.**

우리나라 대통령의 ☐☐은 매년 늘어 2024년 월 1700만 원 정도를 받고 있다.

✏️ **이 글을 통해 알 수 있는 내용에 ○, 알 수 없는 내용에 ×표 하세요.**

- 우리나라 대통령의 월급은 세계에서 가장 많다. ( )
- 대통령은 우리나라를 대표하고 우리나라를 이끌어 가는 최고 책임자이다. ( )
- 대통령의 월급은 국민이 낸 세금으로 받는다. ( )

✏️ **생각해 보기**

내가 대통령이 된다면 무슨 일부터 하고 싶은지, 그 이유도 함께 생각해 봐요.

우리나라는 대통령인데, 일본은 왜 총리예요?

2024년 6월, 이탈리아에서 각국의 대표들이 모인 정상 회의가 열렸어요. 이 회의에는 조 바이든 미국 대통령, 조르자 멜로니 이탈리아 총리, 리시 수낵 영국 총리, 기시다 후미오 일본 총리, 에마뉘엘 마크롱 프랑스 대통령, 나렌드라 모디 인도 총리 등이 참석했어요. 그런데 어떤 나라는 대통령이 참석하는데, 왜 어떤 나라는 총리가 참석하는 걸까요?

나라 대표를 부르는 이름은 각각 다르다.

대통령제와 의원내각제에 따라 달라져요

각 나라는 헌법에 따라 나라를 다스리는 방식을 정해요. 이때 나라의 대표를 부르는 이름이 달라지지요. 보통 대통령제인지, 의원내각제인지에 따라 그 이름이 달라요. 우리나라는 대통령제를 택하고 있기 때문에 나라의 대표를 대통령이라고 부르고, 일본이나 영국 등은 의원내각제라서 총리라고 부르는 거예요.

대통령과 총리, 누가 더 많을까

대통령제는 미국이 1775년 독립전쟁 이후 처음 만들었기 때문에 대통령보다는 총리를 두고 있는 나라가 좀 더 많아요. 미국의 인구 정보 분석업체인 '세계인구리뷰(WPR)'에 따르면 2024년 기준으로 세계 197개국 가운데 '완전한 대통령제'인 나라는 전 세계에 미국·인도네시아·브라질·터키 등 34개국밖에 없다고 해요. 나라의 대표 이름이 대통령인 나라가 그 정도인 거죠. 그에 반해 전 세계에 총리를 두고 있는 나라는 무려 135개국이나 돼요. 우리나라도 미국과 비슷한 대통령제의 특성을 가지고 있어서 나라의 대표를 대통령이라고 불러요.

이름은 중요하지 않아요

사실 나라의 대표를 부르는 이름이 무엇인지는 중요하지 않아요. 또 대통령제인지

의원내각제인지도 중요한 것은 아니에요. 겉으로는 대통령제나 의원내각제 같은 민주주의 정치 체제를 갖고 있더라도 실제로는 독재 정치를 하는 국가들도 있기 때문이에요. 가장 중요한 것은 그 나라 국민이 얼마나 자유롭게 민주적인 생활을 할 수 있느냐는 것이지요.

똑똑한 배경지식

우리나라의 대통령제
우리나라에서 대통령은 나라를 대표하고, 정부의 최고 책임자예요. 이처럼 대통령제는 대통령을 중심으로 나라를 운영하는 정부를 말해요. 대통령은 국민의 투표로 직접 뽑지요.

알쏭달쏭 어휘 풀이

- **정상**: 한 나라의 가장 중요한 자리의 인물.
- **의원내각제**: 국회에서 선출된 대표들로 행정부가 만들어지고 운영되는 정치 제도.
- **독재**: 한 나라의 권력을 한 사람이 모두 차지하고 자기 마음대로 하는 정치.

✏️ 다음 빈칸에 알맞은 말을 쓰세요.

나라를 대표하는 사람을 대통령제에서는 ☐☐☐ 이라고 부르고 의원내각제는 총리라고 부른다.

✏️ 이 글을 통해 알 수 있는 내용에 ○, 알 수 없는 내용에 ×표 하세요.

- 일본은 나라 정치를 대표하는 사람을 총리라고 부른다. ( )
- 대통령제는 영국에서 가장 먼저 만들어졌다. ( )
- 전 세계적으로 총리보다 대통령이 더 많다. ( )

✏️ 생각해 보기

우리나라를 대표하는 사람은 왜 대통령이라고 부를까요?

선생님으로 일하기 왜 어려워졌을까요?

전국 선생님 모임 중 하나인 한국교원단체총연합회가 조사한 결과, '다시 태어나도 선생님을 하겠다'는 선생님이 10명 중 2명도 안 되는 것으로 나타났어요. 2012년부터 해마다 같은 질문을 던졌는데, 2024년 5월 조사 결과 가장 적은 수치가 나온 거예요.

텅 빈 초등학교 교실.

선생님의 학생 지도 권리 법으로 보장

2023년 학부모의 '악성 민원'으로 힘들어하다 세상을 떠난 선생님이 있었어요. 수업을 방해하고 친구들을 불편하게 하는 학생을 지도했다는 이유로 악성 민원에 시달린 거예요. 이 사건 이후 선생님들은 이런 비극이 없도록 해달라고 요구했고, 우리 사회는 '왜 교사의 권위가 떨어졌을까'에 대해 고민하게 됐어요. 그래서 2023년 9월 이런 선생님들의 요구를 법으로 만들었어요. 정당한 학생 지도를 '아동 학대'로 보지 않고, 학교로 돌아오는 민원은 학교장이 맡아 처리하도록 하는 내용이 담겼어요.

학생 인권 관련 법 폐지까지

스승의 그림자도 밟지 말라는 옛말이 있었으나 최근 들어 선생님을 존경하던 분위기가 사라졌어요. 여기에는 여러 가지 원인이 있다고 해요. 부모들의 자녀 교육에 대한 기대가 높아졌지만 학교 교육이 그것에 미치지 못했을 수 있다고 해요. 한쪽에서는 지난 2010년 이후 만들어진 학생의 인권과 관련된 법을 교권을 떨어트린 원인으로 꼽았어요. 이 법에 학생의 책임과 의무는 없고 권리만 있다는 거예요. 결국 2024년 4월 충남도의회와 서울시의회의에서 이 법을 없앴어요.

교권과 학생 인권, 모두 중요해

'학생 인권과 관련된 법 때문에 교권이 떨어졌다'는 주장에 대한 반대 의견이 많아요.

국가인권위원회 위원장은 이 법이 없어진 것을 안타까워하면서 "학생이 독립된 인격체로 존중받는 동시에 교사의 교육 활동이 충분히 보장되는 학교를 어떻게 만들어 나갈지 지혜를 모으는 것"이 가장 중요하다고 말했어요.

똑똑한 배경지식

교권
학교에서 일하는 교사의 권위나 권리를 말해요. 권위란 사회적으로 인정받을 수 있는 지위, 권리란 어떤 일을 할 때 요구할 수 있는 자격이에요. 우리가 인간으로서 기대하고 기대받는 권리를 인권이라고 하듯이, 교사로서 기대하고 기대받는 권리를 교권이라고 해요.

알쏭달쏭 어휘 풀이

- **민원**: 주민이 행정 기관에 처리해 달라고 하는 일.
- **비극**: 슬프고 애달픈 일이 발생해서 불행한 경우를 이르는 말.
- **인권**: 인간으로서 당연히 가지는 기본적인 권리.
- **악성**: 악한 성질.

✏️ 다음 빈칸에 알맞은 말을 쓰세요.

교사의 권위를 바로잡기 위해 법을 고치고 ☐☐ 인권과 관련된 법을 폐지했다.

✏️ 이 글을 통해 알 수 있는 내용에 ○, 알 수 없는 내용에 ✕표 하세요.

- 오늘날 예전보다 교사라는 직업을 가지고 싶어 하는 사람들이 많아졌다. ( )
- 교사들은 학생들의 인권과 관련된 법을 폐지하자고 주장했다. ( )
- 학생의 인권과 교사의 권위는 함께 존중받아야 한다는 의견이 있다. ( )

✏️ 생각해 보기

선생님의 권위가 회복되려면 어떠한 변화들이 필요할까요?

우리나라 인구는 몇 명일까요?

"한국과 홍콩은 가장 빨리 인구가 줄어들고 있다." 2022년 5월, 테슬라의 최고경영자인 일론 머스크가 한 말이에요. 2020년 세계은행이 발표한 국가별 합계 출산율에서 꼴찌를 차지한 한국(0.84명)과 홍콩(0.87명)을 꼬집어 말한 거예요. 합계 출산율은 여성 1명이 평생 동안 낳을 것으로 예상되는 아이의 평균 수를 말해요.

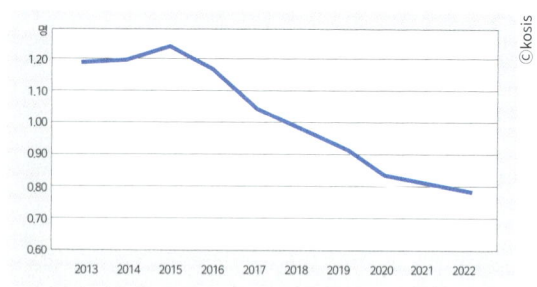

우리나라 합계 출산율 그래프. 2022년에는 0.778명을 기록했고, 2024년은 최저치인 0.68명으로 예상된다.

인구 5000만 명 아니라고?

통계청은 2023년에 우리나라 인구가 5171만 2619명으로 2023년보다 늘었다고 했어요. 하지만 실제로 많아진 것은 아니에요. 우리나라에서 3개월 넘게 살고 있는 외국인까지 포함한 수이기 때문이에요. 진짜 우리나라 인구만 놓고 봤을 때는 약 5002만 명에서 4985만 명으로 줄었어요.

눈앞에 닥친 초고령 사회

인구분포도를 살펴보면 문제는 더 심각해요. 2023년에 65세가 넘는 인구는 943만 명인데 이것은 전체 인구 중 18.2%나 돼요. 내년이면 20.6%로 늘어나서 초고령 사회가 될 거라고 해요. 고령 사회에서 초고령 사회로 진입 속도도 빨라요. 영국은 50년, 미국은 15년이 걸렸는데 우리나라는 7년밖에 걸리지 않았어요.

초저출산이 더 심각해요

합계 출산율이 1.3명 아래로 떨어지면 초저출산 사회라고 불러요. 우리나라는 이미 2002년 합계 출산율이 1.18명이 되었고, 2023년 0.72명까지 떨어졌어요. 2021년 경제협력개발기구(OECD) 평균 합계 출산율 1.58명의 절반도 채 되지 않는 수예요. 초저출산 사회에다 초고령 사회가 되면, 여러 가지 문제가 동시에 생겨요. 일할 수 있는 사람이 부족해지고, 혼자 살기 힘든 사람을 돌보는 비용도 늘어나죠.

똑똑한 배경지식

초고령 사회
국제연합(UN)은 65세 이상을 고령이라고 정의해요. 이 비율이 7%를 넘으면 고령화 사회, 14%를 넘으면 고령 사회, 20% 이상이면 초고령 사회로 분류해요. 우리나라는 2017년에 고령 인구가 14%를 넘어 고령 사회로 들어섰고, 곧 초고령 사회가 될 거예요.

알쏭달쏭 어휘 풀이

- **인구**: 일정한 지역에 살고 있는 사람의 수.
- **통계청**: 각종 통계에 관한 일을 하는 기관.
- **인구분포도**: 인구의 지역별, 산업별, 민족별 분포 상태를 나타내는 지도.
- **합계 출산율**: 여성 한 명에게서 탄생할 것으로 기대되는 아이의 수.

✏️ 다음 빈칸에 알맞은 말을 쓰세요.

우리나라는 65세 이상 인구 비율이 빠르게 증가해 곧 ☐☐☐ 사회가 된다.

✏️ 이 글을 통해 알 수 있는 내용에 ○, 알 수 없는 내용에 ×표 하세요.

- 다른 나라에 비해 우리나라의 출산율은 낮은 편이다. ( )
- 우리나라의 인구는 외국인을 제외하고 5000만 명이 넘는다. ( )
- 우리나라는 고령 사회에서 초고령 사회로 넘어가는 중이다. ( )

✏️ 생각해 보기

초저출산과 초고령 사회가 되면 어떤 문제가 생길까요?

우리나라는 단일 민족일까요?

우리는 오랫동안 우리나라가 단일 민족 국가라고 배웠어요. 교과서에도 나오고 다른 책이나 언론에서도 볼 수 있었지요. 하지만 2007년부터 교과서에서 그 말이 사라졌어요. 우리나라는 더 이상 하나의 민족만 사는 나라가 아니거든요.

나라를 세우기 위해 필요했던 개념

우리나라는 일찍이 한족, 몽고족, 남방족, 여진족 등 다양한 민족과 서로 오갔지만, 그 수가 그

아시아 최초 다문화 국가가 될 한국.

렇게 많지 않다고 여겨 왔어요. 그러다가 단일 민족이라는 단어는 1945년 광복 이후 등장했어요. 당시 역사학자 손진태는 "우리는 668년 신라의 삼국통일 때부터 지금까지 단일 민족"이라고 했어요. 대한민국이라는 새로운 나라를 세울 때, 단일 민족이 더 통일성 있어 보였기 때문이에요.

아시아 최초 다문화 국가

하지만 최근 국가의 뜻이 빠르게 바뀌고 있어요. 다른 나라로 공부하러 가거나 일하러 가는 사람들이 늘면서 태어난 나라와 살고 있는 나라가 다른 경우도 많고, 아예 온 가족이 해외로 이민을 가는 경우도 많아졌거든요. 2023년에 우리나라에 살고 있는 외국인은 251만 명이에요. 전체 인구 5137만 명의 4.89%나 되지요. 경제협력개발기구(OECD)는 외국인이 전체 인구의 5%가 넘으면 다문화 국가라고 불러요. 우리나라에 있는 외국인은 2024년 5%를 넘어 아시아에서 첫 번째로 다문화 국가가 될 거예요.

함께 사는 사회 만들어 가야

태어난 나라가 다른 사람끼리 결혼해서 아이를 낳으면 다문화 가정이라고 해요. 우리나라에 다문화 가정도 늘어나고 있어요. 그만큼 교육에도 변화가 필요해요. 이들을

외국인이 아니라 우리나라 사람이라고 생각하는 것이 시작이에요. 그래야 함께 어우러져 사는 사회를 만들 수 있을 거예요.

똑똑한 배경지식

다문화 사회
한 사회 안에 서로 다른 인종과 다양한 문화가 함께 존재하는 사회를 말해요. 우리나라는 외국에서 공부하러 오거나 일하러 온 경우, 외국인과 결혼하는 경우 등이 늘어나면서 다문화 사회가 되었어요.

알쏭달쏭 어휘 풀이

- **단일민족**: 하나의 인종으로 구성된 민족.
- **이민**: 자기 나라를 떠나서 다른 나라로 가서 사는 것.
- **다문화 가정**: 국적과 문화적 배경이 서로 다른 사람들로 이루어진 가정.

✏️ 다음 빈칸에 알맞은 말을 쓰세요.

우리나라는 외국인이 많이 살게 되면서 □□□ 사회가 되었다.

✏️ 이 글을 통해 알 수 있는 내용에 ○, 알 수 없는 내용에 ×표 하세요.

- 우리나라는 신라 시대부터 다문화 사회였다. ( )
- 우리나라는 아시아에서 최초로 다문화 국가가 될 것이다. ( )
- 국제결혼은 다문화 사회가 된 이유 중 하나이다. ( )

✏️ 생각해 보기

다문화 사회를 더 좋은 사회로 만들기 위해 어떤 노력이 필요할까요?

서울에 있는 학교도 문을 닫는다고요?

우리는 매일 학교에 가요. 학교는 당연히 다녀야 하는 곳인데 그 수가 점점 줄고 있다고 해요. 우리나라에 태어나는 아이가 줄고 있기 때문이지요. 문제는 학생이 몇 명 되지 않는다고 해서 학교가 문을 닫아 버리면 그곳을 다니고 있던 아이들이 아주 먼 곳에 있는 학교에 다녀야 한다는 거예요.

2024년 2월에 문을 닫은 도봉고등학교.

문 닫은 학교와 과밀 학교

2024년만 해도 초·중·고 33개의 학교가 문을 닫아요. 서울도 예외는 아니에요. 도봉고·성수공고·덕수고행당분교가 문을 닫지요. 2020년에 염강초·공진중, 2023년에 화양초가 문을 닫은 이후 서울에서만 6개의 학교가 사라졌어요. 2024년 문 닫는 33곳 중에 초등학교가 80%지만, 시간이 흐르면 중·고등학교도 차례로 사라지겠지요.

이렇게 학생이 없어서 문을 닫는 학교가 많은데, 학생이 넘쳐서 고민인 학교도 있어요. 서울 강남구 대치동, 양천구 목동, 노원구 중계동 등은 학생이 많아요. 2023년 초등학교 학급당 학생 수 평균은 20.7명이지만, 강남 대도초는 32.9명이에요. 한 반에 28명 이상이면 과밀 학급이라고 불러요. 서울시 초등학교 608개교 중 9.2%(56곳)가 240명 이하의 소규모 학교지만, 10.7%(65곳)는 과밀 학교지요.

서울시, 도시형 캠퍼스 제안

학교가 필요한 지역에 학교를 짓지 못하는 상황도 생겨났어요. 서울 강동구 올림픽파크포레온 아파트는 새로 지으면서 단지 내에 중학교를 짓기로 했었는데, 교육부에서 학교에 다니는 사람이 줄었다는 이유로 짓지 못하게 했어요.

서울시 교육청은 이런 문제를 해결하기 위해 도시형 캠퍼스를 생각해 냈어요. 도시형 캠퍼스는 운동장이나 체육관이 없는 작은 학교를 말해요. 원래는 학교를 지으려면 초등학교를 기준으로 36학급과 학생 수 600~900명이 되어야 해요. 그런데 이보다 작은 학교를 지어서 근처에 있는 학생들이 다닐 수 있게 하겠다는 거예요. 2029년에 강동구에 강솔초등학교 강현 캠퍼스가 처음으로 문을 열어요.

똑똑한 배경지식

도시형 캠퍼스
도시형 캠퍼스는 일반 학교보다 작은 규모의 학교를 말해요. 예를 들어 일반 학교 학급이 36학급이 되어야 하지만 도시형 캠퍼스는 12학급만 되어도 지을 수 있어요. 과밀 학교나 소규모 학교의 문제점을 해결하기 위해 서울시 교육청에서 내놓은 방안이에요.

알쏭달쏭 어휘 풀이

◆ **과밀**: 인구나 건물이 한곳에 지나치게 집중되어 있음.
◆ **소규모**: 크기가 작은.

✏️ **다음 빈칸에 알맞은 말을 쓰세요.**

우리나라는 해마다 학생 수가 줄어들어 문을 닫는 ☐☐가 점차 늘어나고 있다.

✏️ **이 글을 통해 알 수 있는 내용에 ○, 알 수 없는 내용에 ×표 하세요.**

- 우리나라에 태어나는 아이의 수가 점차 줄어들고 있다. ( )
- 2024년 문을 닫는 학교는 서울 3개 학교를 포함하여 모두 33곳이다. ( )
- 도시형 캠퍼스는 학급 수나 학생 수가 일반 학교보다 큰 학교를 말한다. ( )

✏️ **생각해 보기**

우리 학교가 없어지면 어떤 문제가 생길까요?

우리는 "숙제가 너무 많아요"

"하나! 어린이는 지금 당장 놀아야 한다. 둘! 어린이는 지금 당장 건강해야 한다. 셋! 어린이는 지금 당장 행복해야 한다… 나중에는 너무 늦습니다." 한 유명 드라마에서 스스로를 '어린이 해방 총사령관'이라고 소개한 사람이 한 말이에요.

학원 간판으로 빽빽한 서울 목동의 한 건물.

공부 시간이 길어요

실제로 우리나라의 어린이와 청소년들이 행복하지 않다는 조사 결과가 많아요. 여성가족부의 청소년 통계에 따르면 2023년 초등학교 4학년부터 중·고등학생까지 10명 중 4명 이상은 학교를 마치고도 3시간 넘게 공부한다고 해요. 아동 복지 전문 기관 초록우산의 '2024 아동 행복 지수 생활시간 조사'에서 우리나라 어린이와 청소년의 행복 지수는 100점 만점에 45.3점밖에 안 됐어요. 행복 지수가 낮은 어린이들은 밤에 쉽게 잠들지 못하고, 성적 때문에 스트레스를 받으며, 학원 숙제를 하기 힘들어하는 것으로 나타났어요.

한국 아이들 행복 지수 세계 꼴찌 수준

2021년 국제 아동 단체인 세이브더칠드런의 '국제 아동 삶의 질 조사'에서도 한국은 35개국 중 31위였고, 같은 해 경제협력개발기구(OECD)가 조사한 한국 어린이의 '주관적 행복 지수'는 79.5점으로 22개국 중에서 꼴찌를 차지했어요.

힘들 때는 주변 어른에게 도움받아야

실제로 우울증을 겪는 어린이와 청소년이 많아져서, 요즘은 어린이들의 정신 건강 문제에 대해 사람들이 관심을 쏟고 있어요. 우울증은 '마음의 감기'예요. 감기에 걸리면 병원에 가듯이 우울해지면 전문가에게 도움을 받는 것이 좋아요. 공부든 친구 관계든 혹시 지금 내가 행복하지 않고 힘들다면 주변의 어른들에게 적극적으로 도와 달라고 말해야 해요.

똑똑한 배경지식

행복 지수
사람이 살아가는 데 있어서 경제적 가치뿐 아니라 삶을 얼마나 만족하는지, 미래를 불안해하지 않고 사랑과 행복이 가득한 삶을 사는지와 같은 것을 넓은 시각으로 측정한 것을 말해요.

알쏭달쏭 어휘 풀이

- **통계**: 일정한 체계에 따라 수치로 나타냄.
- **주관적**: 자기의 견해나 관점을 기초로 하는 것.
- **우울증**: 기분이 가라앉고 즐겁지 않은 마음 상태.

✏️ 다음 빈칸에 알맞은 말을 쓰세요.

우리나라의 어린이와 청소년의 주관적 ☐☐ 지수는 세계에서 가장 낮은 편이다.

✏️ 이 글을 통해 알 수 있는 내용에 ○, 알 수 없는 내용에 ×표 하세요.

- 우리나라 어린이와 청소년은 다른 나라에 비해 학습 시간이 부족하다. ( )
- 우리나라 어린이와 청소년은 하루의 많은 시간을 공부하는 데 쓴다. ( )
- 우리나라 어린이와 청소년의 행복 지수는 나날이 높아지고 있다. ( )

✏️ 생각해 보기

나는 무엇을 할 때 행복한지, 그때 왜 행복한지 생각해 봐요.

의사들은 왜 병원을 떠났을까요?

우리나라의 의과 대학 입학 정원은 3000명이에요. 그런데 나라에서 내년부터 2000명 더 늘리겠다고 발표했어요. 그러자 의과 대학에 다니는 대학생과 교수, 의사들이 모두 반대했어요. 그리고 의사들은 이에 반대하는 뜻을 전하려고 병원을 떠났어요.

2024년 3월 젊은 의사들이 대거 퇴사하는 분위기 속 국내 한 종합병원의 창구는 고요하다.

의사 선생님, 정말 부족할까요?

나라에서는 지방과 같이 의사 선생님이 부족한 지역에 의사를 더 많이 보내려면 의사의 수를 늘려야 한다고 주장했어요. 한국보건사회연구원과 한국개발연구원(KDI) 등에 따르면 2035년부터는 의사가 1만 명이 넘게 부족해진다고 보기 때문에 지금 빨리 늘려야 한다는 거예요. 하지만 의사 단체들은 의사가 많이 부족한 것은 아니라고 주장해요. 우리나라 환자는 대부분 그날 바로 진료를 받을 수 있고, 진료 횟수나 입원 일수도 다른 나라에 비해 많다는 거예요.

의사 숫자를 늘리는 방식에서도 입장이 달라요. 의사 단체들은 교육 시설이 턱없이 부족하고 교수진과 강의실도 부족하다고 해요. 하지만 나라에서는 1980년대 의과 대학 학생 수는 지금보다 많았지만 잘 교육받았고, 예전보다 교수도 2~3배 늘었다고 주장했어요.

의사 늘어나면 환자가 편해질까요?

의사 단체들은 의사가 부족한 분야에 대한 대책을 먼저 세우지 않고 의사 숫자만 늘리면 피부과나 성형외과 등 미용과 관련된 의사만 늘어날 것이라고 걱정했어요. 나라에서는 의사가 부족한 분야에 2028년까지 10조 원을 들여 의사들이 일하는 환경을 개선해 주기로 약속했어요.

환자들은 의사를 기다려요

나라와 의사들 사이의 싸움이 수개월째 이어지고 있어요. 의사들이 병원을 떠나는 시간이 길어질수록 환자들은 더 오래 기다릴 수밖에 없어요. 하루빨리 해결되어 모두 제자리로 돌아가기를 바라요.

똑똑한 배경지식

의사 단체

우리나라의 의사 단체 중 대표적으로는 대한의사협회가 있어요. 이 단체는 의학과 의술을 발전시키고 여러 사람이 누리게 하기 위해 만들어졌어요. 사회 복지와 국민 보건을 향상시키고 인권을 존중하는 것이 목표예요.

알쏭달쏭 어휘 풀이

- **정원**: 일정한 규정에 따라 정한 인원.
- **입장**: 바로 눈앞에 처하고 있는 처지나 상황이나 태도.
- **분야**: 어떤 기준에 따라 나눈 범위나 부분 중의 하나.
- **개선**: 부족한 점, 잘못된 점, 나쁜 점을 고쳐서 더 좋아지게 함.

✏️ 다음 빈칸에 알맞은 말을 쓰세요.

나라에서 ☐☐의 수를 늘린다고 하자 의사들이 병원을 떠났다.

✏️ 이 글을 통해 알 수 있는 내용에 ○, 알 수 없는 내용에 ×표 하세요.

- 나라에서는 의사의 수가 늘어나야 한다고 주장한다. ( )
- 의사 단체는 갑자기 의과 대학 학생 수를 늘리면 교육 시설이 부족할 거라고 한다. ( )
- 나라에서 의사가 부족한 분야를 지원해 주기로 했다. ( )

✏️ 생각해 보기

의사들은 왜 병원을 떠났을까요?

키오스크, 편리할까요 불편할까요?

요즘 가족들과 식당에 가면 직원에게 주문하지 않을 때가 많아요. 테이블마다 단말기가 있어서 메뉴 사진을 보며 주문할 수 있거든요. 영화를 보러 갈 때도 마찬가지예요. 매표소 대신에 티켓 판매기에서 보고 싶은 영화를 고르고 티켓을 살 수 있어요.

용산역 한 영화관의 티켓 판매기.

키오스크가 갑자기 늘어났어요

키오스크(Kiosk)는 공공장소나 식당에 설치된 무인 단말기를 뜻해요. 식당에서 흔히 볼 수 있는 무인 주문기나 마트의 셀프 계산대도 키오스크예요. 키오스크는 코로나19로 사람끼리 직접 얼굴을 대하지 않는 일이 많아지면서 빠르게 늘어났어요.

키오스크가 불편한 사람들

한국소비자원이 2022년 키오스크 이용 경험이 있는 500명에게 이용 만족도를 조사했어요. 5점 만점으로 물었을 때, 전체 평균은 3.58점이었고 60대 이상은 3.31점으로 가장 낮았어요. 나이가 많아지면 기계의 글자가 잘 안 보이고, 기계의 속도를 따라가기 어렵거든요. 서울의 55세 이상 시민의 키오스크 이용 능력 점수는 전체 평균에 비해 15점이나 낮았어요. 인권위원회는 이런 이유로 과학기술정보통신부에 개선을 부탁했어요. 노인들이 키오스크를 쉽게 이용할 수 있도록 교육하고, 시력이나 청력이 나빠도 이용하기 쉬운 기계를 만들어야 한다고 했죠.

맥도날드에 간 장애인들

2022년 7월 서울 중구의 한 맥도날드 매장에 수십 명의 시각장애인이 모였어요. 이들은 음성 안내 기능은 아예 없고, 화면 확대 기능도 떨어지는 키오스크로 주문을 하느라 한참을 헤맸어요. 이 일로 인해 맥도날드는 2024년 말까지 모든 매장에 '말하는 키오스크'를 설치하기로 했어요. 하지만 여전히 휠체어에 탄 장애인은 키오스크 화면에 손이 닿지 않는 불편을 겪고 있어요. '장애인 차별 금지 및 권리 구제 등에 관한 법률'에 따라 2026년부터는 장애인도 편하게 쓸 수 있는 키오스크를 설치해야 해요.

똑똑한 배경지식

키오스크(Kiosk)
공공장소나 음식점에 설치된 무인 단말기를 말해요. 원래는 신문이나 음료 등을 파는 매점을 뜻하는 영어 단어예요. 최근에는 키오스크를 이용할 일이 많아졌어요. 인건비를 줄일 수 있어서 사용하는 곳이 늘고 있기 때문이에요.

알쏭달쏭 어휘 풀이

- **단말기**: 컴퓨터의 중앙 처리 장치와 연결되어 자료를 입력하거나 출력하는 기기.
- **공공장소**: 도서관, 공원과 같이 여러 사람이 함께 이용하는 곳.
- **차별**: 둘 이상을 차이를 두어 구별함.

✏️ 다음 빈칸에 알맞은 말을 쓰세요.

☐☐☐☐는 무인 단말기로서 노인과 장애인은 사용을 불편해한다.

✏️ 이 글을 통해 알 수 있는 내용에 ○, 알 수 없는 내용에 ×표 하세요.

- 키오스크는 우리 생활에 깊숙이 들어와 있다. ( )
- 키오스크는 노인과 장애인도 이용하기 편리해서 널리 사용 중이다 ( )
- 2024년 말까지 맥도날드 및 모든 음식점에 말하는 키오스크를 설치하기로 했다. ( )

✏️ 생각해 보기

키오스크를 이용할 때 장점과 단점은 무엇일까요?

버터 맥주에 버터가 없다고요?

'버터 맥주'라고 불리는 뵈르(BEURRE·프랑스어로 버터) 맥주를 기획하고 광고한 회사 버추어컴퍼니가 재판을 받게 되었어요. 식품과 약품이 안전한지 감시하고 허가하는 식품의약품안전처(식약처)에서 버터 맥주라는 이름이 법을 어기는 것이라고 했거든요.

버터 맥주에 버터가 들어가지 않아서 재판이 열렸다.

버터 맥주에 버터가 없나요?

식약처는 뵈르 맥주에 버터가 들어가지 않았고 합성 향료만 사용했기 때문에 '버터 맛 맥주'나 '버터 향 맥주'로 표시해야 한다고 했어요. 실제로 바나나가 아닌 바나나 합성 향료만 들어간 우유는 '바나나 우유'가 아니라 '바나나 맛 우유'로 표시하고 있지요.

맥주를 만든 회사는 억울하다고 말했어요. "곰표 맥주에 곰이 없고, 고래밥에도 고래가 들어가지 않는다"면서 말이죠. 또 "법에 따라 원재료를 정확하게 표시했고, 식약처의 지도에 따라 이후 생산된 모든 제품에 버터를 넣었다"고 했어요. 그러나 식약처는 "일반적인 상식으로 봤을 때 고래밥 상자에 큰 고래가 들어갈 수 없다고 생각하고, 붕어빵도 붕어 모양의 빵이라는 것을 누구나 알고 있다"고 했어요.

재료는 눈꼽 만큼, 이름은 대문짝만하게

제품에 이름을 넣으려면 재료가 얼마나 들어 있어야 할까요? 식약처는 "제품 이름에 사용하려면 그것에 해당하는 원재료가 실제로 포함되어 있어야 하고, 그 양을 제품 이름 옆에 표시하도록 해서 소비자들이 양을 확인할 수 있도록 해야 한다"고 했어요. 아주 적은 양이라도 들어 있기만 하면 이름을 쓸 수는 있다는 이야기지요. 트러플 새우깡에 들어간 블랙트러플 분말은 0.017%, 허니버터칩에는 프랑스산 고메버터가 0.006g

들어 있어요. 이렇게 적게라도 들어만 가면 이름으로 쓸 수 있는 거예요. 이것 때문에 1%도 안 들어갔는데 이름이 너무 크다는 비판도 있고, 소비자를 속인다는 지적도 계속해서 나오고 있어요.

똑똑한 배경지식

식품의약품안전처(식약처)
식품이나 의약품, 화장품의 위생을 관리하고 안전한지 점검하는 역할을 하는 정부 기관이에요. 식품·의약품과 관련된 정책을 만들고 바꾸거나 법을 어긴 사람들을 찾아 조사하기도 하지요.

알쏭달쏭 어휘 풀이

- **합성 향료**: 화학적 합성으로 만든 향료.
- **원재료**: 어떤 물건을 만드는 데 기본이 되는 재료.
- **상식**: 사람들이 일반적으로 알아야 할 지식이나 판단력.

✏️ 다음 빈칸에 알맞은 말을 쓰세요.

버터 맥주에는 □□가 들어 있지 않아 재판에 서게 되었다.

✏️ 이 글을 통해 알 수 있는 내용에 ○, 알 수 없는 내용에 ×표 하세요.

- 바나나 맛 우유에는 바나나가 안 들어가서 이름에 맛이라는 단어를 넣었다. ( )
- 버터 맥주에 버터가 들어가지 않아서 법을 어겼다는 소송이 열렸다. ( )
- 재료를 제품 이름에 쓰려면 제품에 그 재료가 1% 이상 들어 있어야 한다. ( )

✏️ 보기

좋은 재료를 조금만 넣고 제품 이름에 재료 이름을 크게 표시하는 제품들, 어떻게 해야 할까요?

．．．

．．．

하루 더 쉬면 안 될까요?

왜 학교는 5일이나 가야 할까요? 가끔은 쉬는 날이 이틀뿐이라 아쉬워요. 하지만 '주 5일 수업'이 시작된 것도 그리 오래되지 않았어요. 2005년에는 토요일에 격주로 수업을 하다가 2012년부터 주 5일 수업을 하게 됐지요. 그런데 쉬는 날을 더 늘리자는 주장이 나오고 있어요.

세계 각국이 주 4일제를 논의하고 있다.

근로기준법, '하루 8시간씩 주 40시간'

우리나라에는 근로기준법이 있어요. 일하는 사람들을 위해 국가가 기준을 정한 거예요. 이 법에서 1주일간 일하는 시간을 40시간으로 정하고, 하루에 일하는 시간은 8시간을 넘길 수 없다고 정했어요. 1주일 40시간을 하루 8시간으로 나눠 보면 5일 동안 일한다는 계산이 나와서 '주 5일제'라고 부르게 되었어요. 1953년에 법이 처음 만들어질 때는 일하는 시간이 48시간이었고 1989년에 법을 고쳤을 때는 44시간이었어요. 2003년에서야 지금의 주 5일제 법안이 통과돼, 서서히 각 분야에 적용되었어요.

여전히 OECD 나라 중 가장 많이 일해

우리나라 사람들의 일하는 시간은 점점 줄어들어 왔어요. 2023년 1인 이상인 회사에서 1달 동안 일하는 시간은 156.2시간이었어요. 10년 전보다 16.4시간이나 줄어든 거예요. 그런데 2022년 경제협력개발기구(OECD) 회원국의 1달 동안 일하는 시간은 143.2시간이었어요. 우리나라 사람들의 일하는 시간이 많이 줄었는데도 다른 나라에 비해 1달에 13시간이나 더 일하고 있는 거예요. 독일(107.9시간)이 가장 짧고, 그 뒤로 프랑스(118.9시간), 영국(126.3시간), 이탈리아(130.2시간), 일본(135.5시간) 순이지요.

오랫동안 일하면 출산율, 생산성 떨어져

일하는 시간이 줄수록 출산율이 높아지고, 생산성도 높아진다고 해요. 그래서 영국·

프랑스·일본에서는 지금보다 더 적게 일하자고 논의하고 있어요. '주 4일제'를 몇몇 기관에서 시험적으로 해 보고 문제가 있으면 고쳐 나가려는 거예요. 우리나라도 2024년 6월 '일·생활 균형위원회'를 만들었어요. 이 기구에서 일하는 시간을 줄일 수 있는 방안을 찾기로 했지요.

똑똑한 배경지식

근로기준법
일하는 시간, 최저 임금, 휴일 등을 정해서 일하는 사람의 기본적인 생활을 보장하고 좋아지게 하며, 균형 있는 경제 발전을 목적으로 만들어진 법률이에요. 사회가 달라지고 일하는 형태도 다양해지면서 계속해서 변화하고 있어요.

알쏭달쏭 어휘 풀이

- **격주**: 한 주일을 건너뛰고 그 다음주.
- **생산성**: 생산하는 데 들어간 비용과 그에 따른 생산량의 비율.
- **시험적**: 결과나 기능을 미리 알아보기 위해 실제로 해 보는 것.

✏️ 다음 빈칸에 알맞은 말을 쓰세요.

세계적으로 일하는 시간을 줄이기 위해 주 ☐☐제를 논의하고 있다.

✏️ 이 글을 통해 알 수 있는 내용에 ○, 알 수 없는 내용에 ×표 하세요.

- 우리나라 근로기준법은 주 40시간, 하루 8시간 일하는 것을 법으로 정하고 있다. (   )
- 우리나라의 일하는 시간은 다른 나라에 비해 많이 적다. (   )
- 우리나라는 일부 기관에서 시험적으로 주 4일제를 시행하고 있다. (   )

✏️ 생각해 보기

주 4일제가 된다면 어떤 점이 달라질까요? 장점과 단점을 생각해 봐요.

학교 폭력, 이제 더 오래 기록해 둬요

최근 연예계에서 과거 학생 시절 학교 폭력으로 인해 논란에 휩싸인 유명인들이 늘었어요. 연예인들은 학교 폭력을 제보한 사람들과 사실이다 아니다 하며 진실 공방을 벌이기도 했어요. 이런 연예인들은 사람들에게 비판을 받고 결국 활동이 줄어드는 경우가 많아요.

학교 폭력을 줄이기 위한 방안을 마련 중이다.

우리나라의 학교 폭력

미국의 〈뉴욕타임스〉는 이런 우리나라 유명인들의 학교 폭력 논란을 다루었어요. 그러면서 "한국인들은 학창 시절의 괴롭힘이 피해자의 삶에 돌이킬 수 없는 피해를 입히는 것이라고 믿고 있다"고 했어요. "대부분 제보하는 사람이 이름을 밝히지 않기 때문에 신뢰도가 부족하지만, 가해자에 대한 비판은 꾸준하다"고 전했지요.

대학 입학 때 학교 폭력 반영되어

유명인들의 학교 폭력 논란이 끊이지 않으면서 교육부는 2026년부터 모든 대학에서 학교 폭력의 가해자였던 기록이 있으면 입학 때 꼭 반영하도록 했어요. 학교생활기록부(학생부) 위주의 수시 입학 과정에서는 이 기록이 반영되었지만, 수능 점수 위주의 정시 입학 과정에는 학교 폭력의 영향이 거의 없었거든요. 또한 학교 폭력 기록을 남기지 않으려고 일부러 학교를 그만두고 검정고시를 보는 것도 막기로 했어요. 이제 대학들이 검정고시생에게도 학생부를 요구할 수 있게 됐지요.

'학교 폭력 조치 사항' 보존 기간 늘어나

또한 '학교 폭력 조치 사항'을 학생부에 기록하여 보존하는 기간이 늘어났어요. 학교 폭력 조치 사항이란 학교 폭력 가해자가 받은 징계를 말해요. 원래는 졸업 후 2년까지만 기록됐지만 2024년 1학기부터는 졸업 후 4년으로 늘어났어요. 학교 폭력 조치 사항은 서면 사과부터 퇴학까지 9가지가 있어요. 이중 가장 높은 징계는 퇴학인데 이 기록은 영원히 보존돼요. 사회는 이로써 학교 폭력이 일어나는 것 자체를 줄일 수 있기를 기대해요.

똑똑한 배경지식

학교 폭력
학생을 대상으로 심리적, 신체적 혹은 물질적 피해를 주는 모든 행위를 말해요. 때리거나 치거나 미는 행동, 돈이나 물건을 빼앗는 행동, 욕을 하거나 하기 싫은 일을 시키는 행동, 놀리거나 괴롭히는 행동, 나쁜 말을 퍼뜨리는 행동, 모둠 활동에서 따돌리는 행동도 모두 학교 폭력이에요.

알쏭달쏭 어휘 풀이

- **공방**: 서로 공격하고 방어함.
- **제보**: 정보를 제공함.
- **가해자**: 해를 끼친 사람.
- **검정고시**: 정규 학교를 졸업한 것과 같은 자격을 얻기 위한 시험.

✎ 다음 빈칸에 알맞은 말을 쓰세요.

교육부는 ☐☐ 폭력에 대한 법을 강화하였다.

✎ 이 글을 통해 알 수 있는 내용에 ○, 알 수 없는 내용에 ×표 하세요.

- 교육부에서 대학에 입학할 때 학교 폭력 기록을 반영하도록 했다. ( )
- 학교 폭력이 있었다면 그 징계에 대하여 학교생활기록부에 기록된다. ( )
- 학교 폭력 기록 보존 기간이 4년에서 2년으로 줄어들었다. ( )

✎ 생각해 보기

학교 폭력 기록을 더 오랫동안 보존하는 것 외에 어떠한 대책이 필요할까요?

전동 킥보드, 속도 줄여야 해요

얼마 전부터 거리에 전동 킥보드를 타는 사람이 많아졌어요. 이렇게 우리가 흔히 길에서 보는 전동 킥보드는 대부분 업체에서 빌려주는 공유 전동 킥보드예요. 그런데 이 킥보드를 이용하는 사람이 많아지면서 사고도 많이 늘었어요.

전동 킥보드 사고가 늘고 있다.

갑자기 늘어난 공유 전동 킥보드와 사고

공유 전동 킥보드는 2018년 우리나라에 처음 생긴 이후 빠르게 늘고 있어요. 2020년 7만 대에서 2023년에는 29만 대로 늘어났어요. 그만큼 사고도 많아졌어요. 고라니처럼 갑자기 튀어나와 사람이나 차량 운전자를 놀래키는 바람에 '킥라니'라는 별명도 생겼지요. 2018년 225건이던 사고는 2022년에 2386건으로 증가했어요. 5년간 5690건의 사고로 67명이 목숨을 잃고 6281명이 다쳤어요.

만 16세 미만은 전동 킥보드 금지

전동 킥보드의 안전 문제 때문에 2021년 5월부터 새 도로교통법이 생겼어요. 우선 제2종 원동기 장치 이상의 운전면허증을 가진 사람만 전동 킥보드를 탈 수 있어요. 이 면허는 만 16세부터 딸 수 있으니까 그보다 어린 사람이 못 타는 셈이지요. 킥보드 1대에 1명만 타야 하고, 안전모도 반드시 써야 해요. 또한 자전거 도로나 인도와 가장 가까운 차도로 다녀야 해요. 제한 속도는 시속 25km예요. 이를 어기면 과태료나 범칙금을 내야 하지요.

최고 속도 낮추자!

전동 킥보드는 우리가 생각하는 것보다 훨씬 위험해요. 삼성화재 교통안전문화연구소가 시험한 결과, 시속 20km로 달리다 벽과 부딪쳤을 때 전동 킥보드는 자전거보다 2배 이상 큰 충격을 받았다고 해요. 그래서 사고를 줄이려면 최고 속도를 제한해야 한다는 주장이 나오고 있어요. 이미 인천·대구·세종은 킥보드 대여업체들과 함께 시속 20km까지만 속도가 나게 장치를 바꾸었어요. 국회에서는 전동 킥보드의 최고 속도를 낮추는 법을 만들자고 논의 중이에요.

똑똑한 배경지식

킥라니
킥보드와 고라니의 합성어로, 고라니처럼 갑자기 불쑥 튀어나와 운전자나 다른 사람들을 놀라게 하는 전동 킥보드 이용자를 일컫는 말이에요. 전동 킥보드 이용자가 많아지면서 사고도 크게 늘어났어요.

알쏭달쏭 어휘 풀이

- **업체**: 사업이나 기업의 주체.
- **공유**: 두 사람 이상이 한 물건을 공동으로 소유하거나 이용함.
- **범칙금**: 도로 교통법이 정한 규칙을 어긴 사람에게 내게 하는 벌금.

✏️ 다음 빈칸에 알맞은 말을 쓰세요.

전동 ☐☐☐ 사고가 많아지자 속도를 제한하자는 논의가 나오고 있다.

✏️ 이 글을 통해 알 수 있는 내용에 ○, 알 수 없는 내용에 ×표 하세요.

- 전동 킥보드를 이용하는 사람이 많아지면서 사고도 늘어나고 있다. ( )
- 전동 킥보드는 갑자기 튀어나와 운전자를 놀라게 해 킥라니라고도 불린다. ( )
- 일부 지역에서는 전동 킥보드의 최고 속도를 시속 20km 이상으로 높였다. ( )

✏️ 생각해 보기

킥보드 사고를 줄이려면 어떻게 해야 할까요?

가짜 뉴스예요, 진짜 뉴스예요?

'속보: 펜타곤 근처 대형 폭발 사고 발생.' 지난 2023년 5월 22일 트위터에 등장한 속보예요. 이 속보와 함께 미국 국방부와 비슷하게 생긴 건물 인근에서 검은 연기가 치솟는 사진이 소셜미디어(SNS)를 타고 퍼져나갔어요. 미국 국방부에서 "공격 사실이 없다"고 밝히면서 사건은 마무리됐지만, 사람들은 가짜 뉴스에 놀란 가슴을 쓸어내려야 했지요.

가짜 뉴스는 빠르게 공유되어 널리 퍼진다.

가짜 뉴스, 진짜 뉴스와 구별 안돼

생성형 인공지능(Generative AI) 덕에 누구나 원하는 문구와 이미지, 영상을 만들 수 있게 되면서 쉽고 빠르게 가짜 뉴스를 만들 수 있게 되었어요. 펜타곤 폭발 가짜 뉴스는 RT(러시아의 보도 전문 채널)가 가짜 뉴스를 X(옛 트위터)에 올린 문제도 있지만, 기존 언론사를 흉내 낸 가짜 계정이 등장하면서 더욱 퍼져나갔어요. 공식 계정을 뜻하는 '블루체크'까지 표시되어 있어서 사람들은 더 믿게 되었죠. 가짜 뉴스는 언론사 뉴스 형식을 갖춰 진짜처럼 보이게끔 만들기 때문에 영향력이 커요. 여기에 사실이 조금 포함된 과장되거나 왜곡된 정보는 더 큰 혼돈을 일으키지요.

정치·경제적 이유로 만들어져

사람들이 가짜 뉴스를 만드는 이유는 크게 2가지예요. 하나는 정치적인 이유, 하나는 경제적인 이유가 있어요. 정치적인 이유로 만든 가짜 뉴스는 선거를 앞두고 자신이 지지하는 후보가 유리하게 가짜 뉴스를 퍼트리는 거예요. 서울대 언론정보연구소 SNU팩트체크센터가 2022년 대선 기간에 있었던 가짜 뉴스 115건을 분석했어요. 그 결과, 가짜 뉴스를 만든 사람은 77.5%가 정치인, 정당, 후보 쪽 사람인 것으로 나타났어요.

우리나라뿐 아니라 해외도 마찬가지예요. 지난 2016년에 미국 대선을 앞두고 가짜 뉴스가 쏟아졌어요. 어떤 이들은 어떤 후보를 지지하는 것과 상관없이 더 자극적인 내용으로 가짜 뉴스를 만들었지요. 경제적인 이유로 가짜 뉴스를 만든 거예요. 더 많은 사람이 볼수록 광고 수입이 늘기 때문이지요.

똑똑한 배경지식

생성형 인공지능(Generative AI)
기존 데이터를 학습해 새로운 텍스트·이미지·음악 등의 콘텐츠를 만드는 인공지능 기술을 말해요. 다양한 산업 분야에 활용되지만 정치인의 가짜 뉴스나 보이스 피싱 등에 악용될 수 있어요.

알쏭달쏭 어휘 풀이

- **속보**: 신문이나 방송에서, 어떤 소식을 급히 알림. 또는 그런 소식.
- **펜타곤**: 미국의 국방부. 건물이 오각형으로 생겨서 붙은 이름이다.
- **왜곡**: 사실과 다르게 해석함.

✏️ 다음 빈칸에 알맞은 말을 쓰세요.

가짜 ☐☐는 생성형 인공지능으로 더 정교하게 만들어져 혼란을 준다.

✏️ 이 글을 통해 알 수 있는 내용에 ○, 알 수 없는 내용에 ×표 하세요.
- 가짜 뉴스란 뉴스의 형식을 빌려 진짜처럼 꾸민 왜곡된 정보를 말한다. ( )
- 펜타곤 폭발 가짜 뉴스는 언론사의 계정이 공유하며 더욱 확산되었다. ( )
- 특정 후보가 유리하도록 가짜 뉴스를 퍼트리는 것은 오로지 경제적인 이유뿐이다. ( )

✏️ 생각해 보기

가짜 뉴스가 퍼지지 않게 하려면 어떻게 해야 할까요?

스미싱 범죄, 점점 더 교묘해져요

부모님의 핸드폰을 보면 하루에도 몇 번씩 문자 알람이 울려요. 그런데 정말 필요한 문자는 거의 없어요. '택배 발송', '무료 쿠폰 제공', '해외 직구 안내'처럼 대부분 광고이거나 스팸 문자들이에요. 그런데 이런 문자 메시지에는 링크가 있는 경우가 많아요. 그 가운데는 위험한 링크도 섞여 있어요.

스마트폰이 보편화되며 스미싱 범죄가 늘고 있다.

점점 더 기발해지는 스미싱

'스미싱(Smishing)'은 문자 메시지(SMS)와 개인 정보를 알아내 돈을 빼돌리는 사기를 뜻하는 피싱(Phishing)의 합성어예요. 문자를 통해 악성 앱을 설치하거나 전화 통화를 유도해 개인 정보와 금융 정보를 빼내는 신종 사기이지요. 전화를 직접 걸어서 개인 정보를 요구하는 '보이스 피싱'보다 사기인지 아닌지 알아차리기가 쉽지 않아요. 방송통신위원회와 한국인터넷진흥원에 따르면, 스팸 음성·문자 건수는 2019년 3112만 건에서 2023년 3억 268만 건으로 9.7배나 늘었다고 해요.

그런데 스미싱에는 하나의 공통점이 있어요. 바로 특정 웹사이트로 연결되는 주소가 포함되어 있다는 점이에요. 스미싱 문자 발송→링크 클릭 유도→가짜 사이트로 연결시키는 식이에요. 가짜 사이트는 매우 정교하게 만들어져 있어서 가짜인지 알 수 없을 정도예요. 때로는 링크를 클릭하는 것만으로 내 스마트폰에 악성 앱이 깔리기도 해요. 클릭하는 순간 스마트폰은 먹통이 되고 상대방이 원격 조작할 수 있게 되는 거예요. 사기를 막기 위해 설치하는 금융 사기 방지 앱까지 가짜로 만들어 퍼트리면 이용자는 속을 수밖에 없어요.

스미싱, 어떻게 예방할까?

스미싱 피해를 입지 않으려면 핸드폰에 전송된 링크를 함부로 누르면 안 돼요. 특히 신분증이나 개인 정보·금융 정보는 절대 넘겨주지 말아야 해요. 또 이동통신사를 통해 소액 결제를 차단하거나 결제 금액을 제한하는 방법도 있어요. 그리고 스마트폰용 백신 프로그램을 설치해서 주기적으로 업데이트하는 것도 좋아요. 의심스러운 문자를 받았거나 악성 앱에 감염된 것 같다면, 한국인터넷진흥원의 상담 전화인 118에 연락해서 상담을 받을 수 있어요.

똑똑한 배경지식

스미싱(Smishing)
문자 메시지로 받은 인터넷 주소를 클릭하면 악성 코드가 저절로 설치돼요. 이 악성 코드를 통해 피해자가 모르는 사이에 소액 결제가 이뤄지거나 개인 정보를 훔쳐 가는 범죄 수법이 스미싱이지요.

알쏭달쏭 어휘 풀이

- **스팸**: 불필요한 인터넷 메일, 불필요한 휴대전화 SMS.
- **링크**: 인터넷의 지정하는 곳으로 이동할 수 있도록 걸어 놓은 홈페이지 간의 연결 통로.
- **보이스 피싱**: 전화를 통하여 개인 정보를 알아낸 뒤 이를 범죄에 이용하는 전화 금융 사기.

✏️ **다음 빈칸에 알맞은 말을 쓰세요.**

문자 메시지로 링크를 보내 클릭하면 개인 정보를 빼내는 ☐☐☐ 사기가 늘고 있다.

✏️ **이 글을 통해 알 수 있는 내용에 ○, 알 수 없는 내용에 ×표 하세요.**

- 스미싱은 인터넷 주소를 링크한다는 공통점이 있다. ( )
- 스미싱은 보이스 피싱보다 알아채기 쉽다. ( )
- 스미싱을 예방하려면 링크를 누르지 말고 개인 정보를 입력하지 않아야 한다. ( )

✏️ **생각해 보기**

스미싱 피해를 입지 않으려면 어떻게 해야 할까요?

하늘에서 풍선이 떨어졌어요!

2024년 5월부터 하늘에서 거대한 하얀 풍선이 여러 차례 날아와 떨어졌어요. 풍선 밑에 달린 비닐 안에는 기저귀, 배설물, 쓰레기 같은 오물이 들어 있었어요. 이것의 정체는 북한에서 보낸 '오물 풍선'이었어요. 북한은 왜 오물 풍선을 자꾸 보내는 것일까요?

땅에 떨어진 오물 풍선.

오물 풍선, 20차례 넘게 날려 보냈어요

북한은 2024년 5월부터 10월 초까지 무려 30차례 가까이 오물 풍선을 날려 보냈어요. 한 번에 수백 개씩 보내서 총 5000개가 넘는다고 해요. 오물 풍선은 특히 사람들이 생활하는 공간인 집 주변이나 유치원, 초등학교 운동장 등에도 떨어져서 사람들을 불안하게 했어요.

오물 풍선에는 오물뿐만 아니라 몇 번 기워 신은 양말, 옷감을 덧대 만든 장갑, 구멍 난 바지 등을 발견할 수 있었어요. 이를 통해 북한 사람들의 생활이 어렵다는 것을 짐작할 수 있었어요. 또 오물의 토양에서 기생충들도 발견됐는데, 위생적이지 못한 생활 환경을 알 수 있어요.

탈북 단체가 대북 전단을 보냈어요

김여정 북한 노동당 부부장은 오물 풍선을 보내는 이유를 밝혔어요. "남쪽에서 대북 전단을 북쪽으로 보냈기 때문"이라고 했지요. 실제로 탈북 단체들은 2024년 5월 초부터 북한 체제를 비판하는 인쇄물과 이동식 저장 장치(USB), 쌀 등을 풍선에 매달아 북쪽으로 날려 보내고 있어요. 2023년 헌법재판소에서 탈북 단체들이 대북 전단을 보내는 것은 표현의 자유라고 판단했지요.

우리나라도 대북 방송을 시작했어요

북한에서 오물 풍선을 계속 보내자 우리나라에서도 최전방에 대북 확성기를 설치하고 방송을 하기 시작했어요. 방송은 방탄소년단(BTS) 노래와 삼성·LG 등 글로벌 기업 소개, 김씨 일가의 3대 세습 비판 등의 내용을 담고 있어요. 북한에 사는 주민들을 혼란스럽게 만들 수 있기 때문에 북한에서 싫어하는 내용들이지요. 국제사회는 북한은 계속 풍선 공격을 하고 우리나라는 계속 확성기 방송을 하다가 더 나쁜 상황이 올까 봐 걱정하고 있어요.

똑똑한 배경지식

대북 확성기 방송
북한과의 접경 지역에서 국군심리전단이 제작한 '자유의 소리'를 북한을 향해 방송해요. 북한의 실상을 다룬 뉴스, 대한민국의 발전 홍보, 방탄소년단(BTS) 노래 등의 내용을 담고 있지요. 북한이 가장 꺼리는 대북 심리전으로 알려져 있어요.

알쏭달쏭 어휘 풀이

◆ **탈북 단체**: 북한을 탈출해 한국에 살고 있는 사람들이 만든 집단.
◆ **대북 전단**: 북한 주민들이 보도록 제작한 전단지로 휴전선 인근에서 대형 풍선에 달아 날려 보냄.
◆ **확성기**: 소리를 크게 해서 멀리까지 들리게 하는 기구.

✏️ 다음 빈칸에 알맞은 말을 쓰세요.

북한은 최근 우리나라에 여러 차례 ☐☐ ☐☐을 날려 보냈다.

✏️ 이 글을 통해 알 수 있는 내용에 ○, 알 수 없는 내용에 ×표 하세요.

- 북한은 2024년 20차례가 넘게 우리나라에 오물 풍선을 날려 보냈다. ( )
- 북한이 먼저 오물 풍선을 보내자 탈북 단체들도 대북 전단을 보냈다. ( )
- 북한의 오물 풍선에 대응하기 위해 대북 확성기로 방송을 내보내고 있다. ( )

✏️ 생각해 보기

탈북 단체는 왜 북한에 전단지와 쌀 등을 보낼까요?

과학 기사 읽을 때 필수 개념 15

과학

우리 주변에 있는 모든 것을 관찰하고 연구해서 얻어 낸 지식이에요. 물질의 특성을 연구하는 화학, 물질의 운동을 연구하는 물리학, 살아 있는 생물의 구조와 특징을 연구하는 생물학, 지구와 그 주위의 천체를 연구하는 지구과학이 있어요.

인공지능(AI)

컴퓨터가 사람처럼 생각하고 학습하고 말하며 스스로 행동하도록 만드는 기술이에요. 최근 등장한 챗GPT와 자율 주행 자동차 등이 모두 인공지능이에요.

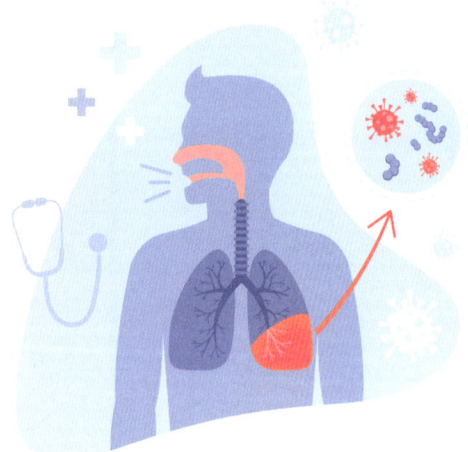

면역

우리 몸이 스스로를 보호하는 강한 방어 체계예요. 외부에서 들어오는 세균이나 바이러스를 스스로 이겨낼 수 있도록 도와주지요. 백혈구 같은 면역 세포가 대표적이에요. 눈물, 콧속 점막, 피부 각질, 소화액 등도 등도 면역 체계에 속해요.

뇌

우리 머리뼈 안에 있는 중추 신경계를 이루는 기관이에요. 우리 온몸의 신경을 지배하는 매우 중요한 곳이지요. 근육의 운동을 조절하고 감각을 인식해요. 말하고 기억하며 생각하고 감정을 일으키는 역할을 해요.

감염

질병을 일으키는 세균이 사람이나 동물, 식물에 들어가 해로운 물질을 만드는 것을 말해요. 감염되었다고 모두 아픈 것은 아니에요. 사람에 따라 아프기도 하고 아프지 않은 경우도 있어요.

바이러스

감염을 일으키는 아주 작은 크기의 미생물을 말해요. 스스로의 힘으로 자라지 못하고 동물·식물·세균과 같이 살아 있는 생물체의 영양분을 빼앗으면서 살아가요. 해마다 유행하는 독감 바이러스가 달라지는 것처럼 다양한 변이를 일으켜서 우리의 건강을 위협하기도 해요.

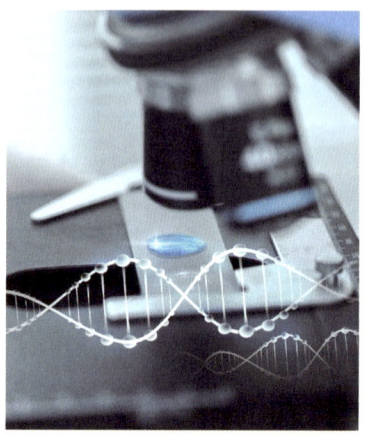

대체육과 배양육

진짜 고기처럼 만든 인공 고기를 말해요. 동물 세포를 배양해서 만든 고기와 식물 성분을 사용한 고기로 나뉘어요. 이때 동물 세포를 키워서 만들어내는 고기를 배양육이라고 해요.

유전

부모의 생김새·성격·체질 등이 자손에게 전해지는 것이에요. 세포의 핵 속에는 다양한 유전 정보를 가진 DNA가 들어 있어요. 이 DNA를 통해 부모님의 특성을 우리가 물려받을 수 있지요.

복제

생명 공학 기술이 발달하면서 사람이 생명체를 만들 수 있게 되었어요. 난자에서 핵을 제거하고 그 속에 복제할 동물의 체세포를 넣어요. 이렇게 수정된 세포를 암컷의 몸속에 넣고 일정 시간 동안 키우면 복제 동물이 태어나게 되지요.

에너지

일을 얼마나 할 수 있는지 나타내는 힘을 말해요. 에너지 형태에 따라 운동·위치·열·전기 에너지 등으로 구분해요.

반사

직진하던 빛이나 소리 같은 파동이 다른 물체에 부딪혀서 방향을 반대로 바꾸는 현상이에요. 매끈한 표면에서는 일정하게 반사되고, 표면이 거칠면 사방으로 반사되지요. 거울은 빛의 반사를 이용하여 물체의 모습을 비추어 줘요.

지구의 구조

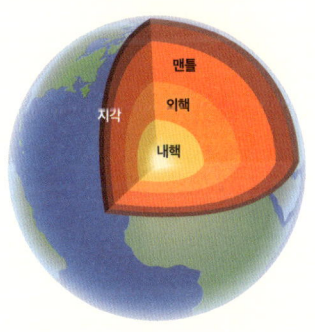

지구 내부는 크게 겉에서부터 지각, 맨틀, 외핵, 내핵으로 나뉘어요. 지구의 표면인 지각 아래에 뜨거운 고체인 맨틀이 있어요. 그 아래에는 뜨거운 액체 상태의 외핵이 있고, 외핵 속에는 고체 상태의 내핵이 있어요.

자전과 공전

자전이란 한 축을 중심으로 스스로 도는 운동을 말해요. 지구는 하루에 1바퀴씩 회전하지요. 지구가 자전하기 때문에 낮과 밤이 생기는 거예요. 지구의 공전이란 지구가 태양의 둘레를 1년에 1바퀴씩 도는 것을 말해요. 계절의 변화는 지구의 공전으로 생기지요.

지진

지구 깊숙한 곳에서 생긴 움직임으로 오랜 시간 큰 힘을 받은 지층이 끊어지면서 땅이 흔들리는 것이에요. 지금도 세계 여러 곳에서 끊임없이 일어나고 있지요. 지진을 우리 힘으로 막을 수는 없지만 피해를 줄이기 위한 연구가 계속되고 있어요.

태양계

태양과 태양 주위를 돌고 있는 8개의 행성인 수성·금성·지구·화성·목성·토성·천왕성·해왕성, 그리고 행성 주위를 도는 위성, 행성보다 작은 소행성, 태양의 둘레를 포물선 모양으로 도는 혜성 등을 모두 합쳐서 태양계라고 해요.

외계인은 정말 있나요?

"미국 정부가 미확인 비행 물체(UFO)를 거두어들여서 오랜 기간 연구 중이며, 이 프로그램을 숨기고 있습니다."

2023년 7월 미국 의회의 한 청문회, 미 공군의 정보 장교 출신인 데이비드 그뤼시 전 소령이 말했어요. 사람들은 모두 어수선해졌죠. 그는 "미확인 비행 물체가 떨어진 곳에

우주는 인간에게 아직 미지의 영역이다.

서 인간이 아닌 생물의 흔적을 거두어들였다"고도 주장했어요. 그 말은 외계인이 지구에서 실제로 발견됐을 수도 있다는 의미와 같아요.

외계인은 있을 수 있어요!

과학적으로 따져 보면, 외계인이 지구에 살고 있을 가능성은 충분히 있어요. 미국항공우주국(NASA)은 우주에는 별이 10의 24제곱(1 뒤에 0이 24개가 붙어 있는 수!) 개나 있다고 추측하고 있어요. 우리 은하에만 1000억 개의 별이 있는데, 이러한 우리 은하 역시 우주 전체로 보면 넓은 집에 굴러다니는 아주 작은 먼지일 뿐인 거죠. 우주에는 우리 은하와 같은 은하들이 무수히 많기 때문에 그중에 얼마든지 지구 같은 별이 있을 수 있어요. 거기에 "인간과 비슷한 지능을 가진 생명체가 있을 수 있다"는 건 논리적으로 맞는 말이에요.

현재까진 발견되지 않았어요

그렇다면 미확인 비행 물체(UFO)가 있다는 그뤼시 전 소령의 주장은 진짜일까요? 미국 국방부는 2024년 3월 "지금까지 정부가 외계인에 대해 숨기고 있는 것은 없다"는 공식 조사 보고서를 발표했어요. 미국의 신문인 〈워싱턴포스트〉에 따르면 사람들이 미확인 비행 물체라고 착각했던 비행체들은 대부분 비닐봉지, 무인 항공기 같은 것이었다고 해요.

미국항공우주국 역시 "현재까지는 외계인이 발견되지 않았다"는 공식 입장을 냈어요. 현대 물리학이나 과학 기술로는 빛의 속도를 뛰어넘는 속도로 이동하면서 우주를 샅샅이 관측하거나 탐험할 수 없거든요. 따라서 "외계인이 실제로 있는지 인간이 아직은 찾지 못했다"라는 의미와 같아요.

똑똑한 배경지식

외계인
지구가 아닌 다른 행성에 살고 있는 지능이 있는 생명체예요. 아직 발견된 바 없어서 생김새를 알 수는 없지만 지구에 사는 우리와 닮은 것부터 문어와 닮은 모습까지 다양하게 추측하고 있어요.

알쏭달쏭 어휘 풀이

- **청문회**: 주로 국가에서 설치한 조직에서 어떤 문제에 대하여 내용을 듣고 물어보는 자리.
- **은하**: 흰 구름 모양으로 수많은 항성, 행성, 위성 등이 함께 모여 있어 길게 보이는 것.
- **공식**: 국가나 사회가 인정한 그와 관련된 방식.

✏️ 다음 빈칸에 알맞은 말을 쓰세요.

외계인은 과학적으로 넓은 □□ 어딘가에 실제로 있을 수 있다.

✏️ 이 글을 통해 알 수 있는 내용에 ○, 알 수 없는 내용에 ×표 하세요.
- 미국항공우주국에서 외계인에 대한 정보를 숨기고 있다. ( )
- 우주에는 지구와 같은 별이 있을 수 있다. ( )
- 미확인 비행 물체에 대해서는 아직 정확히 밝혀지지 않았다. ( )

✏️ 생각해 보기

외계인은 실제로 있을까요?

우리는 지구만큼 빨리 돌고 있어요

우리가 1초에 371m나 움직이고 있다는 것 알고 있나요? 바로 우리가 살고 있는 지구가 자전을 하기 때문이에요. 지구와 같은 천체는 한 축을 중심으로 스스로 1바퀴를 도는데 이것을 자전이라고 해요. 이는 비행기보다 빠른 속도예요. 이렇게 지구가 빨리 도는데 지구 위에 있는 우리는 왜 느끼지 못할까요?

우리는 1초에 371m씩 움직인다.

우리도 지구와 함께 움직여요

회전목마를 타고 이렇게 빨리 돈다면 분명히 엄청나게 어지러울 텐데, 우리는 아무것도 느끼지 못해요. 그것은 우리가 지구 위에서 지구와 함께 똑같은 속도로 돌고 있기 때문이에요. 지구뿐 아니라 태양계에 있는 모든 천체는 자전을 해요. 목성이 자전 속도가 제일 빠르고, 금성이 제일 느려요. 그중에서 지구는 1바퀴 도는 데 23시간 56분 4초가 걸려요. 우리나라는 1시간에 1337km나 움직여요.

낮과 밤이 자전의 증거예요

어지럽지 않아도 우리는 지구가 돈다는 것을 알 수 있어요. 그것은 바로 낮과 밤이 바뀐다는 거예요. 태양은 항상 같은 자리에 있는데 지구가 돌기 때문에 해가 뜨고 지는 것처럼 보이지요. 달과 밤하늘에 보이는 모든 별들도 마찬가지예요. 동쪽에서 떠서 서쪽으로 지는 것처럼 보이는데 이것은 지구가 자전하기 때문이에요.

지구가 자전을 멈춘다면?

지구가 자전을 멈춘다면 우선 낮과 밤이 사라질 거예요. 또 자전을 멈추는 순간, 땅 위의 모든 것들이 내던져지는 것처럼 느껴질 거예요. 지구 주변을 도는 대기도 지구와 같은 속도로 돌고 있기 때문에, 지구가 멈춘다면 어마어마한 강풍이 몰아칠 거예요. 그리고 바닷물이 섬과 해안가를 덮칠 거예요. 자전이 멈춘다면 지구 위의 생명체들은 살아남기 어렵겠지요?

똑똑한 배경지식

지구의 자전

지구의 북극과 남극을 이어 자전축이라고 해요. 지구는 자전축을 중심으로 해서 하루에 1바퀴씩 회전하지요. 지구는 서쪽에서 동쪽 방향으로 돌아요. 그래서 태양이 동쪽에서 서쪽으로 움직이는 것처럼 보이는 거예요.

알쏭달쏭 어휘 풀이

- **천체**: 우주에 있는 물체.
- **축**: 물체가 회전 운동을 할 때 그 중심이 된다고 여기는 직선.
- **태양계**: 태양과 태양을 중심으로 공전하는 천체.
- **대기**: 지구를 둘러싸고 있는 모든 공기.

✏️ 다음 빈칸에 알맞은 말을 쓰세요.

지구는 비행기보다 빠른 속도로 ☐☐ 하고 있다.

✏️ 이 글을 통해 알 수 있는 내용에 ○, 알 수 없는 내용에 ×표 하세요.

- 지구는 한 축을 중심으로 하루에 1바퀴를 돌고 있다. ( )
- 태양계에서 지구는 유일하게 자전하는 행성이다. ( )
- 지구의 자전이 멈춘다면 사람들은 낮과 밤이 없어질 것이다. ( )

✏️ 생각해 보기

지구의 자전이 멈춘다면 어떤 일들이 일어날까요?

ADHD, 대체 어떤 거예요?

친구들이 1학년이었을 때를 생각해 보세요. 40분 수업 중에 5분도 집중하지 못하고 다른 생각을 하거나 친구들과 떠들지는 않았나요? 물론 학교 생활이 처음이라 그럴 수 있지요. 하지만 그중에서 특히나 집중하지 못하거나 자리에 앉아 있지 못하는 아이들이 있어요. 그런 특징이 두드러지는 아이의 병명을 ADHD라고 해요.

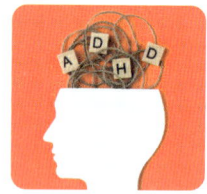

뇌는 우리의 행동을 관장한다.

ADHD는 어떤 증상이 있을까요?

ADHD는 주의력 결핍/과잉 행동 장애(Attention Deficit/Hyperactivity Disorder)를 줄인 말이에요. 이름처럼 주의력이 부족한 형태와 과한 행동이나 충동적인 행동을 보이는 형태, 2가지 유형으로 나눌 수 있어요. 주의력 결핍형의 경우에는 수업이나 놀이에 집중하지 못하고 물건을 자주 잃어버려요. 큰 문제를 일으키지 않아서 알아채기 어렵기 때문에 '조용한 ADHD'라고도 불러요. 과잉 행동·충동형 아이는 손발을 잠시도 가만두지 못해요. 자리에 오랫동안 앉아 있기도 어렵고, 앉아 있어도 자꾸 몸을 꿈틀대요. 갑자기 소리를 지르거나 뛰어 나가기도 하고, 충동적으로 행동하기도 하지요.

ADHD는 왜 생겨요?

ADHD가 생기는 원인은 바로 우리 뇌에 있어요. 우리 뇌의 가장 넓은 부분을 대뇌라고 하는데, 이 대뇌에 있는 전두엽이라는 부분에서 문제를 일으킨 거예요. 전두엽은 집중하고 판단하는 역할과 충동을 억제하는 역할을 해요. ADHD인 아이는 다른 아이들보다 전두엽이 2~3년 정도 늦게 발달해요. 전두엽이 제대로 역할을 하지 못하니까 주의력이 부족하고 충동적으로 행동할 수밖에 없겠지요.

의심될 땐 빨리 검사를 받아 보세요

국민건강보험공단에 따르면 ADHD 진료를 받은 어린이와 청소년은 2018년 4만여 명에서 2022년 8만여 명으로 4년 동안 2배나 늘었다고 해요. ADHD는 보통 학교에 입학할 무렵에 진단을 받고 치료를 많이 해요. 어른이 됐을 때보다 어렸을 때 많이 나타나거든요. ADHD가 의심되는 경우, 어렸을 때 치료를 받으면 성인이 되어 좋아지는 경우가 많아요. 놀이 치료 등 치료 방법도 많고, 약물 치료 효과도 좋은 편이에요.

똑똑한 배경지식

주의력 결핍/과잉 행동 장애(ADHD; Attention Deficit/Hyperactivity Disorder)
주로 아동기에 많이 나타나는 장애로, 주의가 산만하고 과잉 행동을 보이며 충동적인 행동이 두드러지는 것이 특징이에요. 어른이 되기 전에 좋아지는 사람도 있지만 증상이 지속되는 사람도 있어서 치료를 받는 것이 도움이 돼요.

알쏭달쏭 어휘 풀이

- **결핍**: 있어야 할 것이 없거나 부족함.
- **과잉**: 지나치게 많아서 남음.
- **대뇌**: 뇌의 대부분을 차지하는 부분.
- **전두엽**: 대뇌의 앞부분. 사고, 판단과 같은 정신 작용이 이루어지는 곳.

✏️ 다음 빈칸에 알맞은 말을 쓰세요.

ADHD은 뇌의 ☐☐☐이 늦게 발달하여 생기는 주의력 결핍/과잉 행동 장애를 말한다.

✏️ 이 글을 통해 알 수 있는 내용에 ○, 알 수 없는 내용에 ×표 하세요.

- ADHD의 과잉 행동·충동형은 증상이 뚜렷하지 않아 조용한 ADHD라고 부른다. ( )
- ADHD는 우리 뇌 중에서 전두엽이 지나치게 발달하여 생긴다. ( )
- ADHD는 빨리 발견하여 치료하는 것이 좋다. ( )

✏️ 생각해 보기

집중이 잘 되지 않을 때는 어떻게 하면 도움이 될까요?

공부 머리는 타고나는 걸까요?

가끔 나보다 열심히 공부하지 않는 것 같은 친구가 더 좋은 성적을 얻을 때가 있어요. 혹은 나보다 더 열심히 공부한 것 같은 친구가 더 좋지 않은 성적을 내는 때도 있지요. 공부 머리가 있다고 말하는 어른도 있어요. 그렇다면 실제로 공부 머리는 타고나는 것일까요?

스스로 성장할 수 있다고 믿으면 뇌가 발달한다.

뇌, 유전과 환경에 따라 달라져요

뇌는 유전과 환경이 모두 영향을 미쳐요. 예전에는 뇌가 태어날 때부터 정해져 있다고 여겨졌어요. 하지만 과학이 발달하면서 뇌는 환경에 따라 끊임없이 변화한다는 사실이 밝혀졌어요. 흔히 얘기하는 공부 머리도 마찬가지예요. 수학을 잘하는 아이는 수학을 잘하는 부모님을 닮았을 수도 있지만, 반대로 수학을 못하는 부모님이 일부러 수학을 더 가르쳤기 때문에 수학을 잘하게 됐을 수도 있어요. 다양한 요인이 상호작용하면서 이에 따라 다양한 경우가 나타날 수 있지요. 여러 연구 결과, 지능은 유전보다 환경의 영향이 더 큰 것으로 나타났어요.

습관으로 환경을 바꿀 수 있어요

우리가 타고난 뇌는 바꿀 수 없지만, 환경은 얼마든지 바꿀 수 있어요. 환경을 바꾸는 가장 확실한 방법은 습관을 바꾸는 거예요. 한 번의 행동으로 뇌가 바뀌지는 않지만, 반복된 행동이 쌓이면 뇌도 서서히 바뀌지요. 뇌는 에너지를 많이 쓰기 때문에 효율적인 것을 좋아하거든요. 하루에도 수백 번씩 마주치는 선택의 순간에 어떤 행동을 할지 고민하는 대신, 반사적으로 튀어나오는 습관 같은 행동을 좋아해요.

어른이 되어서도 뇌는 계속 발달해요

뇌는 어렸을 때 완성되는 것이 아니라 어른이 되어서도 경험에 따라 끊임없이 변화해요. 특히 가장 복잡한 구조를 가진 대뇌 피질은 제일 천천히 발달해요. 대뇌 피질에서 전두엽의 앞부분은 전전두엽이라고 해요. 이곳에서 추론하고 계획하며 감정을 조절하는 일을 담당하고 있어요. 특히 문자를 이해하고 해석하는 능력과 밀접한 관련이 있어서 독서를 많이 하면 이 부위가 발달한다고 해요. 한편 '나는 성장할 수 있다'고 믿는 사람은 그렇지 않은 사람들보다 더 좋은 학교 성적과 업무 성과를 내는 것으로 밝혀졌어요. 그러니 공부 머리가 따로 있다고 생각하지 않고 노력을 계속하는 것이 중요해요.

똑똑한 배경지식

대뇌 피질

대뇌의 표면을 구성하는 두께 2~4mm 정도의 회백질을 말해요. 주름이 많이 잡혀 있어 호두알 같은 모양이지요. 대뇌 피질에는 신경 세포가 밀집되어 있어요. 사람의 생각과 감정을 담당하는 부위로, 우리가 느끼는 여러 감각을 분석하고 판단하여 몸의 운동을 지시해요.

알쏭달쏭 어휘 풀이

- **유전**: 윗세대의 생김새, 성격, 체질 등이 다음 세대에게 전해짐.
- **상호작용**: 관계를 맺고 있는 양쪽 사이에서 이루어지는 작용.
- **전전두엽**: 대뇌 피질 중 전두엽의 앞 부분.

✏️ 다음 빈칸에 알맞은 말을 쓰세요.

□는 태어날 때 정해진 아니라 경험에 따라 변화하기 때문에 꾸준히 노력해야 한다.

✏️ 이 글을 통해 알 수 있는 내용에 ○, 알 수 없는 내용에 ×표 하세요.

- 뇌는 유전적, 환경적 요인의 영향을 모두 받는다. ( )
- 뇌에 영향을 미치는 환경적 요인은 바꿀 수 없다. ( )
- 뇌는 어렸을 때 대부분 완성되어 어른이 된 후에는 변화하지 않는다. ( )

✏️ 생각해 보기

내가 잘하고 싶은 것이 무엇이고, 어떤 노력이 필요할지 생각해 봐요.

'뼈말라'는 해로워요!

"진심 뼈말라 되고 싶음." 10대들이 모인 온라인 커뮤니티에서 쉽게 볼 수 있는 말이에요. '뼈말라'는 지나치게 마른 몸을 말해요. 이 커뮤니티에 모인 친구들은 뼈말라를 예쁘다고 생각하고 그렇게 되고 싶어 하지요. 마른 몸매가 되고 싶어서 급식을 아예 먹지 않거나, 종일 물만 마시다가 갑자기 많이 먹고 토하는 행동을 하기도 해요.

극한 다이어트로 건강을 해치는 청소년이 늘고 있다.

어딜 봐도 마른 사람만 보여요

건강보험심사평가원에 따르면 2022년 '신경성 식욕 부진증'으로 병원에 온 10대 환자 수는 총 598명이라고 해요. 이 중에서 93%는 여자이고요. 청소년들은 소셜미디어(SNS)나 유튜브에 나오는 사진과 영상을 통해 지나치게 마른 몸을 자주 보면서 평범한 내 몸이 뚱뚱하다고 생각하기도 해요. 일부 아이돌이나 배우도 심하게 마른 몸매를 보여 주지요. 유명하거나 인기 있는 사람들의 마른 몸을 자주 보다 보니 자연스럽게 마른 몸매가 부러워지고 가지고 싶어지는 거예요.

전문가, 건강 해칠 수 있어 경고

전문가들은 계속해서 심하게 마른 몸매를 원하면 신경성 식욕 부진증을 일으킬 수 있다고 해요. 맛있는 것을 먹고 싶어 하는 나 자신을 억누르고 싫어하게 된다는 거예요. 이렇게 되면 자존감도 떨어지고 정체성도 혼란스러워질 수 있어요. 호르몬의 불균형, 혈압과 혈당 이상 등으로 건강을 해칠 수 있다고도 해요. 한창 많이 먹고 성장해야 하는 청소년기에는 더욱 위험하지요.

잘못된 생각부터 바뀌어야 해요

사람들은 마른 사람은 잘 참고 자존감이 높을 거라고 잘못 생각하기도 해요. 사회적으로 마른 사람은 자기 관리를 잘한다고 생각하고, 과체중인 사람은 게으르거나 욕심이 많다고 보는 잘못된 인식도 있어요. 뼈말라를 좇는 현상에서 벗어나려면 사람들의 이런 잘못된 생각과 인식부터 바뀌어야 할 거예요.

똑똑한 배경지식

신경성 식욕 부진증

살이 찌는 것이 무서워서 아주 말랐는데도 음식을 먹지 않으려고 하는 병을 말해요. '거식증'이라고도 해요. 실제로 살이 빠져도 마음속 두려움이 사라지지 않아서 계속해서 더 마른 몸을 원하게 돼요.

알쏭달쏭 어휘 풀이

- **정체성**: 나의 특성, 내가 어떤 사람인지에 대한 인식.
- **인식하다**: 분명히 알고 이해하다.
- **과체중**: 지나치게 몸무게가 많이 나가는 것.
- **좇다**: 다른 사람의 말이나 의견에 따르다. 어떠한 목표나 이상을 추구하다.

✏️ 다음 빈칸에 알맞은 말을 쓰세요.

뼈말라와 같이 지나치게 ☐☐ 몸매를 원하는 청소년들이 많다.

✏️ 이 글을 통해 알 수 있는 내용에 ○, 알 수 없는 내용에 ×표 하세요.

- 뼈말라를 추구하면 건강을 해칠 우려가 있다. ( )
- 일부 청소년은 SNS나 유튜브에 나오는 마른 몸매의 사람들을 보면서 나를 평가한다. ( )
- 마른 몸매를 가진 사람들은 자존감이 높고 자기 관리를 잘한다. ( )

✏️ 생각해 보기

내 몸을 건강하게 하려면 어떻게 관리해야 할까요?

왜 일찍 자고 일찍 일어나야 할까요?

우리는 평생의 1/3을 잠을 자면서 보내요. '잠이 보약'이라는 말처럼 잠은 우리 건강에 있어서 아주 중요한 역할을 해요. 그런데 밤이 되면 부모님이 이런 말씀을 하곤 해요. "일찍 자고 일찍 일어나야지." "일찍 자야 키가 크지." 어른들 말씀대로 정말 일찍 자고 일찍 일어나야 키가 클까요?

인간에게 수면은 신체 및 정신 건강에 영향을 미친다.

잠, 두 가지 종류가 있어요

수면의 종류는 크게 두 가지로 나눌 수 있어요. 미국 시카고대 연구팀은 아이가 자는 모습을 관찰했어요. 그랬더니 눈동자가 빠르게 움직이며 깊이 잠들지 못하는 '렘수면'과 눈동자가 움직이지 않으며 깊은 잠에 드는 '비렘수면'이 번갈아 가면서 이뤄진다는 사실을 밝혀냈지요. 8시간을 기준으로 하면 90~120분 간격으로 총 4회 동안 이런 주기가 반복된다고 해요.

그중에서 첫 번째 주기가 가장 중요해요. 비렘수면 중에서도 가장 깊은 잠을 자는 구간이기 때문이지요. 이 단계에서 뇌를 비롯하여 우리 몸은 충분한 휴식을 취할 수 있어요. 성장호르몬의 70~80%가 바로 이 구간에서 분비돼요. 반면 렘수면 때는 얕은 잠을 자요. 우리가 꾸는 꿈은 대부분 렘수면 때 이루어져요. 또한 렘수면일 때 낮 동안 있었던 기억들을 정리해서 지울 것과 오랫동안 보관할 것을 나누어 저장하는 일도 해요.

나에게 맞는 수면 시간을 찾아요

그렇다면 정말 일찍 잠들어야 키가 클까요? 그렇지는 않아요. 수면은 잠자리에 드는 시간과 상관 없이 수면이 시작된 시간에 따라 단계별로 진행되기 때문이에요. 얼마나 자야 알맞을지도 사람마다 달라요. 미국수면재단은 6~13세는 9~11시간, 14~17세는 8~10시간은 자야 한다고 권했어요. 수면 유형은 아침 일찍 일어나 활동하는 '종달새형', 낮 시간에 활동하는 '비둘기형', 밤 시간에 움직이는 '올빼미형'으로 나눌 수 있어요. 비둘기형이 60~70%를 차지하지만, 종달새형과 올빼미형도 15~20%씩이에요. 그럼에도 일찍 자고 일찍 일어나는 게 좋다고 해요. 그 이유는 우리가 생활하는 학교나 직장 등의 일과 시간표가 주로 비둘기형에 맞춰져 있기 때문이에요.

똑똑한 배경지식

수면
의식이 거의 없는 상태예요. 근육은 대부분 이완돼 감각마저 무뎌진 채 눈을 감고 자는 것을 말해요. 잠을 자는 동안 필요 없는 기억들은 없어지고, 신체는 휴식을 취해서 회복하게 되지요.

알쏭달쏭 어휘 풀이

- **주기**: 같은 현상이나 특징이 한 번 나타나고 다음에 다시 나타나기까지의 기간.
- **구간**: 어떤 지점과 다른 지점 사이.
- **성장호르몬**: 포유류의 성장을 돕는 단백질 호르몬.
- **분비**: 세포에서 만들어진 액체를 밖으로 내보내는 것.

✏️ 다음 빈칸에 알맞은 말을 쓰세요.

렘수면일 때, 낮 동안 있었던 ☐☐을 정리해서 지울 것과 오랫동안 보관할 것을 나누어 저장한다.

✏️ 이 글을 통해 알 수 있는 내용에 ○, 알 수 없는 내용에 ×표 하세요.

- 잠은 깊은 잠에 드는 비렘수면과 얕은 잠에 드는 렘수면으로 나눌 수 있다. ( )
- 사람들은 비렘수면에 대부분 꿈을 꾼다. ( )
- 미국 수면 재단에 따르면 6~13세는 8~10시간은 자야 한다. ( )

✏️ 생각해 보기

꿈을 꾸는 동안 나의 상태가 어땠는지 생각해 보세요.

마라탕후루, 매일 먹으면 안 될까요?

"마라탕 사주세요~ 탕후루 사주세요~"
2024년 4월 발표된 노래 〈마라탕후루〉 가사예요. 10대 키즈 크리에이터 서이브가 부른 노래이지요. 〈마라탕후루〉는 마라탕과 탕후루를 합친 신조어예요. 그만큼 요즘 마라탕과 탕후루가 청소년들 사이에서 인기가 많아요.

탕후루에는 당 성분이 많아 많이 먹으면 건강을 해칠 수 있다.

SNS로 더 유명해졌어요

마라탕은 중국의 쓰촨성이라는 지역에서 온 요리예요. 혀가 얼얼해질 만큼 매운 국물 요리이지요. 먹방 유튜버가 마라탕을 먹으면서 매운맛 단계를 알려주거나 소셜미디어(SNS)에서 다양한 식재료를 함께 넣어 먹는 팁이 자주 노출되면서 인기가 더욱 높아졌어요.

탕후루는 중국의 화베이 지역에서 시작됐어요. 과일에 설탕 시럽을 발라서 굳힌 사탕의 일종이에요. 색깔도 알록달록 예쁘고, 씹을 때는 '와그작' 경쾌한 소리를 내요. 이 소리가 바람이나 파도 소리처럼 심리적으로 안정감을 준다고 해서 SNS에서 유행하기도 했지요.

나트륨과 당이 너무 많아요

마라탕과 탕후루, 이렇게 맛있는데 자주 먹으면 안 될까요? 안타깝지만 마라탕과 탕후루는 건강에 이롭지 않아요. 마라탕 1인분(250g)에 들어 있는 나트륨은 약 2000~3000mg이에요. 세계보건기구(WHO)에서 하루에 먹도록 권하는 양(2000mg)보다 훨씬 많지요. 또한 초등학생은 하루에 당류를 50g 정도만 먹는 것이 좋은데 탕후루 1~2개만 먹어도 훌쩍 넘기기 쉬워요. 과일에도 당이 많은데 그 위에 설탕 시럽을 잔뜩 발랐으니까요. 게다가 뜨거운 시럽의 열이 과일 속 영양소를 파괴해요.

비만은 물론 성조숙증, 우울증까지

대한비만학회는 마라탕과 탕후루처럼 달고 짠 음식을 자주 먹으면 비만이 될 수 있다고 해요. 어린이와 청소년 비만 환자는 2012년 9.7%에서 2021년 19.3%로 2배나 늘었어요. 성장기에 비만이 오면 성조숙증이 발생하기도 해요. 체형이 빨리 변화해서 우울증을 앓는 경우도 많다고 하니, 아무리 맛있어도 자주 먹지 않는 것이 좋겠죠?

똑똑한 배경지식

성조숙증
성호르몬이 다른 사람에 비해 좀 더 일찍 분비되어 신체에 영향을 미치는 경우를 말해요. 성호르몬이 일찍 분비되면 뼈가 성장하는 데 꼭 필요한 성장판이 일찍 닫히기도 해요. 그래서 성조숙증인 경우 키가 다 자라지 않을 수도 있지요.

알쏭달쏭 어휘 풀이

- **신조어**: 새로 생긴 말.
- **식재료**: 음식을 만드는 데에 쓰는 재료.
- **영양소**: 생물의 성장과 에너지 공급을 위한 영양분이 들어 있는 물질.

✏️ 다음 빈칸에 알맞은 말을 쓰세요.

마라탕과 탕후루에는 각각 ☐☐☐과 당이 많아 건강에 해롭다.

✏️ 이 글을 통해 알 수 있는 내용에 ○, 알 수 없는 내용에 ×표 하세요.

- 마라탕과 탕후루는 중국의 음식으로 청소년들에게 특히 인기가 많다. ( )
- 마라탕에 들어 있는 나트륨 함량은 하루 권장량보다는 매우 낮다. ( )
- 지나치게 달고 짠 음식을 좋아하다 보면 비만이 오기 쉽다. ( )

✏️ 생각해 보기

마라탕과 탕후루가 건강에 어떤 영향을 미칠까요?

코로나19, 사람과 동물 서로를 감염시켜요

2020년 1월부터 한동안 전 세계 사람들은 긴장 속에 살았어요. 코로나19(코로나바이러스감염증-19)가 빠르게 퍼져나갔기 때문이에요. 지금은 비상사태가 끝이 났지만 몇 년 사이에 700만 명 넘는 사람들이 목숨을 잃었지요. 지금도 매주 전 세계에서 수백 명이 코로나19로 목숨을 잃고 있어요.

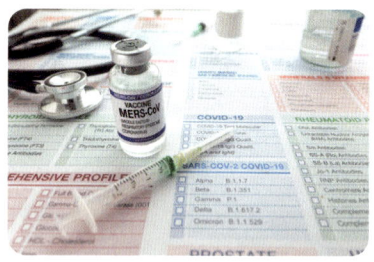

전염병 바이러스가 진화하면 새로운 백신을 개발해야 한다.

코로나19, 어디서 시작해 어떻게 퍼졌을까요?

코로나19는 2019년 12월 중국 우한에서 처음 보고됐지만 어떻게 시작됐는지 정확히는 알 수 없어요. 그런데 코로나19를 일으키는 바이러스는 박쥐 코로나 바이러스와 아주 닮았어요. 그래서 사람들은 박쥐가 가지고 있던 바이러스가 사람한테 옮았을 것이라고 추측하고 있지요.

그런데 이 코로나19가 다시 동물에게 옮기 시작했어요. 반려동물인 개나 고양이가 감염되거나, 미국의 한 동물원에 사는 호랑이가 사육사로부터 옮기도 했어요. 또 사자·퓨마·밍크·사슴 등에서도 전염이 확인됐지요. 전문가들은 코로나19가 동물로부터 사람에게, 사람에게서 다시 동물에게 서로 옮기면서 더 진화해서 또 사람에게 옮길 수도 있다고 해요. 그것도 아주 강해져서 말이죠.

사스·메르스·조류 독감도 사람과 동물 함께 걸쳐

코로나19처럼 사람과 동물끼리 서로 옮기는 질병을 '인수공통전염병'이라고 해요. 우리가 알고 있는 광견병도 인수공통전염병이에요. 광견병에 걸리면 생존하기 어렵다고 해요. 2002년 발생했던 사스(중증급성호흡기증후군)와 신종플루(신종 인플루엔자), 2015년 메르스(중동호흡기증후군), 2022년 엠폭스(원숭이두창)와 같은 신종전염병도 인수공통전염병이에요.

조류 독감(고병원성 변종 조류 인플루엔자)도 마찬가지이지요. 2003년 이후부터 900명

정도가 조류 독감에 걸렸는데, 그중 절반이 목숨을 잃었어요. 그런데 최근 미국에서 조류 독감에 걸린 소를 통해 사람이 감염됐다고 해요. 조류 독감은 새를 통해서만 감염됐었는데, 이번에는 소를 통해 감염된 거예요. 조류 독감 바이러스가 더 다양한 종을 감염시킬 수 있게 되면 사람끼리도 옮길 수 있게 진화할 수 있어서 위험하지요.

똑똑한 배경지식

코로나19
2019년 12월 중국 우한에서 처음 발생한 이후 전 세계로 확산되었어요. 코로나19는 감염자의 침이나 호흡기나 눈·코·입의 점막으로 전염돼요. 감염되면 약 2~14일의 잠복기를 거친 뒤 열이 나고 기침·폐렴 등이 나타나지만 증상이 없는 경우도 있어요.

알쏭달쏭 어휘 풀이

- **비상사태**: 사회 전체가 혼란에 빠진 상태.
- **진화**: 생물이 생명이 생긴 후부터 조금씩 발전해 가는 현상.
- **감염**: 병균이 식물이나 동물의 몸 안으로 들어가 퍼짐.

✏️ 다음 빈칸에 알맞은 말을 쓰세요.

코로나19처럼 인간과 동물이 서로 감염시키는 질병을 ☐☐☐☐ 전염병이라고 한다.

✏️ 이 글을 통해 알 수 있는 내용에 ○, 알 수 없는 내용에 ×표 하세요.

- 코로나19로 전 세계의 많은 사람들이 목숨을 잃었다. ( )
- 코로나19는 동물이 사람에게, 사람이 동물에게 옮길 수 있다. ( )
- 조류 독감은 사람과 사람끼리 옮길 수 있어 매우 조심해야 한다. ( )

✏️ 생각해 보기

코로나19는 어떤 특징 때문에 전 세계로 빠르게 퍼졌을까요?

사람 대신 로봇이 일해요

사람 대신 로봇이 햄버거를 만드는 패스트푸드점이 있어요. 손님이 키오스크로 음식을 주문하면 자동으로 빵이 데워지고 그 옆에는 기계가 고기 패티를 구워요. 매장 직원들은 빵과 고기를 하나로 만들어 손님에게 내놓기만 하면 돼요.

로봇이 커피를 만들고 있다.

식당에 로봇이 늘고 있어요

최근 음식을 서빙하는 일과 조리하는 일에 로봇을 활용하는 식당이 늘고 있어요. 푸드테크(Food-Tech) 시장이 점차 커지고 있는 거예요. 푸드테크는 식품 생산 과정에 로봇을 활용해서 생산성을 높이고 비용을 줄여주는 기술을 말해요. 한국농촌경제연구원의 발표에 따르면 2021년 국내 서빙 로봇은 약 3500대였는데, 2023년에는 약 1만 1000대까지 늘었다고 해요.

비용도 줄이고 일도 잘하는 로봇

식당에 로봇이 많아지는 가장 큰 이유는 바로 돈 때문이에요. 식당을 운영하려면 음식을 만드는 재료비와 일하는 사람의 인건비가 드는데 이를 조금이라도 줄여야 이익을 더 낼 수 있기 때문이지요. 보통 아르바이트생 1명을 뽑아 일을 하게 하려면 월 200만 원 정도가 들지만, 로봇을 빌려 쓰면 30~100만 원이면 돼요.

사람을 구하기 어려운 곳에서도 로봇을 반기고 있어요. 서울시 내 학교에는 급식을 만드는 조리원이 292명이나 부족하다고 해요. 이곳에도 급식 로봇이 일할 수 있어요. 로봇은 뜨거운 솥에 무거운 재료를 넣거나, 볶음이나 튀김처럼 위험한 음식을 조리하지요.

교통이 불편하거나 외진 곳에 있는 식당은 일할 사람을 찾기 더욱 힘이 들어요. 그래서 로봇이 최고의 종업원이에요. 안산복합휴게소에는 대부분의 매장에 사람이 없어요. 이곳의 조리 로봇은 웍으로 소고기덮밥이나 새우볶음밥 같은 음식을 조리해서 항상 같은 맛을 내요. 같은 휴게소에 있는 카페에서는 낮이든 밤이든 상관 없이 로봇 바리스타가 만드는 커피를 마실 수 있지요.

똑똑한 배경지식

푸드테크(Food-Tech)
식품(Food)과 기술(Technology)을 합친 용어예요. 식품 산업에 정보통신기술이나 인공지능(AI)을 합쳐 만든 기술이지요. 푸드테크는 식품 생산 과정에 로봇을 활용하여 식품의 생산성을 높이고 비용을 줄여 줘요.

알쏭달쏭 어휘 풀이

- **서빙**: 음식점이나 카페에서 음식을 나르는 일.
- **인건비**: 사람에게 일을 시키는 데 드는 비용.
- **외지다**: 외따로 떨어져 있어서 으슥하고 구석지다.
- **웍**: 철제 조리 기구 중 하나로 크고 무거운 솥. 중국식 프라이팬.

✎ 다음 빈칸에 알맞은 말을 쓰세요.

식당에 인건비와 구인난으로 인해 서빙과 조리를 하는 ☐☐이 늘고 있다.

✎ 이 글을 통해 알 수 있는 내용에 ○, 알 수 없는 내용에 ×표 하세요.

- 요즘 식당에서는 주문뿐 아니라 서빙과 조리까지 로봇이 돕고 있다. ( )
- 로봇을 활용하는 식당이 3년 전보다 2배 이상 늘어났다. ( )
- 로봇을 빌리는 비용이 많이 들어 아직까지 널리 보급되지 못했다. ( )

✎ 생각해 보기

로봇이 많아질수록 사람들은 행복해질까요?

우리나라에 큰 지진이 날 수 있대요

2024년 6월 12일 오전 8시 26분, 전북 부안에서 규모 4.8, 진도 V(5)의 지진이 발생했어요. 올해 가장 큰 지진인데, 멀리 강원도에 사는 사람들도 흔들림을 느꼈다고 해요. 우리나라는 다른 나라에 비해 지진이 잘 일어나지 않는다고 알고 있어요. 하지만 이제 우리도 지진으로부터 마냥 안전하지는 않다고 해요.

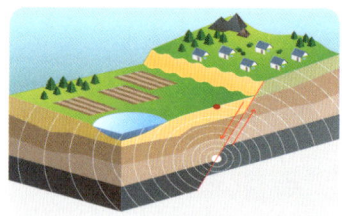

지각 변동은 지진 발생 원인 중 하나다.

지진은 왜 발생할까요?

우리가 살고 있는 땅 밑에는 맨틀이 있어요. 맨틀은 가만히 있지 않고 조금씩 움직이는데 맨틀이 이렇게 움직이니 그 위에 있는 지각도 조금씩 움직이게 되지요. 그러다가 서로 밀어내는 힘이 세지면 지층이 끊어지면서 그 충격으로 땅이 흔들리고 갈라지는 지진이 일어나요.

지진의 크기는 규모와 진도로 나타내요. 규모는 지진이 가진 힘의 크기로, 우리가 평소에 쓰는 숫자인 아라비아 숫자로 나타내요. 진도는 지진이 일어난 곳에서 느껴지는 흔들림의 정도로, 로마자로 나타내지요. II(2)부터 사람들이 느낄 수 있고, IX(4)에서는 튼튼한 건물도 큰 피해를 입게 돼요.

6.5~7.0 규모 지진 발생할 수도

우리나라에서 지진 계측이 시작된 1978년 이후 가장 강했던 지진은 2016년 9월 12일에 있었던 경주 지진이에요. 규모 5.8, 진도는 VI(6)이었는데, 당시 23명이 다치는 등 9319건의 인명 피해와 재산 피해가 발생했어요. 두 번째로 강했던 것은 2017년 11월 15일에 있었던 규모 5.4의 포항 지진이에요. 이때는 1명이 목숨을 잃고 117명이 다쳤어요. 그런데 전문가들은 그보다 더 강한 6.5~7.0 규모의 지진이 발생할 수 있다고 해요. 규모가 1 증가할 때 32배 큰 지진이 발생한다고 하니, 경주·포항 지진보다 수십 배 강한 지진이 날 수 있다는 거예요.

그래서 우리나라가 안전하다고 여기고 연구와 대비에 소홀해서는 안 된다는 목소리가 높아지고 있어요. 최근 지진을 예측해 보려는 노력들이 이어지고 있지만 현재 과학 기술로는 어려워요. 대신에 지진이 났을 때 퍼지는 파장인 '지진파'를 연구해, 지진 발생을 조금이라도 빨리 알려 대피할 수 있도록 노력하고 있어요.

똑똑한 배경지식

지진의 규모와 진도
지진의 세기는 규모와 진도로 나타내요. 규모는 지진 에너지의 양으로, 규모 1.0과 같이 소수 첫째 자리까지 아라비아 숫자로 나타내지요. 숫자가 클수록 강한 지진이에요. 진도는 지진이 일어났을 때 사람이 몸으로 느끼는 정도, 또는 물체가 흔들리는 정도를 Ⅰ, Ⅱ 같은 로마자로 표현한 거예요.

알쏭달쏭 어휘 풀이

- **맨틀**: 지구 내부의 핵과 지각 사이에 있는 부분.
- **계측하다**: 시간이나 물건의 양을 헤아리거나 재다.
- **지진파**: 지진이 일어났을 때, 암석을 통해 퍼져 나가는 진동의 움직임.

✏️ **다음 빈칸에 알맞은 말을 쓰세요.**

□□는 지진이 일어났을 때 흔들림의 정도로, 로마자로 나타낸다.

✏️ **이 글을 통해 알 수 있는 내용에 ○, 알 수 없는 내용에 ✕표 하세요.**

- 우리나라에는 규모 5 이상의 지진이 일어난 적이 없다. ( )
- 지진은 맨틀의 움직임으로 지층이 끊어지면서 일어나는 충격이다. ( )
- 현재 과학 기술의 발달로 지진 발생 예측이 가능하다. ( )

✏️ **생각해 보기**

지진이 발생하면 어떻게 대처해야 하는지 조사해 봐요.

실험실 다이아몬드 시대

우리나라 기초과학연구원이 "1기압 (우리 주변 기압)에서 다이아몬드를 만드는 데 세계 최초로 성공했다"고 밝혔어요. 그동안 실험실에서 다이아몬드를 만들려면 5만~6만 배나 되는 높은 압력과 높은 온도가 필요했거든요. 아주 어려운 일이었지요. 그런데 이제 더 쉽게 더 큰 다이아몬드를 만들 수 있게 된 거예요.

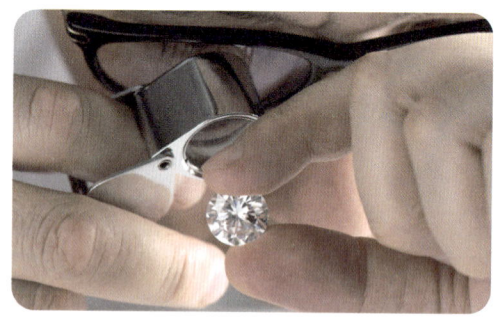

다이아몬드는 가장 단단한 광물이라 산업용으로도 쓸모가 많다.

다이아몬드, 왜 비쌀까요?

다이아몬드는 지구 표면의 200km아래 맨틀 암석권에서 만들어져요. 온도가 1500도(℃)가 넘고 6만 기압이 넘는 깊은 땅속이에요. 그런 곳에서 수억 년이 지나야 다이아몬드가 만들어지지요. 그렇게 만들어진 다이아몬드가 화산 분출과 같은 지각 변동을 거쳐 지표면 가까이 올라와야 사람이 파낼 수 있어요. 이렇다 보니 다이아몬드를 캘 수 있는 나라는 러시아와 캐나다 등 전 세계 22곳밖에 되지 않아요. 또 다이아몬드는 워낙 단단해서 반짝거리는 모양으로 만드는 것이 쉽지 않아요. 그리고 오랫동안 다이아몬드 산업을 어느 한 회사가 독차지해 온 것도 다이아몬드가 비싼 이유 중 하나예요.

'랩그로운 다이아몬드' 시장이 커지고 있어요

다이아몬드는 보석으로도 인기가 많지만, 산업용으로도 널리 쓰여요. 천연 광물 중 가장 단단하고 산업에서 쓰이기 좋은 특성들을 가지고 있기 때문이지요. 그런데 워낙 구하기 어렵고 비싸다 보니 사람들은 오래전부터 다이아몬드를 직접 만들어 보려고 시도했어요. 이렇게 실험실에서 만든 다이아몬드를 '랩그로운 다이아몬드(Laboratory Grown Diamond)'라고 불러요. 우리나라를 포함해서 8개 나라가 이 기술을 가지고 있어요.

처음에는 랩그로운 다이아몬드를 산업용으로만 썼지만, 최근에는 기술이 발달해서 천연 다이아몬드와 구분이 안 될 정도로 잘 만들게 되었어요. 게다가 가격은 천연 다이아몬드의 1/4밖에 되지 않아요. 그래서 요즘 젊은 사람들은 랩그로운 다이아몬드를 보석으로 많이 찾게 됐어요.

똑똑한 배경지식

랩그로운 다이아몬드(Laboratory Grown Diamond)
'실험실에서 길러진 다이아몬드'라는 뜻으로 '합성 다이아몬드'라고도 불러요. 탄소에 고온과 고압을 가해서 만들어요. 천연 다이아몬드에 비해 저렴한 비용으로 대량 생산할 수 있어서 산업용뿐 아니라 보석으로도 쓰여요.

알쏭달쏭 어휘 풀이

- **기압**: 공기의 압력.
- **맨틀**: 지구 내부의 핵과 지각 사이에 있는 부분.
- **지각 변동**: 지구 내부의 원인 때문에 지각이 달라지는 것.

✏️ 다음 빈칸에 알맞은 말을 쓰세요.

우리나라에서 최초로 1기압에서 랩그로운 □□□□□를 만드는 데 성공했다.

✏️ 이 글을 통해 알 수 있는 내용에 ○, 알 수 없는 내용에 ×표 하세요.

- 그동안 랩그로운 다이아몬드를 만들려면 높은 압력과 높은 온도가 필요했다. ( )
- 랩그로운 다이아몬드는 천연 다이아몬드보다 비싸서 널리 쓰이지 못했다. ( )
- 랩그로운 다이아몬드는 천연 다이아몬드와 품질이 비슷해서 보석으로도 쓰인다. ( )

✏️ 생각해 보기

랩그로운 다이아몬드는 어떤 점이 좋을까요?

매미 김치를 먹는다고요?

한여름이면 어김 없이 매미 울음소리가 요란하게 울려 퍼져요. 나무 한 그루에 몇 마리씩 붙어서 울고 있지요. 이렇게 많은 매미로 만든 요리가 있어요. 2024년 5월 미국 일간지 〈뉴욕타임스〉는 식용 곤충 연구가 조셉 윤이 개발한 '매미 김치'를 소개했어요. 그는 "매미는 랍스터나 새우 같은 하나의 식재료일 뿐"이라고 말했어요.

누에나방 번데기는 우리나라의 곤충 식품 중 하나다.

미래의 주요 식량이 될 수 있어요

2024년 2월 과학 전문지 〈네이처〉에 실린 케냐 연구진의 연구 결과에 따르면 2050년까지 세계 인구는 98억 명에 이를 것이라고 해요. 그러면 식량도 많이 있어야겠지요. 지금도 전 세계 사람들이 한 해 동안 먹는 고기는 3억 4000만 톤(t)이나 돼요. 이것은 800억 마리의 동물을 잡아먹은 것과 같다고 해요. 한 사람이 한 해 동안 평균 43kg의 고기를 먹는 거예요. 가축을 이만큼 사육하려면 땅도 넓어야 하고 사료도 11억 톤이나 필요해요.

많은 과학자들은 인구가 늘어나기 때문에 미래에는 우리가 그동안 먹었던 고기 대신 곤충이 훌륭한 단백질원이 될 수 있다고 해요. 귀뚜라미 같은 곤충은 가격이 저렴하고 사육하기도 쉬워요. 곤충은 고기보다 지방이 더 적기 때문에 건강에도 좋고, 환경오염도 줄일 수 있어요. 소나 돼지를 사육하면 메탄가스 같은 온실가스가 발생하는데 곤충을 사육할 때는 거의 발생하지 않거든요.

먹고 싶게 만드는 일이 남았어요

국제 곤충 생태 센터 연구에 따르면 지금도 전 세계 128개의 나라에서 2205종의 곤충을 먹고 있어요. 우리나라도 단백질이 부족하던 6·25 전쟁 이후부터 지금까지 누에나방의 번데기를 먹고 있어요.

영국 드몽포트대의 맥신 샤프스 박사는 스카이뉴스에서 "기후 변화와 세계 인구의 증가로 인해 곤충 식량은 선택이 아닌 필수가 될 수 있다"면서도 "다만 혐오스러운 이미지는 극복해야 할 과제"라고 말했어요. 영국의 에지힐대·드몽포트대가 조사한 결과, 603명 가운데 13%만 "곤충 식량을 먹겠다"고 했고, 47%는 "먹지 않겠다"고 답했어요.

똑똑한 배경지식

곤충 식량
미래에는 전 세계 인구가 더 늘어나기 때문에 당연히 사람이 먹는 고기도 더 많이 필요해질 거예요. 하지만 고기를 지금보다 더 많이 키우기는 힘들어요. 그래서 고기 대신 곤충을 식량으로 먹기 위한 연구가 나오기 시작했어요. 곤충은 친환경적으로 키울 수 있고, 고기처럼 단백질이 풍부하지요.

알쏭달쏭 어휘 풀이

◆ **식재료**: 음식을 만드는 데에 쓰는 재료.
◆ **사육하다**: 어린 가축이나 짐승을 기르다.
◆ **혐오스럽다**: 싫어할 만한 데가 있다.

✏️ 다음 빈칸에 알맞은 말을 쓰세요.

☐☐ 식량은 미래에 꼭 필요한 식재료로 꼽힌다.

✏️ 이 글을 통해 알 수 있는 내용에 ○, 알 수 없는 내용에 ×표 하세요.

- 사람이 먹는 동물을 사육하려면 엄청나게 많은 땅과 사료가 필요하다. ( )
- 곤충 식량은 가격도 저렴하고 사육하기도 쉽다. ( )
- 곤충 식량은 전 세계 사람들이 아직 먹어 본 적이 없다. ( )

✏️ 생각해 보기

곤충 식량이 좋은 점은 무엇일까요?

실험실에서 스테이크를 만들어요

이스라엘에서는 이제 '쇠고기 배양육'을 살 수 있어요. 2024년 1월부터 이스라엘의 배양육 스테이크 회사 알레프팜스가 쇠고기 배양육을 팔 수 있게 됐거든요. 싱가포르와 미국이 닭고기 배양육을 팔고 있는데 이스라엘이 3번째로 배양육을 판매하는 나라가 된 거예요.

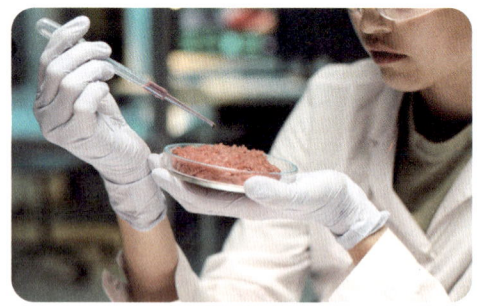

육류 소비가 계속 늘 전망이라 실험실 배양육 개발이 활발하다.

배양육이 뭘까요?

배양육은 가축을 키워서 만든 진짜 고기가 아니라 실험실에서 만든 고기예요. 배양육을 만들려면 먼저 닭이나 돼지, 소에게서 줄기세포를 아주 조금 뽑아 실험실로 가져와요. 이것을 세포의 먹이인 배양액에 넣으면 세포가 계속 늘어나는데 이때 고기와 같은 근육 세포로 자라나요. 이후 3D 프린터에 넣어 고깃덩이 모양을 만들어요. 이렇게 만든 배양육은 진짜 고기와 같은 식감과 맛을 가지고 있어요. 유전적으로도 진짜 고기와 같아요.

온실가스를 낮춰 줘요

배양육을 '미래의 식량'으로 보는 사람들이 많아요. 가축을 많이 기르면 메탄가스가 많이 나와 온실가스가 늘어나는데 배양육은 그런 걱정이 없어요. 또 사료나 물, 가축을 키울 땅도 필요 없어져요. 그리고 생명이 있는 동물을 죽이지 않아도 되지요. 영국 옥스퍼드와 네덜란드 암스테르담대 공동 연구에 따르면 배양육은 우리가 먹는 육류보다 온실가스 배출양은 96%나 낮고, 토지 사용량은 99%, 물 사용량은 96%까지 낮춘다고 해요. 그렇지만 아직까지는 아주 많은 배양육을 빨리 만들어 낼 수 있는 기술이 부족해요.

반대하는 의견도 있어요

이탈리아는 2023년 11월에 "건강상의 이유, 국가 전통에 대한 위험, 축산업을 보호해야 할 필요성"을 근거로 들어 법으로 배양육을 만들지 못하게 하고 있어요. 이 법은 주변 유럽 국가들에도 영향을 미칠 수 있어요. 미국에서도 오하이오주, 네브래스카주 같이 가축을 많이 기르는 지역은 배양육의 판매를 반대하는 법을 만들고 있어요.

똑똑한 배경지식

배양육
동물을 키워 얻는 게 아니라 실험실에서 만드는 고기를 말해요. 실제 고기와 같은 식감과 맛을 가지고 있어요. 배양육은 가축을 집단으로 사육하면서 생기는 환경 파괴를 막을 수 있다는 장점이 있어요.

알쏭달쏭 어휘 풀이

- **줄기세포**: 여러 종류의 세포로 분화할 수 있는 세포.
- **배양액**: 식물이나 세균, 세포를 기르는 데 필요한 영양소가 들어 있는 액체.
- **축산업**: 가축을 기르고 가공하는 산업.

✏️ 다음 빈칸에 알맞은 말을 쓰세요.

☐☐☐은 환경 파괴를 막는 등의 장점을 지녔지만 이를 반대하는 나라도 있다.

✏️ 이 글을 통해 알 수 있는 내용에 ○, 알 수 없는 내용에 ×표 하세요.

- 이스라엘은 배양육을 최초로 개발하여 판매하는 나라이다. (　)
- 배양육은 식감과 맛이 떨어져 소비자들에게 인기가 없다. (　)
- 이탈리아나 미국 일부 지역은 배양육 개발을 반대하고 있다. (　)

✏️ 생각해 보기

배양육의 장점과 단점은 무엇일까요?

반려견, 복제해도 될까요?

아르헨티나 대통령 하비에르 밀레이에게는 특별한 가족이 있어요. 그가 '네 발 달린 내 아이들'이라고 부르는 개들이에요. 이들은 다른 개와는 다른 특별한 점이 있어요. 바로 복제견이라는 거예요. 밀레이는 사랑하던 반려견이 세상을 떠나자 우울한 날들을 보내다가 미국의 유전자 보존 회사에다 복제견을 만들어 달라고 부탁했어요.

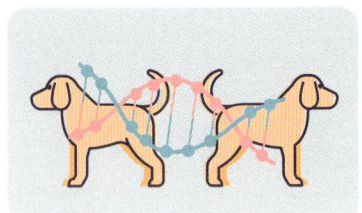
동물 복제산업이 성장하자 이에 대한 우려도 커지고 있다.

우리나라에서 탄생한 최초의 복제견

복제견은 우리나라에서 2005년에 처음 탄생했어요. 당시 서울대 수의대 황우석·이병천 교수팀이 복제견 '스너피'를 만들었지요. 이후 반려동물 복제 산업은 전 세계로 퍼져 나가 꾸준히 성장하고 있어요. 개를 복제하려면 먼저 반려견의 피부나 털에서 세포를 얻어야 해요. 그런 다음, 개의 난자에 있는 핵을 없애고 반려견의 세포를 넣어요. 이것을 암컷 개의 아기집에 넣어 주는 거예요. 이렇게 암컷 개가 임신하고 복제견을 낳을 때까지 수천만 원의 비용이 들어간다고 해요.

복제견 통해 우울함 나아져

동물 단체에 따르면 2022년 기준 전 세계에서 1500마리 이상의 개가 복제됐다고 해요. 가족처럼 사랑했던 동물이 세상을 떠나면 우울해지기도 하는데 복제견을 통해 치유를 받는 것이죠. 미국의 가수 겸 배우 바브라 스트라이샌드도 2018년에 세상을 떠난 반려견을 복제해 2마리를 새로 얻었어요. 그렇지만 그는 자서전에서 "개의 외모는 복제할 수 있었지만, 영혼은 복제할 수 없었다"고 말했지요. 외모가 같아도 성격까지 똑같이 만들 수는 없기 때문이에요.

복제견, 생명 윤리 문제 일으켜

미국의 일간지 〈뉴욕타임스〉에 따르면 1마리의 개를 복제하기 위해서는 100개 이상의 난자가 필요하다고 해요. 난자를 제공하는 개는 물론이고, 임신하고 출산해야 하는 개의 희생이 따르는 일이에요. 그래서 동물 보호 단체에서는 복제견이 탄생하는 과정이 생명 윤리에 어긋나는 동물 학대라고 비판하고 있어요.

똑똑한 배경지식

복제 동물
암컷 동물의 난자에서 핵을 없애고 그 난자 속에 복제할 동물의 피부나 털 세포에서 얻은 체세포를 넣어요. 이것을 암컷의 몸속에 넣고 임신과 출산을 하게 되지요. 이렇게 태어난 동물을 복제 동물이라고 해요.

알쏭달쏭 어휘 풀이

- **복제**: 원래의 것과 똑같은 것을 만듦.
- **난자**: 암컷의 생식 세포.
- **생명 윤리**: 삶과 죽음, 생명의 존엄성 등의 문제를 다루는 윤리 분야.

✏️ 다음 빈칸에 알맞은 말을 쓰세요.

□□□은 반려견을 잃은 사람들에게 도움을 주지만 다른 개를 희생시켜 비판을 받는다.

✏️ 이 글을 통해 알 수 있는 내용에 ○, 알 수 없는 내용에 ×표 하세요.

- 복제견을 만들려면 반려견의 피부 조직이나 털이 있어야 한다. ( )
- 복제견을 탄생시키기까지 엄청난 비용이 든다. ( )
- 복제견은 복제하는 과정에서 다른 개들이 희생되어 법적으로 금지되었다. ( )

✏️ 생각해 보기

복제견처럼 다른 생명체들을 모두 복제할 수 있다면 어떻게 될까요?

엄마 카드 대신 얼굴로 결제해요

물건을 사고 결제할 때 카드가 없어서 당황한 적 있나요? 이제 그럴 염려가 없어졌어요. 카드 대신 얼굴로 결제할 수 있거든요. 경희대 학생 식당에 설치된 키오스크에서는 메뉴를 고르고 얼굴 인식 결제 버튼을 누르면 눈 깜짝할 사이에 결제가 돼요. 인공지능(AI) 기술을 활용한 얼굴 인식 결제를 할 수 있게 된 거예요.

AI 기술 발달로 결제가 편리해지고 있다.

해외에서 널리 쓰이는 안면 인식 결제

해외에서도 얼굴을 인식해서 결제하는 '페이스페이(Face Pay)'가 널리 사용되고 있어요. 러시아 모스크바에서는 오래전부터 지하철 앱에 미리 내 사진과 카드 정보를 넣어 두면 얼굴 인식만으로 요금이 결제돼요. 중국 톈진에서도 마찬가지예요. 영국 스코틀랜드의 몇몇 학교에서는 얼굴 인식으로 급식비를 결제하고 있지요.

쌍둥이도 구별할 수 있어요

생체 인식 기술은 사람의 신체나 행동의 특성을 찾아서 그 사람인지 아닌지 알려주는 기술을 말해요. 그중에서 가장 오래되고 널리 쓰인 것은 지문이에요. 지문은 사람마다 다른 모양을 가지고 있거든요. 그러다 점차 다양한 생체를 활용한 기술이 발달했는데 얼굴 인식 기술도 그중 하나예요. 예전에는 쌍둥이를 구별하지 못하기도 하고, 성형하거나 변장하면 알아보지 못하기도 했어요. 하지만 요즘에는 수만 명의 사람 속에서 쌍둥이를 찾아 구별할 수 있을 정도로 기술이 발달했지요.

개인 정보 처리에 신중해야 해요

얼굴 인식 결제는 아주 편리하지만 소비자들은 아직 걱정이 돼요. 개인 정보가 어딘

과학 015

가에 저장되면, 나 아닌 누군가가 그것을 나쁜 용도로 이용하지는 않을까 싶은 거지요. 더구나 우리나라는 아직 얼굴 인식 결제에 대한 법안이 없어요. 국가인권위원회는 "얼굴 인식 기술이 사생활의 비밀과 자유, 집회·결사의 자유를 침해할 위험이 있다"며 규제할 법안을 마련해 달라고 했어요.

똑똑한 배경지식

생체 인식 기술

생체 인식 기술은 사람마다 다른 신체나 행동의 특성을 찾아 본인인지 비교하고 판단하는 기술을 말해요. 홍채·정맥·망막·지문·얼굴·DNA 같은 신체 정보나 목소리·걸음걸이 같은 행동 정보로 사람을 구별할 수 있어요.

알쏭달쏭 어휘 풀이

- **결제**: 물건값을 주고 거래를 끝냄.
- **인식**: 무엇을 분명히 알고 이해함.
- **생체**: 생물의 몸. 또는 살아 있는 몸.
- **지문**: 손가락 끝에 있는 살갗의 무늬.

✏️ 다음 빈칸에 알맞은 말을 쓰세요.

☐☐ 인식 기술이 발달하여 얼굴만 비춰도 결제가 가능하다.

✏️ 이 글을 통해 알 수 있는 내용에 ○, 알 수 없는 내용에 ×표 하세요.

- 얼굴 인식 결제는 카드가 필요하지 않아 편리하다. ( )
- 이미 몇몇 나라에서는 얼굴 인식 결제가 보편화되어 있다. ( )
- 얼굴 인식 기술이 발달할수록 개인 정보가 더 철저하게 보호될 것이다. ( )

✏️ 생각해 보기

얼굴 인식 결제는 카드 결제보다 어떤 점이 편리할까요?

내 얼굴로 가짜 영상을 만든다고요?

서울경찰청 사이버수사과는 2024년 5월, '딥페이크' 영상을 만들어 퍼트린 범인을 잡았어요. 범인은 서울대 졸업생이었는데, 인공지능(AI) 기술을 이용해 몇 년 동안이나 지인들의 얼굴 사진을 다른 신체 이미지에 합성해서 퍼트렸다고 해요.

아무리 좋은 기술도 악용하면 범죄가 된다.

딥페이크 기술의 발전

딥페이크는 AI 기술의 딥러닝(Deep Learning)과 가짜(Fake)라는 단어의 합성어예요. AI 기술을 이용해서 기존 인물의 사진이나 영상을 교묘하게 바꾸거나 조작하는 것을 의미해요. AI 기술이 발전하면서 진짜와 가짜를 구분하기 어려운 수준까지 이르렀어요. 또한 초보자도 쉽게 만들 수 있는 프로그램도 늘었어요. 방송통신심의위원회에 따르면 2023년에 딥페이크 같은 가짜 영상물은 7187건이었어요. 그런데 2024년에는 5월까지만 해도 5795건이나 됐어요.

가짜 뉴스까지 만들어요

딥페이크로 가짜 뉴스를 만들 수도 있어서 아주 위험해요. 미국은 2024년 11월에 대통령 선거를 해요. 그런데 2024년 1월에 다음 대통령 후보인 조 바이든 미국 대통령의 목소리로 딥페이크 선거 홍보 전화가 돌았어요. 또 다른 대통령 후보인 도널드 트럼프 전 대통령의 재판을 앞두고 그가 체포되는 가짜 합성 사진이 퍼지기도 했지요. 우리나라는 2022년 5월에 있었던 대통령 선거 때, 딥페이크 영상 등을 이용한 선거 운동을 금지했어요.

딥페이크 범죄, 예방에 힘써야

우리나라에서 딥페이크 영상을 만들고 퍼트리면 중대한 범죄로 처벌을 받게 돼요.

나라에서는 청소년에게 딥페이크 영상물이 노출되지 않도록 대책을 마련하고 있어요. 여성가족부는 2024년 4월에 디지털성범죄 방지 강화 대책을 발표했어요. 딥페이크 영상물을 찾아내서 자동으로 삭제를 요청하는 시스템을 2025년까지 만들기로 했답니다.

똑똑한 배경지식

딥페이크(Deepfake)

딥러닝(Deep Learning)과 가짜(Fake)의 합성어예요. 인공지능(AI)이 스스로 데이터를 조합하고 분석하여 학습하는 것을 딥러닝 기술이라고 하는데, 이를 활용해 특정 이미지를 기존의 이미지들과 합성해 새로운 이미지를 창조하는 기술이에요. 사진·영상뿐 아니라 목소리 등도 합성이 가능하며 기술 발달로 인해 결과물이 매우 자연스러워서 가짜 사진이나 영상물에 속는 경우가 늘었어요.

알쏭달쏭 어휘 풀이

- **합성**: 하나로 합침.
- **중대하다**: 매우 중요하고 크다.
- **노출되다**: 겉으로 드러나다.

✏️ **다음 빈칸에 알맞은 말을 쓰세요.**

□□□□로 영상을 만들어 퍼트리는 것은 중대한 범죄이다.

✏️ **이 글을 통해 알 수 있는 내용에 ○, 알 수 없는 내용에 ×표 하세요.**

- 딥페이크 영상은 인공지능 기술의 발달로 점차 만들기 쉬워진다. ( )
- 딥페이크 불법 영상물은 2023년에 비해 2024년에는 줄어들었다. ( )
- 우리나라에서는 딥페이크 영상물에 대해 다양한 대책을 마련하고 있다. ( )

✏️ **생각해 보기**

가짜로 만들어진 딥페이크는 우리에게 어떤 영향을 미칠까요?

운전 기사가 없는 버스가 있어요

서울에는 새벽에 운행하는 버스 중에 특별한 버스가 있어요. 바로 운전사가 운전하지 않아도 스스로 움직이는 자율 주행 버스예요. 벌써 자율 주행 버스를 이용한 사람이 7만 명을 넘어섰다고 해요. 자율 주행 차가 대중화되고 있는 거지요.

현대자동차가 개발한 자율 주행 버스.

자율 주행 버스와 택시가 운행 중이에요

서울시는 2023년 12월부터 합정역~동대문역 구간의 중앙 버스 전용 차로에서 심야 시간에 자율 주행 버스를 운행하고 있어요. 8월부터는 강남에서 심야 시간에 자율 주행 택시를 운영하기로 했지요. 시내버스가 끊기는 심야 시간은 자율 주행 차들이 다니기 가장 좋은 시간대예요. 교통량이 많지 않아 사고 가능성이 작고, 운전사가 야간에 일하지 않아도 되니까요. 지방에서도 자율 주행 차가 대중교통을 대신해 주는 경우가 있어요. 버스가 자주 다니지 않는 강원 강릉시, 충북 혁신도시 등에서 승객이 요청하면 차량이 찾아가요.

해외에서도 자율 주행 차 확대

자율 주행 차가 안전하게 움직이려면 자동차의 눈이 되는 다양한 센서 기술이 필요해요. 주변 교통 상황을 판단하고 주행 경로를 계산하는 인공지능(AI) 시스템도 있어야 하죠. 그야말로 첨단 과학이 모두 모여 만들어진 결과물이지요. 미국의 테슬라나 일본의 혼다 등도 이 기술을 활용해 자율 주행 택시를 개발하거나 운행하고 있어요.

안전이 가장 중요해

자율 주행 차의 운행을 분석한 결과 차선 유지, 차량 흐름에 따라 움직이는 것 같은 평상시 주행 상황에서는 사람이 운전할 때보다 더 안전한 것으로 나타났어요. 추돌 사고에서도 사람보다 더 대처를 잘해요. 하지만 빛에 민감하기 때문에 햇빛이 약한 새벽이나 해 질 무렵에는 회전 교차로, 유턴 지역 등에서 사람이 운전하는 것보다 사고가 더 많이 났어요. 자율 주행 차가 다양한 상황에서 사고 없이 더 안전하게 작동할 수 있도록 기술을 발전시키는 것이 중요해요.

똑똑한 배경지식

자율 주행 기술
자율 주행을 위해서는 특히 주변 사물을 인식할 수 있는 첨단 센서가 필요해요. 사물의 거리를 측정하고 위험을 감지하려면 모든 곳을 볼 수 있어야 해요. 자율 주행 차에는 여러 대의 카메라가 있어요. 그래픽 처리 장치가 자동차의 주변 환경을 파악해서 자동차가 안전하게 갈 수 있도록 도와주지요.

알쏭달쏭 어휘 풀이

- **운행**: 정해진 길을 따라 차량을 운전하고 다님.
- **주행**: 자동차나 열차가 달림.
- **대중화**: 대중에 널리 퍼져 친숙해짐.
- **추돌 사고**: 자동차나 기차 등이 뒤에서 들이받아 발생한 사고.

✏️ 다음 빈칸에 알맞은 말을 쓰세요.

☐☐ 주행 차가 대중화되고 있는 만큼 안전성 확보가 중요하다.

✏️ 이 글을 통해 알 수 있는 내용에 ○, 알 수 없는 내용에 ×표 하세요.

- 우리나라에는 이미 자율 주행 차가 운행 중이다. ( )
- 다른 나라에서도 자율 주행 기술에 관심이 높다. ( )
- 자율 주행 차는 어떤 상황에서든 사람보다 안전한 주행이 가능하다. ( )

✏️ 생각해 보기

자율 주행 차는 어떤 상황일 때 필요할까요?

달 탐사, 다시 우주 경쟁 시대!

1969년 7월 21일에 미국에서 보낸 우주선 아폴로 11호가 달에 착륙했어요. 그곳에 타고 있던 우주인 닐 암스트롱이 인류 최초로 달 표면에 발을 내디디며 말했어요. "이것은 한 인간에게는 작은 발걸음이지만, 인류에게는 위대한 도약입니다." 미국과 소련은 그 당시 달에 가기 위한 경쟁을 벌였는데 이를 계기로 미국이 달에 더 가까워지게 되었지요.

한국 첫 달 탐사선 다누리호가 달을 향해 발사되고 있다.

자원도 많고 위치도 좋아요

1972년에 미국에서 마지막 달 탐사를 한 이후에는 달을 두고 벌이는 경쟁이 시들해졌어요. 하지만 최근 들어 달에 반도체 등을 만들 때 꼭 필요한 희귀 광물과 1g으로 석탄 40톤(t)과 맞먹는 에너지를 만들 수 있는 헬륨-3가 많이 있을 것이라는 연구 결과가 나오면서 사람들이 다시 관심을 갖기 시작했어요.

달은 경제적 가치만 높은 게 아니라 지리적인 조건도 좋아요. 먼 우주를 탐사할 때 기지로 쓸 수 있기 때문이에요. 달의 중력은 지구의 1/6이라서 로켓을 발사할 때 연료가 덜 든다는 장점이 있어요. 또한 달의 남극에서 얼음이 발견됐는데, 이를 우주인이 마실 물이나 연료로 쓸 수도 있지요.

우리나라 다누리호 세계 7번째로 성공!

미국은 2020년에 다시 유인 달 탐사 프로젝트 '아르테미스'를 시작했어요. 2025년쯤에 우주인 2명이 아르테미스 3호를 타고 가서 달 착륙에 도전하려고 해요. 중국의 달 탐사 프로젝트 이름은 '창어'예요. 2013년에 미국·소련에 이어 3번째로 달 착륙에 성공했어요. 2030년에는 우주인을 달에 착륙시킨다는 목표를 가지고 있어요.

우리나라는 최초의 달 궤도선 다누리호를 2022년 8월 5일 미국에서 발사했어요. 다누리호는 발사 4개월여 만인 2022년 12월 26일에 달 궤도에 무사히 도착했지요. 이 성공으로 우리나라는 러시아·미국·일본·유럽연합(EU)·중국·인도에 이어 달에 궤도선을 보낸 7번째 나라가 됐어요. 하지만 앞으로 무인 착륙선이나 유인 탐사 등을 보내려면 더 많이 연구하고 개발해야 해요.

똑똑한 배경지식

다누리
우리나라 최초의 달 궤도선(탐사선)의 이름이에요. 2022년 8월 5일 미국에서 발사하여 145일 만에 달 궤도에 성공적으로 도착했어요. 천천히 간 만큼 연료를 아껴서 2025년 12월까지 3년 동안 달을 탐사할 수 있어요.

알쏭달쏭 어휘 풀이

◆ **중력**: 질량이 있는 물체가 서로 끌어당기는 힘.
◆ **궤도**: 다른 천체의 둘레를 돌면서 그리는 곡선의 길.
◆ **궤도선**: 일정한 궤도를 따라 운행하는 우주선.

✏️ **다음 빈칸에 알맞은 말을 쓰세요.**

경제적, 지리적 가치 때문에 ☐을 탐사하기 위한 우주 경쟁이 치열해졌다.

✏️ **이 글을 통해 알 수 있는 내용에 ○, 알 수 없는 내용에 ×표 하세요.**

- 아폴로 프로젝트를 통해 소련에서 세계 최초로 달에 착륙했다. ( )
- 달에 희귀 광물 등이 있을 것이라는 연구 결과로 관심이 높아졌다. ( )
- 우리나라는 달 탐사선 다누리호를 보내는 데 성공하였다. ( )

✏️ **생각해 보기**

세계 여러 나라들은 왜 달에 가려고 하는 것일까요?

Section 05

문화

문화 기사 읽을 때 필수 상식 11

문화

사람들이 함께 생활하면서 만들어지고 전해지는 생활 방식을 말해요. 계급·성별·나이·직업·인종 등을 뛰어넘어 개인과 집단이 살아가는 다양한 삶의 방식이지요. 각 나라와 각 지역의 고유한 문화를 문화 다양성이라고 해요. 모두가 함께 평화롭게 살기 위해 꼭 필요한 것이지요.

관광 자원

사람들이 찾아가서 구경하는 자연 경치나 문화 시설을 말해요. 아름다운 산과 바다, 유적지나 국립공원 등이 이에 속해요. 관광 자원을 통해 관광객이 늘어나면, 일자리나 소득도 늘어나게 돼요. 관광 자원 중에는 파손되기 쉬운 것들이 많아서 이런 곳을 둘러볼 때는 조심해야 해요. 최근 유명한 관광지에 사람들이 많이 찾으면서 관광세를 내는 곳이 늘어나고 있어요.

문화유산

조상들의 문화 중에서 후손들에게 물려줄 만한 가치가 있는 유산이에요. 생활 도구, 유물과 유적, 성터와 궁터, 전통 음악, 춤, 놀이, 문학 작품 등이 모두 문화유산이에요. 이를 통해 그 시대를 살아가던 조상들의 생활 모습이나 생각, 문화에 대해 알 수 있지요.

박물관

유물이나 예술품을 전시해서 여러 사람들에게 보여 주거나 연구할 수 있게 하는 시설이에요. 국립중앙박물관과 국립민속박물관이 대표적이죠. 전시된 물건들을 통해 옛날 사람들의 생활에 대한 많은 정보를 얻을 수 있어요.

스포츠 대회

스포츠 대회에는 각 나라에서 여는 국내 시합, 선수권 대회, 전국 대회 등이 있어요. 대륙별로는 아시안게임, 올아프리카게임, 유러피안게임 등이 등이 있어요. 국제 올림픽 경기 대회는 전 세계가 함께 하는 대회예요. 월드컵(축구), 월드 베이스볼 클래식(야구), FIBA 농구 월드컵(농구), 마스터스 토너먼트(골프) 등과 같은 세계적인 개별 종목 스포츠 대회도 있어요.

올림픽

4년마다 개최하는 국제 스포츠 대회로, 고대 그리스인들이 제우스 신에게 드리는 제전 경기에서 유래되었어요. 최초의 근대 올림픽은 1896년 그리스의 아테네에서 열렸지요. 여름에 열리는 하계 올림픽과 겨울에 열리는 동계 올림픽이 있어요. 올림픽은 세계의 다양한 정치·종교·인종 속에서 평화를 이루고, 공정한 경기를 통해 다양한 문화와 가치를 이해하려는 자리예요. 스포츠 정신을 바탕으로 전 세계 선수들이 참가하여 기량을 뽐내지요. 우리나라는 1988년 서울에서 하계 올림픽과 2018년 평창에서 동계 올림픽을 한 적이 있어요.

유물과 유적

유물이란 옛날 사람들이 남긴 물건을, 유적이란 남아 있는 자취를 말해요. 박물관에서 전시되어 눈으로 볼 수 있는 다양한 옛날 물건이 유물이에요. 유적은 과거의 건축물이나 집터·궁터·절터·옛 무덤·싸움터 또는 역사적인 사건이 벌어졌던 곳이에요. 위치를 옮길 수 없는 것들이기 때문에 유물처럼 박물관에 모아 놓을 수 없고 그 장소에 가야 볼 수 있어요. 서울 송파구의 백제 몽촌 토성, 서울 강동구의 암사동 선사 주거지, 인천 강화군에 있는 강화 고려 궁터와 고인돌 등이 대표적인 우리나라 유적지예요. 유물과 유적으로 당시의 생활 모습을 짐작할 수 있지요.

저작권

새로운 것을 발견하거나 개발하거나 창작한 것을 저작물이라고 해요. 이 저작물을 만든 사람이 법적으로 보호받을 수 있는 권리를 저작권이라고 하지요. 저작물은 글·그림·영화·음악·사진·과학 등 많은 종류가 있어요. 저작권을 가진 사람은 저작물을 이용하고 판매하거나 나눌 수 있는 권리가 있답니다.

전통

옛날부터 가치 있는 것으로서 보존되고 전승되어 온 문화·행사·놀이·명절 같은 행동이나 의식이에요. 문화유산처럼 과거로부터 전해진 것이지만 문화유산과 다른 점은 지금까지 우리의 생활 속에서 함께하고 있다는 점이에요. 우리나라의 전통 음악인 판소리나 중국의 연극인 경극, 미국의 추수감사절이라는 명절 등이 전통에 속해요.

종교

신이나 절대적인 힘, 초자연적인 존재를 믿으면서 생활하는 문화를 말해요. 오래전부터 오늘날까지 사람들의 삶에 큰 영향을 끼치고 있지요. 기독교·이슬람교·불교·힌두교·유대교 등이 있어요. 각 종교마다 신이 다르고 다양한 신앙과 실천 방식을 가지고 있어요.

콘텐츠

인터넷이나 컴퓨터 통신 등을 통해 제공되는 정보나 내용을 말해요. 글·사진·소리·영상 등 다양한 형태예요. 책·음악·영화·인터넷·텔레비전 등에서 콘텐츠를 활용하지요. 사람들은 다양한 콘텐츠를 통해 지식이나 정보, 즐거움을 얻을 수 있어요.

한강, 아시아 여성 최초 노벨문학상 수상!

"어릴 때부터 책과 함께 자랐고, 한국 문학과 함께 성장했다. 그들의 모든 노력과 힘이 내 영감이 됐다. 영광스럽고 지지에 감사드린다." 2024년 10월 10일 한국인 최초로 노벨문학상을 수상한 한강 작가의 말이에요. 한국인이 노벨상을 받은 것은 2000년 김대중 전 대통령이 노벨평화상을 받은 이후 2번째예요.

아시아 작가 12년 만에 수상 영예

아시아 여성이 노벨문학상을 받은 것은 123년 만에 처음이에요. 아시아 작가로는 2012년 중국의 모옌 이후 12년 만이고요. 1968년 가와바타 야스나리, 1994년 오에 겐자부로 등 일본 작가들은 일찌감치 노벨문학상을 수상했어요.

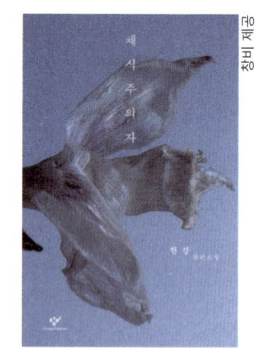
부커상을 받은 한강의 《채식주의자》 표지.

1901년 스웨덴에서 만들어진 노벨문학상은 별도로 후보를 발표하지 않아요. 특정 작품에 상을 주는 것이 아니라 문학 분야에서 이상적인 방향으로 작품 세계를 펼쳐 온 작가에게 수여하지요. 노벨상 측은 한강 작가를 "역사적 상처와 인간 삶의 연약함을 드러내는 소설, 강렬하면서도 시적인 소설을 쓰는 작가"라고 소개했어요.

첫 부커상 받으며 세계 무대서 주목

한강 작가가 세계 무대에서 주목받기 시작한 것은 2016년 연작 소설 《채식주의자》로 인터내셔널 부커상을 받으면서예요. 당시 46세였던 한강은 최연소이자 아시아 첫 부커상 수상으로 화제를 모았어요. 부커상은 1969년 영국 출판사인 부커사가 제정한 상으로 노벨문학상, 프랑스 공쿠르상과 함께 3대 문학상으로 꼽혀요.

《채식주의자》를 번역한 데보라 스미스는 한강의 작품을 전 세계 독자와 만날 수 있게 한 일등 공신이에요. 부커상은 영국에서 출간한 영문으로 된 소설을 대상으로 하기 때문에 작품을 영어로 옮기는 과정이 반드시 필요하거든요. 그만큼 번역이 중요해서 부커상은 상금 5만 파운드(약 8860만 원)를 작가와 번역자에게 절반씩 줘요. 영국에서 태어나 영문학을 전공한 스미스는 런던대에서 한국학 석·박사를 취득했어요. 이후 아시아 문학 전문 출판사를 차려 한국 작품을 영국에 소개했지요.

부커상 수상으로 한국 작가와 작품을 향한 관심도 높아졌어요. 한국 작품이 최근 3년 연속 인터내셔널 부커상 최종 후보에 올랐거든요. 한국 작품은 개인의 이야기를 다룬 것처럼 보이지만 사회 현상이나 정치적 사건이 얽혀 있다는 특징이 있는데, 이 점이 전 세계의 독자를 사로잡았어요.

똑똑한 배경지식

노벨상

다이너마이트를 개발한 알프레도 노벨이 스웨덴 과학아카데미에 기부한 유산을 기금으로 만들어진 상이에요. 매년 10월 과학 부문인 생리·의학상, 물리학상, 화학상에 이어 문학상, 평화상, 경제학상을 일주일에 걸쳐 발표해요. 각 부문별로 노벨위원회가 구성돼 수상자를 선정하지요. 상금 1100만 크로나(약 14억 3000만 원)와 메달, 증서가 수여돼요.

알쏭달쏭 어휘 풀이

- **영감**: 창조적인 일의 계기가 되는 기발한 착상이나 자극.
- **수여하다**: 증서·상장·훈장 등을 주다.
- **취득하다**: 물건이나 자격·권리를 자기 것으로 만들어 가지다.

✏️ 다음 빈칸에 알맞은 말을 쓰세요.

한강이 우리나라 최초로 ☐☐ 문학상을 수상했다.

✏️ 이 글을 통해 알 수 있는 내용에 ○, 알 수 없는 내용에 ×표 하세요.

- 아시아 여성 최초로 노벨문학상을 받은 사람은 한강이다. ( )
- 노벨문학상은 별도로 후보를 발표하고 그중에서 수상자를 발표한다. ( )
- 한국 작품들은 사회나 정치는 다루지 않고 개인의 내면만 깊이 파고들어 주목받는다. ( )

✏️ 생각해 보기

문학 외에 다른 분야 노벨상 수상자를 알아봐요.

임윤찬, 어떻게 세계적 피아니스트가 됐을까요?

음악·미술 등의 실력을 겨루기 위해 열리는 대회를 콩쿠르라고 해요. 흔히 세계 3대 음악 콩쿠르로는 쇼팽 콩쿠르, 퀸 엘리자베스 콩쿠르, 차이콥스키 콩쿠르를 꼽아요. 이 3대 콩쿠르에서 우리나라의 음악가들이 수상을 많이 하고 있어요. 2019년까지 지난 20년간 우리나라 음악가 700명이 이 3대 콩쿠르를 비롯한 국제 음악 콩쿠르 결선에 올라 무려 110명이 우승했어요.

우리나라 음악가들이 세계적으로 두각을 드러내고 있다.

스타 피아니스트가 된 임윤찬

최근 가장 주목받고 있는 임윤찬 피아니스트는 2022년 반 클라이번 국제 피아노 콩쿠르 우승자예요. 한국인으로서는 2017년 선우예권에 이어 2번째 우승이지요. 임윤찬 피아니스트는 만 18세부터 지원할 수 있는 이 대회에 나가서 가장 어린 나이로 우승을 하고, 청중상과 신작 최고연주상을 수상했어요. 유튜브로 전 세계에 생중계되면서 3만 명이 참여한 인기투표에서 가장 많은 표를 받았거든요. 2015년에 금호영재콘서트로 데뷔하고 2019년에 윤이상 국제음악콩쿠르에서 가장 어린 나이로 1위에 올랐어요.

같은 곡도 자신만의 스타일로 연주해

임윤찬 피아니스트가 본격적으로 활동을 시작하자 인기는 더 높아졌어요. 2024년 4월에 나온 첫 앨범《쇼팽: 에튀드》는 미국 빌보드 '정통 클래식 앨범' 차트 1위에 올랐어요. 10월에는 영국 클래식 음반 시상식인 '그라모폰 클래식 뮤직 어워드' 피아노 부문에서 수상했어요. 전문가들이 말하는 임윤찬 피아니스트의 가장 큰 매력은 자신만의 스타일이라고 해요. 같은 곡을 연주해도 자신만의 색깔로 연주해서 전혀 다른 곡처럼 느껴진다는 거예요. 2021년에 차이콥스키 콩쿠르에서 한국인 최초로 우승했던 조성진 피아니스트는 완벽한 테크닉으로 좋은 평가를 받았었는데, 임윤찬 피아니스트는 본능에 충실한 자유로움을 높게 평가받고 있어요.

해외 유학을 가지 않고 우리나라에서만 공부했다는 것도 화제를 모았어요. 임윤찬 피아니스트는 중학교 과정인 예원학교를 수석으로 졸업한 뒤 홈스쿨링을 했어요. 그리고 2017년부터 손민수 한국예술종합학교 교수님께 가르침을 받고 있는데 교수님이 미국 뉴잉글랜드음악원으로 옮기면서 임윤찬 피아니스트도 따라가게 되었어요.

똑똑한 배경지식

피아노

1709년에 발명된 피아노는 클래식 음악과 오랜 시간을 함께한 악기예요. 바로크와 고전시대 음악가들부터 낭만 시대를 거쳐서 현대 음악에 이르기까지 수많은 음악가들이 피아노를 이용했죠. 음악의 아버지 바흐, 음악의 신동 모차르트, 가곡의 왕 슈베르트 모두 피아노 곡을 만들어 연주했어요.

알쏭달쏭 어휘 풀이

- **콩쿠르**: 음악이나 미술, 영화 제작 같은 실력을 겨루는 대회.
- **본격적**: 모습을 제대로 갖추고 적극적으로 하는 것.
- **테크닉**: 악기 연주나 노래 등을 훌륭하게 해내는 기술이나 능력.

✏️ 다음 빈칸에 알맞은 말을 쓰세요.

☐☐☐는 음악·미술 등의 실력을 겨루기 위해 열리는 대회이다.

✏️ 이 글을 통해 알 수 있는 내용에 ○, 알 수 없는 내용에 ×표 하세요.

- 우리나라에는 임윤찬 피아니스트 외에 유명한 피아니스트가 없다. ( )
- 임윤찬 피아니스트는 어렸을 때부터 피아노에 재능이 많았다. ( )
- 임윤찬 피아니스트는 자신만의 색깔로 연주해 사람들이 매력을 느낀다. ( )

✏️ 생각해 보기

임윤찬 피아니스트가 연주하는 곡을 찾아서 들어보고 느낀 점을 말해 보세요.

한국 콘텐츠, 전 세계 인기를 휩쓸고 있어요

〈오징어 게임〉은 2021년에 넷플릭스에서 공개된 우리나라 드라마예요. 넷플릭스에서 22억 5200만 시간이라는 최고 시청 시간을 기록할 만큼 전 세계 사람들에게 인기가 많았어요. 보통은 영어로 된 드라마가 시청 시간이 높은데, 〈오징어 게임〉이 역대 1위를 차지한 거예요.

말레이시아 쿠알라룸푸르에 열렸던 〈오징어 게임〉 체험관.

〈오징어 게임〉 미국 에미상 6관왕

〈오징어 게임〉은 영어를 쓰지 않는 나라에서 만든 시리즈 중 최초로 2022년 제74회 에미상에서 6관왕을 차지했어요. 에미상은 미국 방송계의 최고의 시상식인데, 우리나라 드라마가 받게 된 거예요. 원래는 시청자들이 가장 많이 보는 저녁 6시에서 새벽 2시 사이에 방송된 TV 프로그램 중에서 뽑아요. 하지만 〈오징어 게임〉은 미국 회사인 넷플릭스가 제작에 참여하고 시청자 수가 매우 많아서 후보에 오를 수 있었어요. 그 결과 드라마 연출상(황동혁), 남우 주연상(이정재), 여우 게스트상(이유미), 미술상, 특수 시각 효과상, 스턴트 퍼포먼스상을 휩쓸었어요.

해외에서 먼저 화제가 됐어요

〈오징어 게임〉은 해외에서 먼저 인기를 끌면서 우리나라에서도 화제가 되었지요. 드라마에 나오는 물건들도 인기였어요. 해외 온라인 쇼핑몰에서는 달고나 만들기 키트, 양은 도시락, 주인공이 입고 나온 456번이 새겨진 트레이닝복 등이 많이 팔렸어요.

〈오징어 게임〉은 자극적인 내용으로 성인만 볼 수 있음에도 이처럼 전 세계 시청자에게 인기를 얻을 수 있었던 것은 무엇일까요? 〈오징어 게임〉은 가난한 사람과 부유한 사람의 차이가 심한 사회에서 드러나는 인간의 본성을 다루었어요. 이런 모습이 현대 사회를 잘 담고 있어서 국가와 문화가 달라도 공감하며 보게 됐다고 해요.

또 하나의 성공 요인은 바로 온라인 동영상 서비스(OTT)예요. 넷플릭스는 〈오징어 게임〉을 190개가 넘는 나라에 동시에 공개해서 나라별 시간 차이를 없앴어요. 또, 31개 언어로 자막을 제공하고 13개 언어로 더빙하여 자신이 쓰는 언어를 선택해서 볼 수 있었어요. 이런 환경이 만들어지면서 콘텐츠 시장의 새로운 시대가 열린 거예요. 오는 12월 26일 시즌 2가 공개되면 어떤 반응일까요?

똑똑한 배경지식

온라인 동영상 서비스(OTT; Over the Top)
인터넷을 통해 방송 프로그램, 영화 등을 볼 수 있는 서비스를 말해요. 인터넷을 이용하기 때문에 초고속 인터넷이 발달한 2000년대 중후반부터 등장했지요. 원하는 콘텐츠를 원하는 시간과 장소에서 볼 수 있어서 이용자가 늘고 있어요.

알쏭달쏭 어휘 풀이

- **양은**: 그릇이나 장식품 등을 만드는 데 쓰는 은색의 금속.
- **본성**: 사람이나 동물이 태어날 때부터 가진 성질.
- **더빙**: 외국 영화의 대사를 해당 언어로 바꾸어 성우의 목소리로 다시 녹음하는 일.

✏️ 다음 빈칸에 알맞은 말을 쓰세요.

우리나라 드라마도 온라인 동영상 서비스(☐☐☐)를 통해 전 세계적으로 흥행할 수 있다.

✏️ 이 글을 통해 알 수 있는 내용에 ○, 알 수 없는 내용에 ×표 하세요.

- 〈오징어 게임〉은 넷플릭스에서 최고 시청 시간을 기록했다. ( )
- 〈오징어 게임〉은 미국 에미상 시상식에서 우리나라 최초로 6개의 상을 수상했다. ( )
- 국내 드라마를 해외에 퍼트리기에는 기술적인 제약이 더 많아지고 있다. ( )

✏️ 생각해 보기

우리나라 콘텐츠가 해외에서 인기를 끌면 어떤 점이 좋을까요?

우리나라 배우가 '스타워즈' 주인공?

2024년 6월 디즈니플러스에서 공개된 미국의 드라마 시리즈 〈애콜라이트〉에 낯익은 얼굴이 등장했어요. 바로 우리나라의 유명한 배우 이정재가 주인공으로 나온 거예요. 이 드라마는 1977년에 미국에서 시작해서 오랜 역사를 자랑하는 '스타워즈' 시리즈의 최신작이에요. 평화를 수호하는 제다이 기사단의 마스터 솔 역할을 맡은 그는 멋진 연기를 선보였어요.

할리우드는 다양한 인종을 포용하는 영화를 만들고자 노력 중이다.

한국 배우 앞세워 새로운 시장 공략

'스타워즈'는 무려 영화 15편, TV 시리즈 19편을 탄생시킨 시리즈예요. 47년 동안 차곡차곡 독특한 세계를 만들었지요. 넓은 우주에서 과거와 현재, 미래를 넘나들다 보니 그 이야기가 어마어마하게 쌓였어요. 이렇게 쌓인 이야기로 팬이 많아졌지만, 새로운 팬을 얻기가 어렵기도 했지요. 디즈니플러스가 〈애콜라이트〉의 주인공으로 이정재를 택한 이유도 바로 이것 때문이에요. 넷플릭스 역대 최고의 인기 작품인 〈오징어 게임〉 주인공 이정재를 출연시켜 화제를 불러일으키려는 것이지요. 그리고 다른 나라에 비해 '스타워즈'의 인기가 적은 아시아의 시장을 공략하려는 거예요.

'정치적 올바름' 득일까, 독일까

그렇지만 디즈니의 '정치적 올바름'이 지나치다는 목소리도 나오고 있어요. 정치적 올바름은 성별·인종·종교에 대한 편견이나 차별을 하지 말자는 움직임이에요. 예를 들어 그동안 멋지고 화려한 주인공 역할은 모두 백인이 맡았었는데 이제 다른 인종을 출연시키는 거예요. 하지만 최근에 이런 시도를 한 디즈니 작품이 인기를 끌지 못하면서 반대의 의견도 나오게 된 것이지요.

세계적으로 한국 콘텐츠에 대한 관심이 높아지면서 우리나라 배우를 출연시키려는 할리우드 영화가 많아졌어요. 하지만 그동안 한국을 포함한 동양 배우가 나온 미국 영화들은 적은 출연 분량과 뻔한 연출로 아쉬움을 남겼어요. 이렇다 보니 영화를 만들 때 정치적 올바름에만 집중할 것이 아니라 배우가 작품 전체와 어우러질 수 있도록 노력이 필요하다는 의견이 나오고 있어요.

똑똑한 배경지식

정치적 올바름(PC; Political Correctness)
인종, 성별, 장애, 종교, 직업 등에 관한 편견이나 차별이 섞인 언어나 정책을 쓰지 말자는 운동이에요. 예를 들어 영어에서 맨(Man)은 남자를 뜻하는 말이기에 폴리스맨(Policeman)보다는 폴리스 오피서(Police Officer)으로 부르는 것이 보다 평등하다는 거예요.

알쏭달쏭 어휘 풀이

- **공략하다**: 적극적인 자세로 나서 목표를 달성하다.
- **함정**: 남을 어려움에 빠뜨리거나 해치기 위해 꾸민 일.
- **최신작**: 가장 최근에 만든 작품이나 제품.

✎ 다음 빈칸에 알맞은 말을 쓰세요.

디즈니는 ☐☐☐ ☐☐☐을 추구하여 다양한 인종의 배우를 출연시키고 있다.

✎ 이 글을 통해 알 수 있는 내용에 ○, 알 수 없는 내용에 ×표 하세요.

- 배우 이정재가 '스타워즈'의 주인공이 되어 화제를 불러일으켰다. ( )
- 최근 디즈니의 정치적 올바름이 지나치다는 의견이 나오고 있다. ( )
- 최근 한국 배우들이 미국의 유명한 작품에 등장해 모두 흥행에 성공하였다. ( )

✎ 생각해 보기

정치적 올바름이란 무슨 뜻일까요?

빌보드는 왜 K팝 아이돌 그룹을 초대할까요?

2023년 11월에 열린 '빌보드 뮤직 어워드'라는 미국의 대중음악 시상식에서 우리나라의 걸그룹 뉴진스와 보이그룹 스트레이 키즈가 나란히 무대에 올랐어요. 우리나라 가수가 빌보드 시상식 무대를 장식한 것은 방탄소년단(BTS)에 이어 2번째예요.

외국에서 열린 K팝 콘서트. 관객들이 카메라 플래시를 켜서 빛을 밝히고 있다.

빌보드 시상식, K팝 부문도 생겼어요

빌보드 뮤직 어워드는 2023년, K팝 부문을 새로 만들었어요. 방탄소년단을 비롯해 최근 K팝 가수들의 활약을 시상하는 부문이에요. 새로 생긴 부문은 4개인데 각각 뉴진스, 스트레이 키즈, 방탄소년단의 정국, 블랙핑크가 상을 받았어요.

K팝 차별일까 인정일까

2022년에 '아메리칸 뮤직 어워드'에서 K팝 부문을 만들었는데, 이번에 빌보드에도 생기니까 음악 팬들 사이에서는 여러 의견이 나왔어요. 일부는 다른 대중음악에 비해 특별히 K팝을 대우해 주는 것으로 보아요. 이제 K팝을 하나의 장르로 받아들였다는 의견이에요. 한편 K팝이 인기를 끌수록 이를 막으려는 움직임이 생긴다고도 봐요. 방탄소년단이 2017년부터 5년간 계속해서 상을 받았던 '톱 소셜 아티스트' 부문이 없어지기도 했거든요.

한 앨범을 수백 장씩 사요

해외 차트의 순위를 올리기 위해 가수가 속한 기획사는 팬들의 경쟁을 부추기기도 해요. 똑같은 앨범이라도 표지와 속지를 다르게 하기도 하고, 멤버별 포토 카드를 다르게 넣기도 했지요. 결국 팬들은 같은 앨범을 여러 개씩 구매하게 되었어요. 팬 사인회에 가려고 수십 장, 수백 장씩 앨범을 사는 경우도 많아요. 앨범 1장에 응모권이 1장 들어 있기 때문이에요. 덕분에 2023년 K팝 앨범 판매량은 전년보다 50.1% 늘었어요. 하지만 앨범이 그대로 버려지는 경우가 많아 문제가 되고 있어요. 그리고 플라스틱 쓰레기가 늘고 있지요.

똑똑한 배경지식

K팝(K-Pop; Korean Pop 또는 Korean Popular Music)
한국의 대중가요를 일컫는 말이에요. 우리나라의 대중음악은 발라드, 힙합 등 여러 장르가 있지만 K팝은 그중에서 주로 아이돌 댄스 음악을 말해요. 유튜브를 통해 신나는 음악과 더불어 멋진 춤과 패션이 인기를 끌면서 전 세계인이 즐기게 되었어요.

알쏭달쏭 어휘 풀이

- **부문**: 특정한 부분이나 영역.
- **활약**: 활발히 활동함.
- **장르**: 문학이나 예술의 갈래나 분야.

✏️ 다음 빈칸에 알맞은 말을 쓰세요.

☐☐의 열풍으로 세계적인 시상식에 K팝 부문이 생기기도 하고 팬들의 경쟁도 심해졌다.

✏️ 이 글을 통해 알 수 있는 내용에 ○, 알 수 없는 내용에 ×표 하세요.
- 2023년 처음으로 우리나라의 아이돌이 빌보드 시상식 무대를 장식했다. ( )
- 빌보드 시상식에 K팝 부문이 생기는 등 세계적으로 K팝의 열풍이 지속되고 있다. ( )
- K팝 팬들은 앨범을 사는 대신 음원을 다운로드해 듣기 시작했다. ( )

✏️ 생각해 보기

좋아하는 K팝 스타가 있나요? 어떤 점이 좋은가요?

뉴진스 춤에 저작권이 있나요?

2024년 4월에 어도어 기획사의 대표가 기자 회견을 열었어요. 어도어는 걸그룹 뉴진스가 데뷔한 회사이지요. 어도어의 대표는 빌리프랩의 걸그룹 아일릿이 헤어·메이크업·의상·안무 등 모든 면에서 뉴진스를 따라 했다고 주장했어요. 빌리프랩과 어도어는 둘 다 엔터테인먼트 회사인 하이브에 속해 있는 기획사예요.

K팝이 인기를 끌며 안무 저작권에 대한 논의가 시작됐다.

아일릿과 뉴진스, 안무가 비슷해

사실 헤어·메이크업·의상 등은 누가 처음에 만들었는지 알기가 어려워요. 뉴진스도 90년대 활동하던 여러 걸그룹의 스타일을 참고하기도 했지요. 하지만 안무는 판단하기 쉬운 편이에요. 두 그룹의 안무 중에서 머리를 쓸어 넘기는 동작이나 왼팔을 들고 오른팔을 돌리는 동작이 눈에 띄게 비슷하거든요. 팬들 사이에서 먼저 안무가 비슷하다는 의견이 나왔지요. 뉴진스 안무를 만든 김은주 안무가도 두 곡의 춤이 똑같다고 비판했어요.

누가 만들었는지 표시조차 없어

안무는 원래 저작권법의 보호를 받고 있어요. 그런데 누가 만들었는지 알기 쉽지 않다는 것이 문제예요. 노래를 만든 사람은 이름을 꼭 표기하는데, 춤을 만든 사람의 이름은 표기하지 않기 때문이에요. 그 이유는 안무를 만드는 과정에서 찾아볼 수 있어요. 보통 작사나 작곡은 1~2명이 같이 만들어요. 팀으로 작업해도 10명이 넘지 않지요. 그런데 안무는 한 곡을 여러 팀에게 맡겨요. 그렇게 만들어진 여러 가지의 안무들을 종합해서 몇몇 동작을 선택하고 조금씩 바꿔서 쓰게 되지요. 그러다 보니 동작마다 안무가의 이름을 표기하기 어려운 거예요.

안무가들이 목소리를 내기 시작했어요

하지만 최근 K팝이 전 세계로 뻗어나가고 유튜브로 음악 콘텐츠를 시청하는 사람이 늘면서 안무가 중요한 요소로 떠올랐어요. 2024년 4월에 한국안무저작권협회가 만들어지고, 댄스 지식재산권의 기반을 만들기 위한 회사가 문을 열기도 했어요. 문화체육관광부도 안무 저작권을 보호하기 위해 저작권위원회와 연구 중이에요.

똑똑한 배경지식

저작권
창작물을 만든 사람(저작자)이 자신이 만든 창작물에 대해 가지는 법적인 권리를 말해요. 저작권 보호를 받는 창작물의 경우, 타인이 창작물을 이용하고 싶다면 저작자의 허락을 구하는 절차를 거쳐야 해요. 창작물을 만든 사람의 노력과 가치를 인정하고, 만든 사람의 권리를 보호하고자 하는 것이지요.

알쏭달쏭 어휘 풀이

◆ **기자 회견**: 기자들을 모아 놓고 어떤 사건에 대하여 공식적으로 발표하거나 설명하는 일.
◆ **지식재산권**: 인간의 지적 능력으로 만들어 낸 창작물에 대한 권리.
◆ **기반**: 무엇을 하기 위해 기초가 되는 것.

🖉 다음 빈칸에 알맞은 말을 쓰세요.

안무의 ☐☐☐을 적극적으로 밝히고 보호해야 한다는 목소리가 높아지고 있다.

🖉 이 글을 통해 알 수 있는 내용에 ○, 알 수 없는 내용에 ×표 하세요.

● 아일릿의 안무가 뉴진스의 안무와 비슷해서 논란이 되었다. ( )
● 안무는 작사나 작곡과 달리 안무 팀의 이름을 표기하고 있다. ( )
● 안무는 여럿이 함께 이용할 수 있도록 저작권을 표시하지 않는 것이 좋다. ( )

🖉 생각해 보기

만약 창작자의 권리를 보호하는 저작권법을 없앤다면 어떤 일이 생길까요?

아이유는 왜 축구장에서 공연하나요?

세븐틴, 임영웅, 아이유. 2024년 서울월드컵경기장(약 6만 7000석)에서 공연을 한 가수들이에요. 서울월드컵경기장은 2002년에 만들어진 축구장인데, 왜 가수들은 축구장에서 공연을 할까요?

대중가수의 콘서트가 열린 서울월드컵경기장.

가수들이 공연할 곳이 없어요

우리나라 가수들의 팬이 많아지면서 공연을 할 수 있는 공간을 찾기가 어려워지고 있어요. 대중음악 공연을 위해 만들어진 대형 공연장이 없기 때문이에요. 올림픽핸드볼경기장(5000석), 잠실실내체육관(1만 석), 고척스카이돔(1만 7000석) 같은 운동 경기장에서 공연이 자주 열리는 것도 그 때문이에요. 2015년에 지어진 고척돔을 빼면 대부분 오래되어 시설이 낡은 편이지요.

축구장에서 공연해야 해요

올림픽주경기장에서는 1995년부터 꾸준히 대중음악 공연이 열렸지만 월드컵경기장은 그러지 못했어요. 축구 경기장이다 보니 관객들 때문에 잔디가 상하기 쉽고, 야외라 축구 시즌(3~10월)을 피해 일정을 잡기도 어려웠거든요. 게다가 2024년 9월 올림픽주경기장(7만 석)이 리모델링 공사를 시작하면서 서울 시내에 5만 명이 넘는 관객이 들어갈 수 있는 곳이 사라졌어요. 그래서 월드컵경기장도 어쩔 수 없이 공연을 허락하게 됐지요. 가수들은 축구장의 잔디를 보호하며 공연을 하려고 노력하고 있어요.

경기장과 공연장은 달라요

대중음악을 위한 공연장이 필요하다는 주장이 계속 나오고 있어요. 경기장들은 체육 시설로 지어진 건물이라 공연을 하는 데 한계가 있기 때문이에요. 처음부터 공연장으로 짓는다면 음악이 잘 전달되고 관객이 무대에 집중할 수 있도록 다양한 요소를 반영해 지을 수 있지요. 2023년 12월, 우리나라 최초로 대중음악 공연장인 인천 인스파이어 아레나(1만 5000석)가 문을 열었어요. 대중들은 이런 공연장이 많아지기를 바라며 '아레나 시대'를 기대하고 있어요.

똑똑한 배경지식

아레나(Arena)
옛날에는 모래라는 뜻을 가졌어요. 모래가 깔려 있는 중앙에서 검투사가 싸우는 경기장을 말했지요. 지금은 중앙을 볼 수 있게 해놓은 경기장이나 공연장 등을 말해요. 주로 1만~2만 석 규모의 실내 원형 경기장이에요.

알쏭달쏭 어휘 풀이

- **공연**: 음악, 무용, 연극 등을 많은 사람들 앞에서 하는 것.
- **리모델링**: 주택이나 빌딩을 고쳐 새것처럼 바꿈.
- **한계**: 어떤 것이 영향을 미칠 수 있는 범위나 경계.

✏️ **다음 빈칸에 알맞은 말을 쓰세요.**
우리나라 대중 가수들은 대형 공연장이 없어 축구 ☐☐☐ 을 이용하고 있다.

✏️ **이 글을 통해 알 수 있는 내용에 ○, 알 수 없는 내용에 ×표 하세요.**
- 우리나라 대중 가수들은 공연장보다 경기장에서 공연하는 것을 더 선호한다. ( )
- 월드컵경기장에서 공연을 하면 잔디를 자유롭게 사용할 수 있어서 좋다. ( )
- 사람들은 공연을 위한 아레나가 더 많아지기를 희망하고 있다. ( )

✏️ **생각해 보기**
운동장에서 공연을 할 때와 강당 무대에서 공연을 할 때의 차이점이 무엇일까요?

....

....

영국박물관에 있는 그리스 문화재

2024년 2월 영국박물관에 전시된 '파르테논 마블스' 앞에서 패션쇼가 펼쳐졌어요. 이곳을 무대로 삼아 패션쇼를 하는 것을 보고, 그리스 문화부 장관은 크게 비판했어요. 파르테논 마블스는 원래 유네스코 세계문화유산 1호인 그리스 아테네 파르테논 신전에 있던 것이에요. 신전의 일부를 영국에서 가져간 거죠. 그래서 그리스는 200년 가까이 돌려달라고 요구하고 있어요.

영국박물관에 전시된 파르테논 마블스.

강대국이 빼앗아 간 문화재들

파르테논 신전은 기원전 5세기에 세워졌어요. 당대 최고 건축가와 조각가들이 16년에 걸쳐 만든 웅장하고 아름다운 신전이지요. 19세기 초에 그리스는 오스만제국의 통치를 받았는데, 그때 그리스에 있던 영국 외교관 토머스 엘긴이 파르테논 신전에 있던 조각들을 빼앗아 갔어요. 그는 길이 160m 프리즈(건물 윗부분을 장식하는 띠 모양의 조각이나 그림) 중 거의 절반을 떼어 영국에 가져왔지요. 이후 이 조각들은 '엘긴 마블스'라고 불리며 영국박물관의 대표 전시품이 됐어요. 영국은 엘긴이 오스만제국과 합법적인 계약을 맺고 얻어낸 것이기 때문에 돌려줄 이유가 없다고 해요.

영국만 그런 것은 아니에요. 독일의 베를린국립미술관에는 이집트 네페르티티 왕비의 조각상이 있고, 프랑스 내 박물관들에 있는 아프리카 문화재가 9만 점이 넘는다고 해요.

프랑스에서 돌아온 '외규장각 의궤'

우리나라도 19세기 말에 많은 문화재들을 빼앗겼어요. 국외소재문화유산재단에 따르면, 우리 문화재 24만 6304점이 29개 나라에 흩어져 있다고 해요. 그중 44.6%는 일본, 26.5%는 미국에 있지요. 그래서 우리 문화재를 가져오기 위해 노력하고 있어요. 병인양요 때 프랑스가 가져간 '외규장각 의궤'가 2011년에 장기 임대 형식으로 돌아왔어요. 최근 들어 프랑스가 식민지에서 빼앗았던 문화재를 돌려주는 데 긍정적인 입장으로 돌아서고 있다고 해요. 이 기회에 우리 문화재도 돌려달라고 요구해야 한다는 목소리가 높아지고 있어요.

똑똑한 배경지식

외규장각 의궤
조선 왕실의 중요한 행사와 의식 등을 글과 그림으로 자세하게 기록한 책이에요. 그림이 마치 사진처럼 생생하게 기록되어 있어요. 우리나라에 833종 3430책이 보관되어 있는데 프랑스 국립 도서관에 보관되어 있던 297권의 '외규장각 의궤'가 145년 만인 2011년에 우리 품으로 돌아왔어요.

알쏭달쏭 어휘 풀이

◆ **걸작**: 매우 뛰어난 예술 작품.
◆ **병인양요**: 대원군의 가톨릭 탄압으로 1866년에 프랑스 함대가 강화도를 침범한 사건.
◆ **장기 임대**: 오랫동안 물건이나 건물, 땅 등을 남에게 빌려줌.

✏️ 다음 빈칸에 알맞은 말을 쓰세요.

강대국들은 식민지였던 나라의 ☐☐☐를 빼앗아 가서 지금까지 돌려주지 않고 있다.

✏️ 이 글을 통해 알 수 있는 내용에 ○, 알 수 없는 내용에 ×표 하세요.

● 파르테논 마블스는 원래 영국에 있었던 문화재이다. ( )
● 파르테논 마블스는 영국의 외교관 엘긴이 가져가 엘긴 마블스라고도 부른다. ( )
● 식민지 때 일본과 미국에 빼앗긴 우리나라의 문화재 대부분을 돌려받지 못하고 있다. ( )

✏️ 생각해 보기

파르테논 마블스처럼 계약을 맺고 가져간 문화재는 돌려주지 않아도 될까요?

미술관 그림이 가짜라고요?

2024년 2월부터 미국 로스앤젤레스 카운티미술관에서 박수근 작가의 〈와이키키〉와 이중섭 작가의 〈기어오르는 아이들〉이 전시되고 있어요. 이 미술관은 아주 크고 유명한 곳이지만, 작가의 가족들은 전시를 그만해 달라고 했어요. 해당 작품이 박수근 작가와 이중섭 작가가 직접 그린 그림인지 확인이 안 됐기 때문이에요.

우리나라 사람들이 좋아하는 서양화가 이중섭의 〈황소〉. 1950년대 작품이다.

박수근·이중섭 가짜 그림 많아

한국미술품감정평가원에 따르면 지난 10년 동안 5130점의 작품을 감정했는데 그중에서 작가가 그리지 않은 가짜 그림이 26%나 나왔다고 해요. 그중에서 이중섭 작가 그림이 가짜가 제일 많이 나왔어요. 187점 중 108점(58%)이 가짜였거든요. 그 다음으로는 박수근 작가의 작품이 38%로 많았어요. 특히 두 화가의 그림을 흉내 낸 작품이 많은 이유는, 찾는 사람이 많기 때문이에요.

안목·과학 감정으로 확인해요

미술품 감정은 크게 안목 감정과 과학 감정으로 나뉘어요. 한국미술품감정평가원에 감정을 부탁하면 미술사 전공자와 전시 기획자, 화랑 운영자 등 10여 명의 전문가가 모여 안목 감정을 해요. 작품이 어디에서 어떤 과정을 거쳐 왔는지 자료도 참고하고, 그림의 색감이나 재료, 붓 터치 등 작가의 기법이나 분위기를 종합적으로 살펴요. 과학 감정은 대학 연구소나 국립과학수사연구원에서 이뤄져요. 특수 광선을 이용해서 작품을 덮고 있는 것이나 덧칠한 흔적이 있는지 찾아내요. 작품의 화학 원소를 분석하는 방법도 있어요. 평소 작가가 사용하던 물감이나 재료와 일치하는지 보는 거예요.

"내 자식 아냐" "틀림없는 제 그림"

하지만 작가가 감정 결과를 받아들이지 않는 경우도 있어요. 천경자 작가는 진품이라고 판정이 난 〈미인도〉를 보고 "난 결코 그 그림을 그린 적이 없다. 내가 낳은 자식을 몰라보는 부모가 어디 있느냐"며 아니라고 했어요. 반대로 이우환 작가는 가짜 그림이라고 판정 내린 〈점으로부터〉 등 13점에 대해 "작가는 보면 1분도 안 돼서 자기 것인지 아닌지 느낌이 온다"며 "틀림없는 내 그림"이라고 주장했어요.

똑똑한 배경지식

박수근(1914-1965)
어렵고 힘든 시절을 살다 간 대표적인 서민 화가예요. 화강암과 같은 질감을 살려 단순한 검은 선의 기법으로 가난하고 소박한 서민들의 생활상을 화폭에 담았어요. 대표작으로는 〈절구질하는 여인〉, 〈빨래터〉, 〈귀가〉, 〈고목과 여인〉 등이 있어요.

알쏭달쏭 어휘 풀이

- **감정**: 전문가가 좋고 나쁨, 진짜와 가짜를 분별하여 판정함.
- **안목**: 사물을 보고 가치를 판단하거나 구별하는 능력.
- **판정**: 옳고 그름이나 좋고 나쁨을 구별하여 결정함.

✏️ 다음 빈칸에 알맞은 말을 쓰세요.

그림이 진짜인지 가짜인지 ☐☐ 감정과 과학 감정을 통해 판단한다.

✏️ 이 글을 통해 알 수 있는 내용에 ○, 알 수 없는 내용에 ×표 하세요.

- 이중섭 작가와 박수근 작가의 그림은 가짜가 많다. ( )
- 작품 감정은 안목 감정과 과학 감정으로 이루어진다. ( )
- 감정 결과는 완벽하기 때문에 논란의 여지가 없다. ( )

✏️ 생각해 보기

유명한 작품들은 왜 가짜 그림이 많을까요?

....

....

우리나라에서 가장 비싼 그림은?

2019년 11월에 홍콩에서 경매 시장이 열렸어요. 유명한 미술 작품을 사고파는 곳이지요. 이곳에서 우리나라 김환기 작가의 작품 〈Universe 5-Ⅳ-71 #200〉, 일명 '우주(Universe)'가 8800만 홍콩 달러(131억 8750만 원)에 팔렸어요. 우리나라 미술 작품 중에서 처음으로 100억 원을 넘은 거예요.

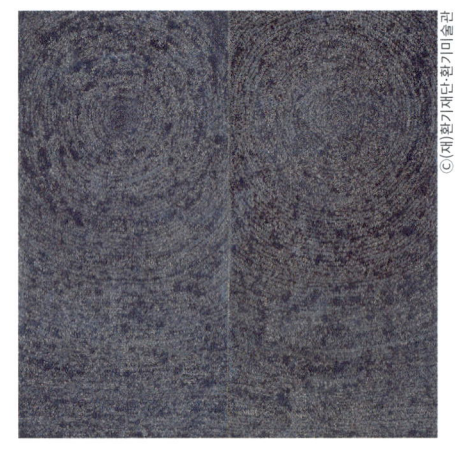

김환기의 작품 〈Universe 5-Ⅳ-71 #200〉

김환기 작가의 비싼 그림들

요즘 우리나라 미술 시장에서는 김환기 작가가 제일 유명해요. 2015년 10월에 〈19-Ⅶ-71 #209〉가 47억 2100만 원에 팔린 뒤부터 계속 신기록을 이어가고 있거든요. 어떤 작품은 팔린 지 1년 6개월 만에 46억 원 넘게 가격이 오르기도 했어요. 우리나라 미술 경매에서 제일 비싸게 팔린 작품 1~10위 중에서 9점이 모두 김환기 작가의 그림이에요.

푸른 점으로 채운 '우주'

'우주'는 김환기 작품 중에서도 특별한 그림이에요. 가장 크기도 하고, 두 폭으로 된 하나뿐인 그림이거든요. 김환기의 작품 제목도 독특한데, 이는 그림을 그리기 시작하거나 완성한 날짜와 그림의 순서를 의미해요. 〈Universe 05-Ⅳ-71 #200〉은 1971년 4월 5일에 그리기 시작했거나 완성한 200번째 작품이란 의미예요.

'우주'처럼 김환기 작가의 인기 있는 작품은 대부분 1970년대 초반 미국에서 그린 거예요. 그는 10여 년간 뉴욕에 머물면서 점·선·면으로 된 그림을 그렸어요. 특히 푸른색의 점을 전체에 그려 넣은 작품들이 유명해요. 푸른색은 고향인 전남 신안의 푸른 바다 빛깔을 담은 것이라고 해요.

사고 싶은 사람이 많으면 비싸져요

예술 작품은 그 수가 많지 않기 때문에 사고 싶어 하는 사람이 많아질수록 비싸져요. 경매 시장에서 더 높은 가격을 부른 사람이 살 수 있어요. 작가가 유명할수록, 작품이 적을수록 더 비싸지지요.

똑똑한 배경지식

경매
물건을 사려는 사람이 많은 때, 가장 비싼 값을 말한 사람에게 물건을 파는 것을 말해요. 특히 예술 작품처럼 가격을 정확하게 정하기 어려울 때 많이 사용돼요.

알쏭달쏭 어휘 풀이

- **일명**: 본명 이외에 따로 부르는 이름.
- **신기록**: 이전의 기록보다 뛰어난 새로운 기록.
- **폭**: 그림이나 족자를 세는 단위.

✏️ 다음 빈칸에 알맞은 말을 쓰세요.

☐☐☐ 작가의 작품 '우주'는 우리나라 작가 미술 작품 중 가장 비싼 그림이다.

✏️ 이 글을 통해 알 수 있는 내용에 ○, 알 수 없는 내용에 ×표 하세요.

- 김환기 작가의 '우주'는 한 폭으로 이루어진 대형 추상화이다. ( )
- 우리나라 그림 중 가장 비싸게 팔리는 작품은 대부분 김환기 작가의 그림이다. ( )
- 작품 '우주'의 푸른색은 우주의 푸른 빛을 표현한 것이다. ( )

✏️ 생각해 보기

김환기 작가의 작품의 특징은 무엇일까요?

박물관 관람객이 갑자기 늘어난 이유

2023년 한 해 동안 국립중앙박물관을 비롯한 13개 국립박물관을 찾은 관람객은 1047만 1154명이나 돼요. 1945년에 문을 연 이후 제일 많은 숫자를 기록했지요. 그 중 국립중앙박물관은 1년 동안 418만 명이 찾아, 세계에서 가장 많이 찾은 박물관·미술관 6위에 올랐어요. 우리나라 박물관에 관람객이 왜 이렇게 많아졌을까요?

〈정선 필 인왕제색도〉. 이건희 소장품이었으나 사망 후 국립중앙박물관에 기증되었다.

박물관 관람객 1000만 넘어서

한 해 1000만 명이 넘는 관람객이 국립박물관을 찾게 된 데는 '이건희 컬렉션'의 영향이 커요. 2021년 4월 이건희(1942~2020) 삼성그룹 회장이 세상을 떠나자 삼성그룹은 그가 수집해 온 미술 소장품 2만 3000여 점을 기증했어요. 기증 작품을 볼 수 있는 전시가 잇따라 열리면서 평소 미술관을 찾지 않은 사람들의 발길을 이어지게 한 거예요. 기증 작품 중 2만 1600여 점이 국립중앙박물관으로 갔는데, 여기에는 〈정선 필 인왕제색도〉 등 국보 14건, 보물 46건 등 국가지정문화재 60건이 포함되어 있어요.

이건희 컬렉션 중 1488점을 기증받은 국립현대미술관도 이 작품들을 전시하면서 몇 년간 흥행을 이어가고 있어요. 이건희 회장의 기증 덕분에 다른 작품의 기증도 늘었어요. 2016~2020년 국립현대미술관에 연간 기증된 작품은 100점이 안 됐지만, 2021년에는 이건희 컬렉션을 제외하고도 553점이나 돼요. 그동안 기증된 작품은 전체 소장품 1만 1560점 중 55.6%로 절반이 넘지요.

막대한 상속세 때문에 기증하게 돼

삼성그룹이 이렇게 많은 미술품을 기증한 이유는 이건희 회장이 세상을 떠난 후에 발생한 엄청난 상속세 때문이에요. 이건희 컬렉션은 감정가만 2조 원이 넘어요. 이건희 유족의 상속세는 총 12조 원으로, 5년에 걸쳐 나누어 내고 있어요. 상속세가 워낙 많기 때문에 미술품은 상속받지 않고 기증하기로 한 것이지요. 이를 계기로 2023년부터 상속세 일부를 미술품으로 낼 수 있는 물납제가 생겨났답니다.

똑똑한 배경지식

이건희(1942~2020)

이병철(1910~1987) 회장이 1938년 세운 삼성그룹을 물려받아 1987년 제2대 회장에 올랐어요. 이후 2014년까지 삼성을 세계적인 기업으로 키워 냈어요. 삼성그룹은 전자, 중공업, 건설, 금융, 바이오 등 여러 분야에 걸쳐 사업을 하고 있어요.

알쏭달쏭 어휘 풀이

- **컬렉션**: 미술품 또는 우표·화폐·서적 등의 물품을 수집해 모은 것.
- **감정가**: 미술품, 골동품, 역사 자료, 보석, 등에 대하여 매기는 가격.
- **상속세**: 상속 등에 의해 얻게 된 재산에 대한 세금.
- **물납제**: 세금을 물품으로 내는 제도.

✏️ **다음 빈칸에 알맞은 말을 쓰세요.**

상속세를 낼 때 현금 대신에 미술품을 내는 미술품 ☐☐☐ 가 생겨났다.

✏️ **이 글을 통해 알 수 있는 내용에 ○, 알 수 없는 내용에 ×표 하세요.**

- 삼성그룹은 이건희 회장이 세상을 떠나면서 2만 점이 넘는 미술 소장품을 기증했다. ( )
- 이건희 회장의 컬렉션에는 국보나 보물이 다수 포함되어 있다. ( )
- 미술품 물납제를 활용하는 나라는 우리나라가 유일하다. ( )

✏️ **생각해 보기**

미술품을 상속세 대신 받게 되면 어떤 점이 좋을까요?

월드클래스, 손흥민!

우리나라 축구 선수 중에서 해외에서 활약하고 있는 선수들이 많아요. 그중에 손흥민 선수는 영국에서 프리미어리그의 토트넘 홋스퍼 팀에서 뛰고 있어요. 그런데 손흥민 선수와 인터뷰를 하면 기자들이 꼭 '손흥민은 월드클래스인가?'라고 질문을 해요. 월드클래스란 세계적인 수준에 이른 사람을 말하지요. 이에 손흥민 선수는 "논쟁이 있다는 것 자체로 아직은 월드클래스가 아니라고 생각한다"고 대답했어요.

경기가 열린 영국 토트넘 홋스퍼 경기장.

안팎으로 최고의 프로 축구선수!

손흥민의 해외 진출은 2010년 독일 프로 축구 분데스리가의 함부르크 SV 팀이 처음이었어요. 국제축구연맹(FIFA)은 그해 손흥민 선수를 '세계 10대 유망주 23인' 중 하나로 꼽았지요. 2013년에는 같은 분데스리가의 바이엘 04 레버쿠젠 팀으로 옮겼다가 2015년에 영국으로 넘어왔지요. 프리미어리그의 토트넘 홋스퍼 팀으로 아시아 선수로서 최고 이적료를 받고 들어갔어요. 그 뒤 손흥민 선수는 새로운 기록을 계속 만들어 나가고 있고, 이번 시즌에서 유럽 출신이 아닌 선수로는 처음 주장이 됐어요.

손흥민 선수는 우리나라 대표팀에서도 최고의 선수로 꼽혀요. 2010년부터 지금까지(2024년 7월 기준) 127경기에 나가고 48골을 넣었어요. 월드컵에는 3차례나 나갔고, 2022 카타르 월드컵에서는 우리나라가 16강까지 가는 데 큰 힘이 되었지요.

경제적 가치도 높아요

손흥민 선수의 가치는 경제적으로도 어마어마해요. 현대경제연구원은 2022년에 손흥민 선수가 수출에 도움을 준 규모가 약 2700억 원이라고 예상했어요. 자동차를 9800대 수출한 것과 맞먹는 금액이지요. 이 정도면 '손흥민은 월드클래스인가?'라고 묻는 것은, 다시 한번 손흥민 선수가 우리나라의 자랑인 것을 확인시켜 주는 질문인 것이 확실해요.

차세대 스포츠 영웅은?

어려움을 극복하는 스포츠 선수의 모습은 큰 감동을 줘요. 한국을 세계에 알리는 데도 기여하죠. 이러한 '스포츠 영웅'으로는 미국 여자 프로골프에서 활약했던 박세리, 한국인 최초 미국 프로야구 메이저리거 박찬호, 세계 피겨 스케이팅 정상에 오른 김연아 등이 떠올라요. 요즘 해외에서 활동하는 선수들이 앞으로 어떤 활약을 보여줄지 기대돼요.

똑똑한 배경지식

손흥민(1992~)
영국의 프리미어리그 토트넘 홋스퍼 팀에서 활약하고 있는 축구선수예요. 2019년에 한국인으로서 유럽에서 골을 제일 많이 넣었어요. 2020년에는 아시아 최초로 100득점을 기록하고, 2022년에는 23골을 넣어 득점왕이 되었어요.

알쏭달쏭 어휘 풀이

- **프리미어리그**: 영국의 프로 축구 리그.
- **이적료**: 계약 기간이 남아 있는 운동선수를 데려오는 대가로 그 선수가 있던 팀에 내는 돈.
- **역대**: 그동안.

✏️ 다음 빈칸에 알맞은 말을 쓰세요.

손흥민 선수가 경제에 도움을 준 규모는 자동차를 9800대 ☐☐한 것과 맞먹는 금액이다.

✏️ 이 글을 통해 알 수 있는 내용에 ○, 알 수 없는 내용에 ×표 하세요.

- 손흥민 선수는 자신이 월드클래스임을 인정하였다. ( )
- 손흥민 선수는 한국인 최초로 프리미어리그 토트넘 홋스퍼의 주장이 되었다. ( )
- 손흥민 선수는 경제적 가치가 매우 높다. ( )

✏️ 생각해 보기

손흥민 선수가 전 세계적으로 주목받는 이유는 무엇일까요?

AI가 심판을 봐요?

2024년 4월 26일 프로야구 황재균 선수가 경기 중에 헬멧을 내동댕이쳤어요. 볼인 줄 알고 공을 치지 않았는데 스트라이크 판정이 났거든요. 주심은 격한 행동을 한 황재균 선수에게 즉시 퇴장 명령을 내렸어요. 그는 자동 투구 판정 시스템에 항의해 퇴장당한 1호 선수가 됐지요.

우리나라는 전 세계 최초로 AI 자동 투구 판정 시스템을 도입했다.

우리나라에서 처음 도입했어요

한국야구위원회(KBO)는 2023년 10월 "팬들에게 공정하고 박진감 넘치는 경기를 선보이기 위해 자동 투구 판정 시스템을 도입한다"고 발표했어요. 자동 투구 판정 시스템(ABS)은 전 세계 중 우리나라에서 처음으로 도입한 거예요. 이것은 인공지능(AI)과 카메라를 이용해 선수가 던진 공의 위치를 찾아 스트라이크와 볼을 판정해 주는 시스템이에요.

사람보다 정확해요

프로야구에서 판정이 잘못되는 일은 오래전부터 가지고 있던 문제였어요. 볼을 스트라이크로, 스트라이크를 볼로 판정한 경우가 적지 않았던 거예요. 원래 스트라이크가 되는 범위는 선수가 선 자세에 따라 조금씩 변화하는 3차원의 사각형 공간인데 사람의 눈으로는 모서리에 스치는 공까지 완벽하게 살피기는 어렵거든요. 그런데 자동 투구 판정 시스템은 거의 정확하게 판정하는 것으로 나타났어요.

AI 심판의 활약

테니스에는 매의 눈이라는 뜻의 '호크아이'가 쓰이고 있어요. 수십 대의 카메라가 공이 움직이는 것을 따라가면서 라인에 들어왔는지 나갔는지를 판단해요. 호크아이가 잘

못 판정하는 범위는 단 3mm로, 사람이 보는 심판에 비해 훨씬 적지요. 축구에는 비디오 보조 심판(VAR)이 있어요. 2018년 러시아 월드컵에서 처음 쓰였어요. 점수가 날 상황에서 파울, 골라인, 오프사이드 등을 살펴요. 이렇듯 AI 심판을 도입하는 운동 종목은 점점 다양해지고 있지만 아직까지도 찬성하는 사람과 반대하는 사람들 사이에서 논란이 계속되고 있어요.

똑똑한 배경지식

AI 심판
공정한 스포츠 경기의 진행을 위해서 경기의 규칙을 명확하게 판단하는 심판이 필요해요. 최근에는 AI의 정확성을 이용한 영상 보조 심판들이 늘고 있어요. 야구나 축구, 테니스나 체조 등 다양한 분야에서 비디오 판독 등을 통해 심판의 일을 돕고 있지요.

알쏭달쏭 어휘 풀이

◆ **판정**: 옳고 그름이나 좋고 나쁨을 구별하여 결정함.
◆ **주심**: 심판을 보는 사람 중에 중심이 되는 사람.
◆ **승부**: 이기고 짐.

✏️ 다음 빈칸에 알맞은 말을 쓰세요.

우리나라 프로야구에 자동 투구 ☐☐ 시스템을 도입하여 판정이 더 정확해졌다.

✏️ 이 글을 통해 알 수 있는 내용에 ○, 알 수 없는 내용에 ×표 하세요.

- 우리나라의 자동 투구 판정 시스템은 오류가 많아 어려움을 겪고 있다. ( )
- 우리나라의 프로야구 선수와 팬들은 모두 자동 투구 판정을 선호하고 있다. ( )
- AI 심판은 이미 다양한 운동 경기에서 활약하고 있다. ( )

✏️ 생각해 보기

친구들과 경기할 때 AI 심판이 있다면 어떨까요?

아시안게임으로 간 e스포츠!

2023년 12월 영국 신문 〈더타임즈〉가 '스포츠계 파워 10인'을 발표했어요. 그곳에 세계의 유명한 스포츠 스타들 사이에 우리나라 선수가 실렸어요. 바로 게임 대회인 '리그오브레전드 2023 월드챔피언십'에서 소속 팀을 우승으로 이끈 '페이커' 이상혁 선수예요. 〈더타임즈〉는 이상혁 선수를 'e스포츠 최고의 게이머'라고 소개했어요.

해외에서 열린 e스포츠 이벤트. 관객들의 열기가 뜨겁다.

월드챔피언십, 한국팀 8회 우승

월드챔피언십은 온라인 PC게임인 리그오브레전드(League of Legend)를 겨루는 e스포츠 대회예요. 5명이 한 팀을 이뤄 상대 팀과 겨루는 게임이지요. 우리나라에서는 게임 이름의 앞글자인 'LoL'을 따고 축구 월드컵에 빗대어 '롤드컵'이라는 별명으로도 불러요. 우리나라 팀은 12번의 대회에서 8번이나 우승했어요.

e스포츠, 항저우 아시안 게임에서 채택

2023년 항저우 아시안게임에서 e스포츠를 만날 수 있었어요. e스포츠를 정식 종목으로 채택한 거예요. 리그오브레전드·FC온라인·스트리트파이터V 등 6가지 종목에서 각 나라 대표팀이 경쟁했고, 우리나라는 중국에 이어 2번째로 좋은 성적을 거뒀지요. 금메달을 딴 이상혁 선수는 기자 회견에서 "예전에는 몸을 움직여서 활동하는 게 스포츠"였지만, "경기와 경기를 준비하는 과정, 경쟁하는 모습이 영감을 일으키는 것은 스포츠로서 가장 중요한 의미라고 생각한다"고 했어요. 2026 아시안게임에서도 e스포츠는 정식 종목으로 치러져요.

스포츠인가 아닌가

2018년 12월 국제올림픽위원회(IOC)는 회의 끝에 e스포츠를 "정식 종목으로 채택하는 것은 이르다"라고 결론 냈어요. "지나치게 상업적이고 올림픽의 가치와 맞지 않다"는 이유였어요. 그러면서도 e스포츠의 인기를 무시할 수 없다고 했어요. 그런 고민의 영향인지 IOC는 2023년 6월 '올림픽 e스포츠 시리즈 2023'을 열어 양궁·야구·태권도 같은 게임을 했어요. 이렇듯 스포츠에 대한 사람들의 생각이 바뀌고 있어서 앞으로 더 많은 종합대회에서 게임을 볼 수 있을 거예요.

똑똑한 배경지식

e스포츠
컴퓨터를 이용하여 온라인상에서 게임을 통해 승부를 겨루는 경기를 말해요. 오늘날 e스포츠는 다양한 종류의 게임이 종목으로 자리잡고 있으며, 전 세계적으로 인기를 얻고 있어요.

알쏭달쏭 어휘 풀이

- **정식**: 절차를 갖춘 격식이나 의식.
- **채택하다**: 여러 가지 중에서 골라서 쓰다.
- **상업적**: 경제 활동을 통하여 이익을 얻는.

✏️ 다음 빈칸에 알맞은 말을 쓰세요.

사람들이 ☐☐☐☐를 점차 정식 스포츠로 인정해 가고 있다.

✏️ 이 글을 통해 알 수 있는 내용에 ○, 알 수 없는 내용에 ×표 하세요.

- 우리나라 e스포츠 선수들이 세계적으로 유명해지고 있다. ( )
- 월드챔피언십은 다양한 온라인 게임을 겨루는 종합 e스포츠 대회다. ( )
- 아시안게임은 이미 e스포츠의 게임을 정식 스포츠 종목으로 인정하고 있다. ( )

✏️ 생각해 보기

게임과 기존의 스포츠는 어떤 면이 같고, 어떤 면이 다른가요?

금메달 따면 군대 안 가도 돼요?

지난 7월 30일 2024 파리 올림픽 탁구 혼합 복식에서 임종훈·신유빈 선수가 동메달을 차지했어요. 탁구에서 오랜만에 메달을 안겨 준 두 선수가 화제가 됐지요. 특히 임종훈 선수는 20일 뒤 국군체육부대에 입대할 예정이었는데 체육요원으로 대체할 수 있게 됐어요.

우리나라는 징병제를 택하고 있어 남성은 병역의 의무를 지닌다.

체육요원으로 대체할 수 있어요

운동선수의 평균 연령은 25세 정도예요. 그런데 우리나라의 남성은 병역의 의무가 있지요. 한창 운동에 집중해야 할 나이에 군대에 가서 더 이상 선수로서 활동을 못 하는 경우가 많아요. 우리나라 남성 선수 1만 7418명을 살펴본 결과 병역 의무자 중 93.3%가 현역으로 입대하고, 이 중에서 12.5%만 선수 생활을 이어갔다는 연구 결과도 있어요.

이런 점을 고려해서 1973년에 체육요원 제도가 생겼어요. 군대에 가야 하는 선수가 올림픽에서 메달을 따면 체육요원으로 대체할 수 있어요. 국민의 행복과 자긍심 고취에 기여한 공로를 인정받아 군대에 가는 대신 체육요원이 되는 거예요. 체육요원이 되면 소속된 대학이나 실업 체육 팀에서 계속 선수 활동을 할 수 있어요.

제도가 생길 무렵에는 올림픽·아시안게임·세계선수권·아시아선수권·유니버시아드 등에서 3위 안에 들면 체육요원이 될 수 있었어요. 하지만 1990년부터 올림픽은 3위 이상, 아시안게임은 1위 이상으로 바뀌고 다른 대회들은 빠졌어요. 우리나라 체육 수준이 높아지면서 기준도 까다로워진 거예요.

대중문화예술은 예술요원 불가능?

체육요원처럼 예술계 분야에도 예술요원이 있어요. 그런데 클래식이나 국악, 무용처럼 순수예술 분야만 해당돼요. 그래서 2018년 방탄소년단(BTS)이 미국 빌보드 차트 1위에 오르고 K팝 아이돌 그룹이 선전하면서 대중문화예술도 포함시켜야 한다는 목소리가 나오고 있어요. BTS 병역특례법이 발의되고 국회에서도 논의했지만 멤버 7명 모두 입대했지요.

아예 관련 제도를 폐지해야 한다는 주장도 나오고 있어요. 예술체육요원 제도가 생겼을 때보다 지금은 병역 가능 인원도 많이 부족하고 시대도 달라졌기 때문이에요.

똑똑한 배경지식

예술체육요원 제도
예술·체육 분야에서 특기를 가진 사람이 군 복무 대신 4주간의 기초 군사훈련, 34개월간 544시간의 특기 활동 봉사를 하게 해주는 제도를 말해요. 복무 기간에도 계속 예술활동이나 운동을 할 수 있는 점이 큰 혜택이지요.

알쏭달쏭 어휘 풀이

◆ **현역**: 징집이나 지원으로 군에 입대한 사람.
◆ **병역의 의무**: 군에 입대해야 할 의무. 국민의 4대 의무 가운데 하나이다.
◆ **특례법**: 일반적이지 않고 특수하고 예외적인 법.

✏️ 다음 빈칸에 알맞은 말을 쓰세요.

☐☐☐☐☐☐ 이 되면 병역 혜택을 받게 된다.

✏️ 이 글을 통해 알 수 있는 내용에 ○, 알 수 없는 내용에 ×표 하세요.

- 체육요원은 현역으로 입대하지 않고 선수 생활을 계속할 수 있다. ( )
- 체육요원 제도가 도입됐을 때와 현재의 기준은 동일하다. ( )
- 예술요원에는 순수예술 분야만 해당된다. ( )

✏️ 생각해 보기

병역 특혜는 늘리는 것이 좋을까요, 줄이는 것이 좋을까요?

전 세계 사람들이 가장 많이 믿는 종교는?

세계는 넓고 많은 사람들이 다양한 문화를 이루어 살고 있어요. 그만큼 사람들이 믿는 종교도 다양하지요. 무려 세계 인구의 84%가 종교를 믿고 있어요. 그렇다면 우리나라 사람들은 어떨까요? 우리나라는 법으로 정한 국교가 없고 개개인이 종교를 마음대로 선택할 수 있기 때문에 다양한 종교가 있어요. 그런데 특이하게도 종교의 자유가 있는 우리나라 사람 중에는 종교가 없는 사람이 절반이 넘어요.

사우디아라비아 메카에 위치한 세계 최대 이슬람 성지인 마스지드 알하람을 가득 채운 이슬람 교도들.

'무교'가 가장 많은 한국

여론 조사 기관 한국리서치가 2023년 1~11월 22차례 조사한 결과, 우리나라 사람이 가장 많은 사람이 믿는 종교는 개신교(20%)예요. 불교는 17%, 천주교는 11%로 뒤를 이었죠. 이슬람교·힌두교·원불교 등 기타 종교를 믿는 사람이 2%로 조사됐어요. 그리고 종교가 없다고 대답한 사람이 51%나 됐어요. 종교를 믿는 사람이 다른 나라보다 훨씬 적은 거예요. 우리나라에서 특별히 종교를 믿지 않는 사람이 많은 이유는 오래전부터 유교 문화가 뿌리 깊게 자리 잡고 있기 때문이라고 해요.

전 세계적으로 가장 많이 믿는 종교는?

세계 4대 종교라고 한다면 기독교·이슬람교·힌두교·불교를 꼽을 수 있어요. 세계에서 가장 많은 사람이 믿는 종교는 기독교로 24억 명이나 되지요. 전 세계 인구의 31% 정도가 기독교를 믿고 있고, 기독교인은 전 세계적으로 널리 퍼져 있어요. 2위는 이슬람교예요. 이슬람교를 믿는 사람은 19억여 명이고 세계 인구의 25% 정도를 차지하지요. 중동·북아프리카·동남아시아에 주로 퍼져 있어요. 3위는 힌두교로, 힌두교를 믿는 사람은 11억여 명이에요. 힌두교는 인도 신화와 브라만교를 바탕으로 했기 때문에, 자연스럽게 인도에 힌두교를 믿는 사람이 가장 많이 살고 있지요. 4위인 불교를 믿는 사람은 전 세계 5억여 명이에요. 미얀마, 스리랑카, 캄보디아 등은 불교를 국가의 종교로 삼고 있지요. 이 밖에 종교가 없는 사람도 약 12억 명에 달해요.

똑똑한 배경지식

종교
신이나 절대적인 힘을 통해서 고민을 해결하고 삶의 목적을 찾는 문화를 말해요. 종교가 생활 습관이나 제도에 영향을 미치기도 하지요. 기독교, 천주교, 불교, 유교, 이슬람교, 힌두교 등이 있어요.

알쏭달쏭 어휘 풀이

- **국교**: 국가에서 법으로 정해 온 국민이 믿도록 하는 종교.
- **유교**: 옛날 중국 공자의 가르침을 배우는 학문.
- **유교 문화**: 부모에 대한 존경, 형제 간의 화목, 조상 숭배 등을 강조하는 문화.
- **브라만교**: 불교에 앞서 고대 인도에서 경전인 베다의 신앙을 중심으로 발달한 종교.

✏️ 다음 빈칸에 알맞은 말을 쓰세요.

우리나라는 다른 나라에 비해 ☐☐를 믿지 않는 사람이 많다.

✏️ 이 글을 통해 알 수 있는 내용에 ○, 알 수 없는 내용에 ×표 하세요.

- 우리나라에는 종교를 믿는 사람보다 종교가 없는 사람이 더 많다. ( )
- 세계적으로 가장 많이 믿는 종교는 불교이다. ( )
- 우리나라는 나라 국교는 유교이다. ( )

✏️ 생각해 보기

국가에서 지정한 종교가 있다면 무엇이 달라질까요?

Section 06

환경

환경 기사 읽을 때 필수 어휘 15

기후

기온, 비, 눈, 바람과 같은 기상 상태. 또는 일정한 지역에서 여러 해에 걸쳐 나타나는 평균적인 날씨.

예문 최근 세계 곳곳의 **기후** 변화가 심각해지고 있습니다.

생태계

어느 지역이나 환경에서 여러 생물들이 서로 어우러진 자연의 세계.

비슷한 말 생물계

예문 사람들이 도시를 개발하면서 **생태계**가 파괴되었습니다.

재생 에너지

계속 써도 줄어들지 않고 쓸 수 있는 에너지. 태양열·수력·풍력같이 자연에 있는 에너지.

예문 친환경적인 **재생 에너지**를 더욱 개발하고 보급해 나갑시다.

그린피스

핵무기 반대와 환경 보호 운동을 하는 국제적인 환경 보호 단체.

예문 **그린피스**에서 고래를 보호하기 위한 운동을 벌였습니다.

미세 먼지

눈에 보이지 않을 만큼 작은 먼지로, 사람의 건강을 해침.

예문 **미세 먼지**가 많은 날에는 마스크를 쓰는 것이 좋아요.

온실가스

지구 대기를 오염시켜 지구의 기온을 높이는 가스를 모두 이르는 말. 이산화탄소와 메탄 등의 가스.

예문 기업의 **온실가스** 배출량을 줄이기 위한 정책을 세워야 합니다.

재해

지진·태풍·홍수·가뭄·해일·화재·전염병 등으로 인한 피해.

비슷한 말 재난, 재앙

예문 자연으로 인한 **재해**는 사람의 힘으로 막기 어렵습니다.

재활용

쓰고 버리는 물건을 다른 데에 다시 사용하거나 사용할 수 있게 함.

비슷한 말 리사이클링

예문 패션계에서 플라스틱을 **재활용**한 상품이 인기를 끌고 있어요.

지구 온난화

지구의 기온이 높아지는 현상. 이산화탄소 같은 기체가 지구를 둘러싸서 대기의 열이 우주 공간으로 나가지 못하여 지구의 평균 기온이 올라감.

비슷한 말 온난화

예문 **지구 온난화**로 인해 빙하가 녹아 해수면이 상승합니다.

친환경

자연환경을 오염시키지 않고 그대로의 환경과 잘 어울리는 일.

비슷한 말 환경 친화

예문 환경을 생각하는 사람들이 많아지면서 **친환경** 제품이 늘어났어요.

탄소 중립

배출한 이산화탄소만큼 이산화탄소를 흡수하는 대책을 세워 실질적인 배출량을 0으로 만드는 것.

예문 우리나라는 2050년을 목표로 **탄소 중립**을 이루기 위해 노력하고 있습니다.

제초제

잡초를 없애는 농약. 잡초가 더 이상 약에 없어지지 않거나 약이 토양에 남게 되는 등의 환경 문제를 일으킴.

비슷한 말 살초제

예문 친환경 농산물은 **제초제**를 사용하지 않고 유기농으로 키운 농작물을 말해요.

지속 가능한 발전

미래 세대의 환경을 생각하면서, 우리 세대의 생활도 함께 발전시킬 수 있는 개발.

비슷한 말 지속 가능한 성장, 지속 가능한 개발

예문 **지속 가능한 발전**을 하려면 환경을 지키는 에너지를 사용해야 합니다.

탄소 발자국

사람이 활동하거나 상품을 생산하고 소비하는 과정에서 발생하는 이산화탄소의 양.

예문 **탄소 발자국**을 줄이기 위해서는 우리 모두의 실천이 중요해요.

환경오염

자원 개발로 인해 물·흙·공기 등의 자연환경이나 생활 환경이 더러워지는 일.

비슷한 말 환경 문제

예문 바다에 그물이 버려져서 **환경오염**이 심각해졌어요.

'쥐둘기'가 된 비둘기

학교를 오갈 때나 공원을 산책할 때도 어김없이 만나게 되는 동물이 있어요. 바로 비둘기예요. 요즘 비둘기는 사람을 겁내지 않고 느긋하게 걸어 다녀요. 쥐처럼 배설물과 깃털로 각종 세균을 옮기기 때문에 오히려 사람이 비둘기를 꺼리게 되었어요. 그래서 '쥐둘기'라는 별명까지 생겼지요.

먹이를 먹기 위해 모여든 비둘기 떼.

88 올림픽 때 자리잡은 비둘기

우리가 흔히 보는 비둘기는 1960년대 수입되었어요. 서양에서는 비둘기를 평화의 상징으로 여기고, 올림픽 개막식에서 날리는 전통이 있었어요. 우리도 1988년 서울 올림픽에서 비둘기 2400마리를 날려보냈어요. 그에 앞서 1971년 서울 지하철 착공식 때는 1000마리를 날리기도 했어요. 이렇게 날린 집비둘기들은 금세 도심 곳곳에 자리를 잡았지요. 비둘기가 늘자 배설물 때문에 건물과 문화재가 상하는 일도 많아졌어요. 결국 2009년 환경부는 집비둘기를 유해 야생 동물로 정했어요.

비둘기에게 먹이 주면 과태료!

나라에서는 비둘기에게 먹이를 주지 말라고 사람들에게 알리고, 건물 처마에 날카로운 침이나 그물을 설치해 모여들지 못하게 하고 있어요. 동상이나 문화재에는 조류 기피제를 뿌리기도 해요. 이제 금지한 장소에서 유해 야생 동물에게 먹이를 주면 과태료를 물 수도 있어요.

먹이 주기 금지는 너무해

먹이 주기를 금지하는 것은 동물 복지에 어긋난다는 시각도 있어요. 당장 먹을 게 없으면 비둘기들이 쓰레기 봉지를 헤집어 놓는 일처럼 부작용도 생길 수 있고요. 동물 단체들은 그 대신 '임신을 막는 먹이'를 주자고 해요. 스페인과 미국에서 이 먹이를 통해 비둘기 수를 줄이는 데 성공했거든요. 하지만 나라에서는 이것을 반대하고 있어요. 이 먹이를 비둘기뿐 아니라 다른 동물들이 먹을 경우 또 다른 피해가 생길 수 있고, 먹이 비용도 많이 들기 때문이에요.

똑똑한 배경지식

유해 야생 동물
사람의 생명이나 재산에 피해를 주는 야생 동물을 말해요. 주택가에 출몰해 사람에게 피해를 줄 수 있는 멧돼지와 맹수류, 전신주에 둥지를 짓는 까치 등도 유해 야생 동물로 지정되어 있어요.

알쏭달쏭 어휘 풀이

- **착공식**: 토목이나 건축 공사를 시작할 때 하는 의식.
- **도심**: 도시의 중심부.
- **기피제**: 곤충이나 작은 동물을 쫓기 위해 쓰는 약.

✏️ 다음 빈칸에 알맞은 말을 쓰세요.

비둘기는 그 수가 많아지면서 생활에 피해가 많아지자 ☐☐ 야생 동물로 지정되었다.

✏️ 이 글을 통해 알 수 있는 내용에 ○, 알 수 없는 내용에 ×표 하세요.

- 우리나라 비둘기는 외국에서 들여온 종이다. ( )
- 비둘기를 유해 야생 동물로 지정한 뒤부터 그 수가 줄어들고 있다. ( )
- 우리나라에서는 비둘기 수를 줄이기 위해 임신을 막는 먹이를 주고 있다. ( )

✏️ 생각해 보기

우리나라에 비둘기가 늘어난 이유가 무엇일까요?

꿀벌이 사라지고 있어요!

프랑스 파리 노트르담 성당과 우리나라 서울 국회도서관에는 같은 생물의 집이 있어요. 바로 꿀벌이에요. 프랑스는 생물다양성 프로젝트 중의 하나로, 우리나라는 꿀벌의 줄어드는 현상에 대한 관심을 높이기 위해 건물 옥상에 벌집을 들였어요. 왜 도심 한가운데 꿀벌을 키우게 됐을까요?

딸기 꽃에서 꽃가루를 채취하는 꿀벌.

먹이가 부족하고 천적이 늘었어요

세계 곳곳에서 꿀벌이 사라지고 있어요. 우리나라도 2021년에서 2022년으로 이어지는 겨울에 꿀벌 약 80억 마리가 죽었어요. 꿀벌은 다양한 이유로 사라져요. 2021~2022년 꿀벌이 죽게 된 가장 큰 원인은 응애라는 해충의 증가예요. 응애가 붙은 일벌은 잘 날지 못하고 벌집으로 다시 돌아오지 못하기도 해요. 응애를 줄이려고 약을 뿌렸지만, 이제 약도 잘 안 듣게 되었죠. 한편 꿀벌의 먹이가 부족해지고 있고, 먹이에 뿌려진 제초제나 살충제의 독성 때문에 꿀벌의 면역력도 약해졌어요. 기후 변화도 한몫하고 있어요. 더위가 심해졌는데 꿀벌의 천적인 말벌은 더위에 강하거든요. 예전보다 겨울 기온이 올라서 일벌이 겨울잠에 안 들고 꿀을 찾으러 돌아다니다 얼어 죽기도 해요.

꿀벌이 사라지면 우리 식탁도 바뀌어

유엔식량농업기구(FAO)는 전 세계 식량의 90%를 차지하는 농작물 100가지 중 71가지를 키우는 데 꿀벌이 필요하다고 해요. 대부분 식물은 꿀벌이 꽃가루를 옮겨 주어야 열매가 맺히거든요. 꿀벌이 사라진다면 먹거리가 줄어들 거예요. 동물이 식량을 구하기 힘들어지고, 먹고 싶은 음식을 못 먹는 사람도 많아질 수 있지요. 이렇게 식물의 종류가 줄어들면 사람이나 동물도 영향을 받게 돼요. 생태계 전체가 흔들리게 되지요.

꿀벌 늘리기 노력 통할까

국제연합(UN)은 5월 20일을 '세계 벌의 날'로 정했어요. 많은 나라가 꿀벌을 늘리려고 노력하고 있어요. 꿀벌의 먹이가 되는 식물을 계속 심고, 꿀벌에게 특히 위험한 살충제는 금지했지요. 하지만 꿀벌이 죽는 원인들은 복잡하게 얽혀 있어 해결이 쉽지만은 않아요. 특히 기후 변화는 화석 연료를 대체할 연료를 발전시키고 우리 생활 방식도 바꿔야 막을 수 있어요.

똑똑한 배경지식

생물 다양성
생물들은 서로 먹이사슬 등으로 연결되어 생태계를 유지하고 있어요. 이처럼 생태계 안에서 조화롭게 어울려 사는 생물들을 통틀어 생물 다양성이라고 하지요.

알쏭달쏭 어휘 풀이

- **해충**: 사람에게 해를 끼치는 벌레.
- **천적**: 잡아먹는 동물을 잡아먹히는 동물에 상대하여 하는 말. 쥐에 대한 뱀.
- **번식**: 생물체의 수나 양이 늘어서 많이 퍼짐.

✏️ 다음 빈칸에 알맞은 말을 쓰세요.

우리나라뿐만 아니라 전 세계적으로 ☐☐이 사라지고 있다.

✏️ 이 글을 통해 알 수 있는 내용에 ○, 알 수 없는 내용에 ×표 하세요.

- 우리나라뿐만 아니라 국제적으로 꿀벌의 수가 줄고 있다. ( )
- 식물 대부분은 꿀벌이 꽃가루를 옮겨 주어야 하기 때문에 꿀벌이 꼭 필요하다. ( )
- 국제적인 노력으로 다행히 꿀벌의 수가 매년 늘고 있다. ( )

✏️ 생각해 보기

꿀벌이 지구에서 모두 사라지면 어떻게 될까요?

북극곰은 어쩔 수 없이 다이어트 중

기후 변화로 북극해의 얼음이 빠르게 녹으면서 북극곰이 굶어 죽을 수 있다는 연구 결과가 나왔어요. 미국지질조사국(USGS)에서 캐나다 지역 북극곰 20마리의 여름철 활동과 신체 변화를 조사했는데 매일 1kg씩 체중이 줄었다고 해요.

바다를 건너는 야윈 북극곰.

지구 온난화로 북극곰 살 빠져

북극곰은 주로 빙하 위에 살면서 지방이 많은 바다표범을 사냥해요. 그런데 지구 온난화로 빙하가 줄어들면서 바다표범같이 지방이 풍부한 먹잇감을 얻지 못하게 되었어요. 그래서 빙하 대신 육지로 가게 되었고, 또 먹이를 찾는 데 더 많은 에너지를 쏟아야 했지요. 북극곰 연구팀이 조사한 결과, 러시아와 미국 사이 바다에 사는 북극곰이 사냥을 하지 못해 굶어야 했던 기간이 늘어났어요. 1979년에는 12일이었지만 2020년에는 137일로 11배 이상 늘었지요.

빙하가 사라질수록 더 빨리 녹아

더 큰 문제는 북극의 얼음이 점점 더 빨리 녹는다는 점이에요. 북극에 넓게 자리한 하얀 얼음은 태양열을 반사시키는 기능도 했어요. 그러나 얼음이 녹으면 이전보다 태양열을 덜 반사하게 되고 태양열이 바다로 더 많이 흡수되거든요. 그러면 기온은 더 빨리 오르고 빙하는 더 빨리 녹게 돼요.

잡종이 늘며 먹이 다툼도 치열해졌어요

북극에서 나타나는 가장 또 다른 특징은 피즐리베어 같은 잡종이 늘어나고 있다는 점이에요. 피즐리베어는 북극곰 수컷과 회색곰 암컷 사이에서 태어난 곰이에요. 회색곰에게 북극은 추운 지역이었지만 지구 온난화로 이제 북극까지 올 수 있게 된 거예요.

이것은 북극곰의 멸종 위기와도 연결돼요. 북극곰이 사는 곳에 다른 동물들이 많이 오게 되면 북극곰과 먹이다툼을 할 수 있거든요. 국제자연보호연맹(IUCN)은 북극곰을 멸종 위기 취약종으로 정하고 있어요.

똑똑한 배경지식

태양열의 반사

태양열은 태양에서 지구로 전해지는 열이에요. 태양열이 지구에 닿으면 일부는 흡수되고 일부는 되돌아 나가는 반사 현상이 나타나는데 닿는 곳의 색깔에 따라 반사하는 정도가 달라요. 땅이나 바다처럼 짙고 어두운색보다 눈이나 얼음처럼 하얀색에서 태양열을 더 많이 반사해요.

알쏭달쏭 어휘 풀이

- **흡수하다**: 안이나 속으로 빨아들이다.
- **잡종**: 여러 종의 유전자가 섞인 생물.
- **먹이다툼**: 같은 먹이를 먹는 생물들이 서로 다툼.

✏️ 다음 빈칸에 알맞은 말을 쓰세요.

북극곰들이 지구 ☐☐☐로 인해 체중이 감소하고 있다.

✏️ 이 글을 통해 알 수 있는 내용에 ○, 알 수 없는 내용에 ×표 하세요.

- 북극곰은 여름철 매일 1kg씩 체중이 줄어들고 있다. ( )
- 북극곰은 사냥을 하지 못해서 굶는 기간이 점점 더 짧아지고 있다. ( )
- 국제자연보호연맹은 북극곰을 멸종 위기종으로 분류한다. ( )

✏️ 생각해 보기

북극곰이 다시 정상 몸무게를 찾으려면 무엇이 달라져야 할까요?

끝없이 나오는 해양 쓰레기

2024년 2월 제주 서귀포시 앞바다에서 버려진 그물에 걸려 있던 멸종위기종 푸른바다거북 한 마리가 다이빙하던 잠수부에 의해 구조됐지만 곧 죽고 말았어요. 전문가들이 살펴보니 먹이와 함께 삼킨 낚싯줄이 몸을 관통해 오래 괴로웠을 거라고 해요. 이렇게 제주에서는 최근 3년간 30마리의 거북들이 죽거나 다친 채 발견됐어요. 환경단체 제주자연의벗은 2024년 '세계 거북이의 날(5월 23일)'을 정하고 "해양 쓰레기를 줄이려는 노력이 필요하다"고 했어요.

태풍이나 파도에 휩쓸려서 버려지는 어망이 바다 생명체를 위협하는 해양 쓰레기가 된다.

버려진 어구에 목숨 잃는 해양 생물 늘어나

그물과 통발 등 어구들이 파도나 태풍에 휩쓸려 바다에 버려지는 일이 많아요. 이렇게 버려진 어구에 해양 생물들이 걸려 목숨을 잃고 있어요. 이는 사람에게도 위협이 돼요. 선박 프로펠러에 어구가 감겨 생기는 사고는 최근 5년간 총 1839건 일어났어요. 자칫 배가 뒤집히는 위험한 일이 벌어질 수도 있어요.

매년 11톤 건져내도 버려지는 게 더 많아

버려진 어구는 해양 쓰레기의 절반을 차지해요. 나머지는 홍수나 태풍 때 육지에서 쓸려간 생활 쓰레기에 다른 나라에서 오는 쓰레기예요. 매년 수백억 원을 들여, 평균 11만 4212톤(t)의 해양 쓰레기를 치우고 있어요. 이렇게 노력과 돈을 들이지만, 여전히 바다에 쓰레기가 많은 이유는 치우는 양보다 버려지는 양이 더 많기 때문이에요. 해마다 발생하는 해양 쓰레기는 14만 4000톤이라고 해요.

쓰레기, 치우기 전에 덜 만들자

쓰레기를 치우는 것보다 생기지 않게 하는 것이 중요하다는 목소리가 높아지고 있어요. 해양수산부가 2024년 1월 시작한 어구 보증금제도 노력 중 하나예요. 어구 가격에 보증금을 더해 팔고, 낡은 어구를 돌려주면 보증금을 돌려주는 거예요. 누구 것인지 알 수 있게 어구에 인식표를 붙여 팔자는 논의도 있어요. 또 시간이 지나면 자연스럽게 없어지는 '생분해 어구' 보급 사업도 2007년부터 계속되고 있어요.

똑똑한 배경지식

해양 쓰레기
바닷가에 버려진 어구나 생활 쓰레기 등이 해양으로 들어가 바다에 악영향을 미치는 쓰레기를 말해요. 바닷가에 있으면 해안 쓰레기, 해수 표면에 떠다니면 부유 쓰레기, 밑바닥에 가라앉아 있으면 침적 쓰레기라고 해요.

알쏭달쏭 어휘 풀이

- **관통하다**: 한쪽에서 다른 한쪽으로 뚫어 구멍이 나다.
- **어구**: 고기잡이에 쓰는 여러 가지 도구.
- **분해**: 여러 부분으로 이루어진 것이 따로따로 나뉨.

✏️ **다음 빈칸에 알맞은 말을 쓰세요.**

해양 쓰레기는 ☐☐ 생물과 사람에게 모두 위험이 되므로, 줄이기 위해 노력하고 있다.

✏️ **이 글을 통해 알 수 있는 내용에 ○, 알 수 없는 내용에 ✕표 하세요.**

- 해양 쓰레기는 사람에게 큰 영향은 없지만 해양 생물에게 위험하다. ( )
- 해양 쓰레기 중에서 가장 많은 부분을 차지하는 것은 버려진 어구이다. ( )
- 해양 쓰레기를 줄이기 위해 보증금제 등 다양한 노력을 기울이고 있다. ( )

✏️ **생각해 보기**

해양 쓰레기의 종류에는 어떤 것들이 있을까요? 어떻게 줄일 수 있을까요?

바다에 오염수를 버린다고요?

일본이 2023년 봄부터 10년에 걸쳐 후쿠시마 제1원자력 발전소 오염수 130만 톤(t)을 흘려보내겠다고 했어요. 일본 국민은 물론이고 우리나라와 주변 나라들도 반대했지만 일본은 "오염 물질을 많은 물과 섞어 차례대로 흘려보내기 때문에 문제가 없다"고 해요.

일본 후쿠시마 원자력발전소 사고로 오염된 토양이 담긴 가마니.

오염수는 왜 생겼을까요

2011년 3월 일본 도호쿠 지역 앞바다에서 대지진과 해일이 일어났어요. 하루아침에 한 마을이 지도에서 사라질 정도였지요. 거대한 해일이 후쿠시마 제1원자력발전소를 덮치며 일부 시설이 망가졌어요. 뜨거워진 핵연료를 식히는 장치가 고장 나서 폭발할 위험에 처하자 이를 식히기 위해 바닷물을 부었고, 방사성 물질이 포함된 오염수가 생겨난 거예요. 일본은 2022년 오염수 저장 탱크가 가득 찰 것이라고 예상했고, 이를 해결하기 위해 바다에 오염수를 내보내고 있는 것이죠.

일본이 해양 방류를 택한 이유

오염수를 처리하는 방법으로 자연 증발, 고체화, 해양 방류가 있어요. 그중 일본이 택한 방식은 바다로 흘려보내는 해양 방류예요. 일본이 해양 방류를 택한 것은 비용 때문이라고 해요. 자연 증발이나 고체화는 해양 방류보다 돈이 더 많이 들거든요. 2019년 국제 환경 단체 그린피스 보고서에 따르면 일본은 오염수를 바다에 처리하는 것을 "가장 값싸고 빠른 해결책"이라고 했어요.

우리 바다는 안전할까요

일본은 오염수를 바다에 흘려보내도 안전에 문제가 없다고 주장해요. 설비를 통해 오염수에 들어 있는 방사성 물질들을 처리한 뒤, 거기에 물을 가득 넣기 때문에 안전하다는 거예요. 하지만 국제 환경 단체들은 오염수 처리 과정을 거쳐도 안전하지 않다고 걱정하고 있어요. 그린피스는 "오염수가 바다에 수만 년간 쌓여 먹거리부터 사람에게까지 심각한 방사능 피해를 입힐 수 있다"고 밝혔어요.

똑똑한 배경지식

오염수 처리 방식

자연 증발, 고체화, 해양 방류 등이 있어요. 자연 증발은 오염수를 자연 증발시키고, 바닥에 남은 찌꺼기를 별도 탱크에 옮겨 담아 인간과 격리해 보존하는 방식이에요. 고체화는 오염수에 시멘트를 부어 넣어 고체로 만드는 방법이에요.

알쏭달쏭 어휘 풀이

- **해일**: 갑자기 바닷물이 크게 일어서 육지로 넘쳐 들어오는 현상.
- **핵연료**: 원자로에서 핵반응을 일으켜 에너지를 만드는 물질.
- **방사성 물질**: 방사성 원소를 포함하는 물질.

✏️ **다음 빈칸에 알맞은 말을 쓰세요.**

일본에서 10년 계획으로 □□□를 바다에 내보내고 있다.

✏️ **이 글을 통해 알 수 있는 내용에 ○, 알 수 없는 내용에 ×표 하세요.**

- 일본은 대지진과 해일로 인해 원자력 발전소가 망가져 오염수가 생겼다. ( )
- 일본에서 택한 오염수 처리 방식은 자연 증발이다. ( )
- 다른 나라에서는 바다에 오염수를 흘려보내는 것은 안전하다고 생각한다. ( )

✏️ **생각해 보기**

모든 나라에서 바다에 오염수를 내보내면 어떻게 될까요?

미세먼지, 얼마나 위험한 걸까요?

아침에 일어나면 일기예보를 찾아보고는 하지요. 언제부터인가 일기예보에는 맑음, 흐림 같은 날씨 외에 미세먼지 수치가 얼만큼인지도 함께 보여 주고 있어요. 그만큼 미세먼지가 우리에게 좋지 않은 물질이라서 미리 알고 조심할 수 있게 하는 것이지요.

미세먼지 속 롯데타워가 희미하다.

사람은 물론 생태계도 위험해요

미세먼지는 자동차의 배기가스, 발전소나 공장에서 나오는 가스, 요리할 때 나오는 가스나 흡연 등으로 발생해요. 황사는 중국의 사막에서 만들어진 모래와 흙먼지라서 토양 성분으로 이루어져 있지만, 미세먼지는 중금속이나 유해 화학 물질이 들어 있어 위험해요.

기관지에 미세먼지가 쌓이면 가래가 생기고 기침을 많이 하게 돼요. 심하면 기관지염이나 천식이 생길 수 있지요. 또 눈이 아프기도 하고 피부가 가렵기도 해요. 최근에는 미세먼지가 우울증이나 치매 같은 병을 더 나쁘게 만든다는 연구도 나왔어요. 세계보건기구(WHO)는 2014년 한 해에 미세먼지 때문에 일찍 죽는 사람이 700만 명이나 된다고 했어요.

미세먼지는 농작물과 생태계에도 피해를 줘요. 식물의 잎에 미세먼지가 붙으면 숨을 쉴 수 없고 광합성을 할 수 없어 식물이 잘 자라기 힘들어져요. 또 산성비를 내리게 해 토양과 물을 황폐하게 할 수도 있지요. 반도체와 디스플레이 같은 첨단 산업에도 좋지 않아요. 반도체는 먼지에 민감한 분야이기 때문에 미세먼지가 생기면 불량품이 많이 나오게 되거든요.

어떻게 대처해야 할까요?

미세먼지가 많은 날에는 오랫동안 밖에 있지 않는 것이 가장 중요해요. 바깥 활동을 할 때에는 마스크를 쓰고, 외출 후에는 손과 코를 잘 씻어야 해요. 물을 많이 마시고 과일과 채소를 먹어 몸에 남아 있는 미세먼지가 나갈 수 있게 해요. 미세먼지가 많은 날은 창문을 자주 열지 않고 공기청정기를 사용하면 도움이 돼요. 그보다 먼저 자동차의 배기가스를 줄이고 친환경 차를 이용하는 것, 공장에서 내보내는 오염물질을 줄여 나가는 것이 중요하겠지요.

 똑똑한 배경지식

미세먼지
지름이 사람 머리카락 굵기의 1/5~1/7 정도인 10㎛(0.001㎝) 이하인 것을 미세먼지, 2.5㎛ 이하인 것을 초미세먼지라고 해요. 일반적인 먼지는 코털이나 기관지 점막에서 걸러지지만, 미세먼지는 숨 쉴 때 걸러지지 않아 위험하지요.

알쏭달쏭 어휘 풀이

- **배기가스**: 자동차 등의 기계에서 연료가 연소된 후 밖으로 나오는 기체.
- **생태계**: 어느 환경 안에서 사는 생물들과 그 생물들이 더불어 살게 하는 복합 체계.
- **첨단산업**: 고도의 기술이 필요하며, 관련 산업에 미치는 효과가 큰 산업. 항공, 우주 개발, 전자, 원자력, 컴퓨터 등 산업이다.

✏️ 다음 빈칸에 알맞은 말을 쓰세요.

☐☐☐☐는 유해 물질로, 사람의 몸이나 생태계, 산업에도 악영향을 미친다.

✏️ 이 글을 통해 알 수 있는 내용에 ○, 알 수 없는 내용에 ×표 하세요.

- 미세먼지는 토양 성분이 아닌 중금속 물질이라 황사보다 더 위험하다. ( )
- 미세먼지는 첨단 산업에서 불량품을 만들게 하는 원인이 된다. ( )
- 미세먼지를 줄이기 위해 자동차를 생산하지 말아야 한다. ( )

✏️ 생각해 보기

미세먼지를 줄이기 위해 우리가 할 수 있는 일은 무엇일까요?

불꽃놀이가 나쁜 거라고요?

드라마에서 바다로 여행을 떠나 밤하늘에 폭죽을 쏘아 올리는 장면을 본 적이 있을 거예요. 하지만 실제로는 절대 하면 안 되는 행동이에요. 바닷가에서 불꽃놀이를 하면 과태료 5만 원을 물 수 있거든요. 폭죽이 터질 때 연기와 냄새, 소음이 나서 사람들을 불편하게 만들 수 있으니까요. 다 쓰고 난 다음, 아무데나 버리면 사람들이 다칠 수도 있지요.

한강 위로 불꽃이 터진 뒤 연기가 퍼지고 있다.

중국 춘절의 폭죽놀이, 대기 오염을 일으켜요

우리의 설인 음력 1월 1일을 중국은 '춘절'이라 하며 가장 큰 명절로 지내요. 이날 풍습 중 하나가 폭죽놀이예요. 긴 연휴 동안 어찌나 많이 터트리는지 폭죽 쓰레기가 수천 톤(t)에 이를 정도지요. 그래서 1993년에 베이징을 시작으로 폭죽놀이를 금지하는 곳이 늘었어요. 그러다 코로나 시기에 중국 전체에서 금지됐지요. 하지만 방역 조치가 완화된 이후로 처음 맞는 2023년 춘절에는 '폭죽놀이를 하게 해달라'는 말이 많았어요. 그래서 중국 지방정부들은 이를 허락하거나 모른척해 주었죠.

경기도보건환경연구원이 2024년 설 연휴 기간에 평택과 김포에서 초미세먼지에 중금속이 얼마나 들어 있는지 살펴봤어요. 폭죽 불꽃의 색을 내는 성분이 다른 때에 비해 크게 높은 것으로 나타났지요. 보건환경연구원은 이 기간 산둥반도 및 랴오둥반도에서 서해를 거쳐 들어오는 공기의 흐름을 분석한 결과, 폭죽놀이와 관련 있는 중금속 물질이 중국에서 우리나라로 들어온 것으로 보고 있다"고 밝혔어요.

행사, 친환경적으로 바꾸자

우리나라에서도 서울·부산·포항에서 해마다 큰 불꽃 축제가 열려요. 행사장 주변의 미세먼지가 몇 시간 지나면 낮아진다고 하지만 사람들은 이 행사를 친환경적으로 바꾸자고 목소리를 높이고 있어요. 친환경 폭죽을 이용하거나, 불꽃놀이 대신 드론이나 발광다이오드(LED) 쇼를 하자는 거예요. 2023년 미국 독립기념일 때 솔트레이크시티에서는 불꽃놀이 대신 드론 쇼를 했지요.

똑똑한 배경지식

대기 오염
대기 오염은 매연이나 먼지 등에 의해 공기가 더러워지는 현상이에요. 오염 물질이 사람들의 건강에 해롭고, 동식물에도 나쁜 영향을 주지요. 대기 오염을 시키는 물질에는 화산재나 황사 같은 자연적인 원인도 있지만, 발전소나 자동차같이 사람들의 활동에 의해 나오는 경우도 많아요.

알쏭달쏭 어휘 풀이

- **풍습**: 옛날부터 그 사회에 전해 오는 생활 전반에 걸친 습관. 풍속과 습관.
- **중금속**: 철·금·백금 같은 무거운 금속.
- **친환경적**: 자연 그대로의 환경과 잘 어울리는 것.

✏️ 다음 빈칸에 알맞은 말을 쓰세요.

불꽃놀이는 소음과 ☐☐ 오염을 일으키므로 친환경적인 방법이 필요하다.

✏️ 이 글을 통해 알 수 있는 내용에 ○, 알 수 없는 내용에 ×표 하세요.

- 우리나라 바닷가에서 불꽃놀이를 하면 과태료를 물 수 있다. ( )
- 폭죽놀이는 중국의 춘절의 풍습으로 지금까지 전국적으로 장려하고 있다. ( )
- 불꽃 축제 대신 친환경적인 행사를 하자는 의견이 많아지고 있다. ( )

✏️ 생각해 보기

불꽃놀이처럼 즐겁지만 환경을 위해서 하지 않는 게 좋은 행동은 뭐가 있을까요?

큰 산불이 더 자주 일어나요!

2019년 9월 호주에는 아주 큰 산불이 일어났어요. 이 산불은 걷잡을 수 없이 퍼져 나가서 6개월이 넘도록 꺼지지 않았어요. 산불로 인해 수많은 숲이 타고 많은 사람과 동물들도 목숨을 잃었지요. 호주 태즈메이니아대 연구팀이 조사한 결과 이렇게 큰 산불이 발생한 횟수가 20년 전에 비해 2.2배나 늘었다고 해요.

호주 산불로 자연에 큰 피해가 발생했다.

호주의 큰 산불 '블랙 서머'

호주 퀸즐랜드 중부에서 시작된 이 산불은 이듬해인 2020년 2월까지 이어졌어요. 불은 총 2430만 헥타르(24만 3000km²)의 숲을 태웠는데, 이는 남한의 2.5배나 되는 면적이에요. 이 화재로 인해 8억 3000만 톤(t)의 이산화가스가 배출된 것으로 보고 있어요. 또한 야생에 살고 있던 코알라, 왈라비 등 30억 마리의 동물이 죽거나 보금자리를 잃어야 했지요. 이때가 호주의 여름이었는데 하늘이 매연으로 가득 차서 잿빛이었다고 해요. 그래서 사람들은 이 시기를 '블랙 서머(Black Summer)', 검은 여름이라고 불렀지요.

미국, 캐나다도 큰 산불 잇따라

호주 연구팀에 따르면 지난 20년간 캐나다나 미국, 러시아 같은 덜 더운 지역에서도 큰 산불이 7.3배나 늘었다고 해요. 2020년에 미국 캘리포니아에서 서부 산불, 2023년에 하와이 마우이섬 산불, 2023년에 캐나다 산불이 크게 났었지요. 특히 캐나다 산불 때는 매연이 엄청나게 많이 생겨 미국 뉴욕, 워싱턴 D.C.까지 영향을 미쳤어요. 이때 미국 시민들은 대낮에도 어두운 상태를 느꼈고 매캐한 연기를 마셨어요.

지구 온난화의 영향이에요

과학자들은 이렇게 큰 산불이 자주 일어나는 원인으로 지구 온난화의 영향을 꼽고 있어요. 호주 연구팀은 "지구 온난화로 인해 점점 더 건조해지는 것이 산불에 영향을 미쳤을 수 있다"고 분석했지요. 기온이 높아지면 수풀과 땅의 수분이 없어져서 더 잘 타게 되기 때문이에요.

똑똑한 배경지식

호주의 산불
호주에 2019년에 시작해서 2020년 2월까지 이어져 겨우 진화된 대규모의 산불이 있었어요. 남한 면적의 2.5배를 태운 이 산불로 산림 18만 6000km^{2}가 불에 탔고, 34명이 목숨을 잃고, 30억 마리가 넘는 동물이 희생되었지요.

알쏭달쏭 어휘 풀이

- **이듬해**: 어떤 일이 일어난 바로 다음 해.
- **보금자리**: 지내기에 매우 포근하고 아늑한 곳.
- **매연**: 공기 중의 오염 물질로 연료가 탈 때 나오는 그을음이 섞인 검은 연기.

✏️ **다음 빈칸에 알맞은 말을 쓰세요.**

전 세계에 큰 ☐☐이 2배 넘게 늘었는데 이는 지구 온난화의 영향이다.

✏️ **이 글을 통해 알 수 있는 내용에 ○, 알 수 없는 내용에 ^a표 하세요.**

- 호주에서 일어난 산불은 수많은 산림을 앗아갔지만 인명 피해는 없었다. ( )
- 전 세계에 큰 산불이 발생한 횟수는 20년 전에 비해 2.2배 늘어났다. ( )
- 지구 온난화는 숲과 땅을 건조하게 만들어 더 잘 타게 한다. ( )

✏️ **생각해 보기**

산불 피해를 줄이려면 무엇을 해야 할까요?

제주 돌고래들을 도와주세요!

제돌이, 춘삼이, 삼팔이, 복순이, 태산이, 금등이, 대포. 불법 포획되어 돌고래 쇼에 이용되다가 바다로 돌아간 돌고래 7마리의 이름이에요. 남방큰돌고래 중에서도 제주 근처에 살아 '제주 남방큰돌고래'라고 부르지요. 옛날에는 제주 바다에서 1000마리 넘게 발견되기도 했지만, 지금은 110여 마리가 살고 있어요. 멸종 위기에 처한 보호 대상 해양 생물이지요.

제주 바다의 돌고래들.

돌고래가 고통받고 있어요

최근 제주 돌고래를 보려는 관광객이 늘면서 돌고래들이 몸살을 앓고 있어요. 사람들이 더 가까이에서 돌고래를 보려고 배를 타고 바다로 나가거든요. 해양 환경 단체인 핫핑크돌핀스에 따르면, 제주 서귀포시 대정읍 일대에는 하루에도 20~30차례씩 관광 선박이 돌고래 무리에 다가간다고 해요. 그러면 돌고래의 지느러미가 다칠 수도 있고, 스트레스로 출산율이 떨어질 수도 있어요. 해양수산부에서 '남방큰돌고래 반경 50m 이내 선박 접근 금지'라는 지침을 마련했지만 잘 지켜지지 않고 있어요. 지침을 어겨도 처벌받지 않기 때문이에요.

제주 남방큰돌고래를 위협하는 것은 관광 선박뿐만이 아니에요. 제주도는 아름다운 자연을 유지하고 있어서 세계에서 많이 찾는 관광지인데, 곳곳에서 무분별한 개발을 하고 있지요. 남방큰돌고래의 주요 서식지인 대정읍 앞바다에 해상풍력발전단지를 개발하려다 취소되기도 했어요. 이런 개발 과정에서 각종 살충제와 제초제나 기름 등이 바다로 흘러들어 돌고래가 위험해질 수 있어요.

새끼 돌고래의 슬픈 장례식

돌고래는 새끼가 죽으면 그들만의 장례식을 치러요. 새끼가 죽으면 어미 돌고래가 죽은 새끼를 업고 수차례 물 위로 끌어 올리려고 안간힘을 쓰지요. 여러 번 반복해도 새끼가 깨어나지 않으면 어미는 그때부터 새끼를 등에 업고 다녀요. 부패해서 더 이상 업고 다닐 수 없게 되면 놓아주지요. 제주에서는 이 남방큰돌고래의 장례식이 계속 목격되고 있다고 해요. 해양 환경 단체는 "돌고래 보호 구역을 하루빨리 지정해야 한다"고 주장해요.

똑똑한 배경지식

남방큰돌고래
우리나라에서는 제주 바다에 110여 마리의 남방큰돌고래가 서식하고 있어요. 개체수가 적어서 멸종 위기종이지요. 국토해양부는 남방큰돌고래를 보호 대상 해양 생물로 지정했기 때문에 돌고래쇼 같은 공연을 위한 포획이 금지되어 있어요.

알쏭달쏭 어휘 풀이

- **포획**: 짐승이나 물고기를 잡음.
- **장례식**: 죽은 사람을 땅에 묻거나 화장할 때까지의 의식.
- **안간힘**: 어떤 일을 이루기 위해서 몹시 애쓰는 힘.

✏️ **다음 빈칸에 알맞은 말을 쓰세요.**

제주 남방큰 □□□ 는 관광 선박과 무분별한 개발로 인해 고통받고 있다.

✏️ **이 글을 통해 알 수 있는 내용에 ○, 알 수 없는 내용에 ×표 하세요.**

- 제주 남방큰돌고래는 불법 포획되어 돌고래쇼에 이용된 적 있다. ( )
- 남방큰돌고래를 보려는 관광 선박으로 인해 돌고래 보호 구역이 생겨났다. ( )
- 남방큰돌고래는 새끼가 죽으면 어미가 새끼를 한동안 등에 업고 다닌다. ( )

✏️ **생각해 보기**

제주 남방큰돌고래는 왜 위험에 처했을까요?

버려지는 휴대전화, 지구 한 바퀴 돌아

현대 사회에서 휴대전화는 없어서는 안 되는 전자기기로 자리잡았어요. 전 세계인이 이용하고 있는 휴대전화 수는 무려 160억 대나 된다고 해요. 전자전기폐기물포럼(WEEE) 분석 결과 이 중 2022년 한 해에만 약 53억 대가 넘는 휴대전화가 버려졌다고 해요. 이렇게 버려진 휴대전화를 쌓아 올

버려진 휴대전화들.

리면 자그마치 5만km나 되는데 이 높이는 지구를 1바퀴 도는 것보다도 긴 길이에요.

폐휴대전화, 환경 오염 일으켜

전문가들은 폐휴대전화 안에 들어가는 부품을 재활용할 수 있는데도 그냥 버려서 사람들의 건강도 해치고 환경도 오염시킨다고 해요. 휴대전화의 겉을 싸고 있는 플라스틱, 내부에 있는 리튬전지, 회로판, 디스플레이 등을 분리해서 버려야 해요. 그러지 않으면 휴대전화 안에 있는 중금속이 토양과 지하수에 스며들어 환경 오염을 일으킬 수 있어요. 휴대전화 배터리는 일반 건전지 100배의 환경 오염을 일으켜요. 배터리 1개가 6만 리터의 물을 오염시킬 수도 있지요. 또 휴대전화를 함부로 태우면 몸에 해로운 물질이 많이 나와요.

휴대전화 안에 보물이 숨어 있어

그런데 휴대전화에는 금·은·알루미늄·구리·철과 희소 금속 등 각종 금속 60여 종이 들어 있어요. 환경부 자료에 따르면 폐휴대전화 1대당 금 0.034g, 은 0.2g, 팔라듐 0.015g이 들어가 있어요. 자연에서 금광석 1톤(t)을 캐면 4~5g의 금밖에 얻을 수 없는데, 폐휴대전화 1톤을 모으면 300~400g의 금을 얻을 수 있는 거예요.

휴대전화를 안전하게 처리하려면?

집 안에 잠자고 있는 전자 폐기물도 많아요. 유럽 기준 1인당 평균 5kg의 전자 폐기

물이 집 안에 있어요. 그렇다면 폐휴대전화는 어떻게 버려야 안전할까요? 우리나라에서는 한국전자제품순환공제조합이 운영하는 나눔 폰 서비스를 이용하면 돼요. 이곳에 폐휴대전화를 택배로 보내면 분리해서 부수거나 재활용하고 기부할 수 있다고 해요.

똑똑한 배경지식

전기·전자 폐기물(E-waste; Electronic Waste)
사람들이 쓰다가 버리는 휴대전화나 전자제품을 말해요. 기술이 발달하면서 새로운 제품이 자주 개발되고, 이를 사고 싶어 하는 소비자가 늘면서 전기·전자 폐기물의 양도 늘고 있어요

💡 알쏭달쏭 어휘 풀이

- **디스플레이**: 전자기기 출력 장치로, 데이터 처리 결과를 눈으로 볼 수 있도록 한 것. 텔레비전 화면, 컴퓨터 모니터, 스마트폰 액정 등이 있다.
- **희소 금속**: 유용한 금속이지만 양이 적은 금속을 통틀어 이르는 말.
- **금광석**: 금이 들어 있는 광석.

✏️ 다음 빈칸에 알맞은 말을 쓰세요.
　□□□□□는 재활용하거나 안전하게 분리하여 처리해야 한다.

✏️ 이 글을 통해 알 수 있는 내용에 ○, 알 수 없는 내용에 ×표 하세요.
- 한 해 동안 버려지는 폐휴대전화를 쌓으면 지구를 1바퀴 도는 길이다. (　)
- 휴대전화에는 재활용할 수 없는 다양한 금속이 들어 있어서 그냥 버려야 한다. (　)
- 우리나라는 나눔 폰 서비스를 통해 폐휴대전화를 안전하게 처리할 수 있다. (　)

✏️ 생각해 보기
전자 폐기물의 양을 줄이려면 어떻게 해야 할까요?

가짜 친환경 '그린워싱'

국제 환경 단체 그린피스에서 홍보 대사를 맡았던 연예인이 논란이 됐어요. 그린피스와 함께 오랫동안 환경 보호 캠페인을 해 왔는데, 알고 보니 골프를 무척 좋아했던 거예요. 골프는 환경 보호와 거리가 먼 스포츠로 꼽혀요. 넓은 골프장을 만들려면 나무를 베어 내고 엄청난 농약을 뿌려 잔디를 가꿔야 하거든요. 환경 보호에 앞장서고

환경에 대한 관심이 커지며 그린워싱 규제가 시작됐다.

있는 사람이 환경을 파괴하는 스포츠를 즐기는 것을 두고 비판이 커지면서 그린피스에 대한 시민들의 후원도 줄어들었어요.

친환경인 척하는 '그린워싱'

이 홍보 대사를 두고, 사람들은 '그린워싱'을 했다고 해요. 그린워싱이란 녹색을 뜻하는 그린(Green)과 위장 또는 눈가림이라는 뜻의 화이트 워싱(White Washing)이 합쳐진 말이에요. 환경을 이용해 이미지를 깨끗이 한다는 의미가 되지요. 즉, 실제로는 그렇지 않으면서 친환경인 척하는 것을 말해요. 회사들이 이런 광고나 홍보로 소비자를 속이고 이익을 챙기지요.

그렇다면 이들은 왜 친환경적인 척할까요? 환경을 생각하는 소비자가 늘었기 때문이에요. 예전에는 물건을 살 때 가격이나 질을 보고 샀지만, 이제는 사람들이 물건을 만들 때 회사가 환경을 보호했는지, 만든 사람에게 임금을 충분히 주는지 등을 꼼꼼하게 짚어 보기 시작했거든요. 값이 더 비싸고 쓰기 조금 불편하더라도 자신의 가치관과 맞는 물건을 사는 사람이 늘어난 거예요.

그린워싱 법으로 막아요

세계 여러 나라에서는 '그린워싱'에 대한 규제를 강화하고 있어요. 2024년 3월 유럽 연합(EU)은 과학적 근거 없이 제품에 '환경친화적', '생분해성', '자연주의적' 같은 문구를

쓰지 못하게 했어요. 호주는 2022년에 '거짓이나 오해를 부를 수 있는 환경에 대한 주장'을 하면 벌금을 5000만 호주 달러(약 450억 원)까지 내게 해요. 우리나라도 '환경 기술 및 환경 산업 지원법'에 따라 부당한 환경에 대한 표시나 광고를 고치게 해요. 이를 따르지 않으면 2년 이하 징역 또는 2000만 원 이하의 벌금에 처하고 있어요.

똑똑한 배경지식

그린워싱(Greenwashing)
실제로는 친환경적이지 않지만 마치 친환경적인 것처럼 광고하거나 홍보하는 것을 말해요. 예를 들어 기업이 친환경과 관련이 적거나 없는 제품이지만 그렇게 보이도록 포장해서 소비자를 속이고 이익을 챙기는 것을 말해요.

알쏭달쏭 어휘 풀이

- **후원**: 뒤에서 도와줌.
- **폐품**: 못 쓰게 되어 버리는 물품.
- **생분해성**: 미생물에 의하여 분해되는 성질.

🖉 **다음 빈칸에 알맞은 말을 쓰세요.**

국가들은 ☐☐☐☐을 소비자를 속이는 행위로 보고 규제를 강화하고 있다.

🖉 **이 글을 통해 알 수 있는 내용에 ○, 알 수 없는 내용에 ×표 하세요.**

- 그린워싱은 환경을 이용해 기업이나 제품 이미지를 깨끗이 한다는 뜻이다. ( )
- 그린워싱은 환경을 생각하는 소비자를 위해 필요한 홍보이다. ( )
- 우리나라에서 그린워싱을 하면 징역 또는 과태료를 물 수 있다. ( )

🖉 **생각해 보기**

그린워싱을 하는 이유는 무엇일까요?

자연재해가 평등하게 오지 않는다고요?

2022년 8월 8일 밤에 서울에 엄청나게 많은 양의 비가 쏟아졌어요. 동작구 신대방동에는 1시간에 136.5mm나 비가 내렸지요. 서울에서 이렇게 짧은 시간에 많은 비가 내린 건 80년 만에 처음 발생한 일이에요. 이때 반지하나 옥탑방에 사는 사람들은 더 큰 피해를 입었어요.

아프리카 사람들은 탄소 발생 책임은 적지만 다른 나라에서 만든 피해는 나눠 갖는다.

취약 계층에 더 큰 영향을 미치는 자연재해

자연재해는 취약 계층에 더 큰 영향을 미쳐요. 한국보건사회연구원에 따르면 나이가 많거나, 교육을 많이 받지 못하거나, 소득이 낮은 사람이 자연재해에서 심각한 피해를 입은 비율이 높았어요. 2018년에 폭염이 왔을 때, 일사병처럼 열을 많이 받아 걸리는 온열 질환자가 저소득층은 1만 명당 21.2명이었는데 고소득층은 7.4명밖에 안 됐지요. 더울 때도 밖에서 일해야만 하는 사람들, 냉방기기를 맘껏 틀 수 없고 열기를 막아줄 든든한 집에서 살지도 못하는 사람들이 더 큰 피해를 본 거예요.

또한 기후 변화는 농업과 산업 전반에 영향을 미쳐서 한 나라의 경제가 성장하는 데 방해가 될 수 있어요. 독일의 포츠담기후영향연구소의 보고서에 따르면, 기후 변화로 인해 전 세계 소득은 2049년까지 19%나 줄어든다고 해요. 그런데 기후 변화로 인한 피해는 나라별로도 차이가 있어요. 연구팀은 "기후 변화에 대해 가장 책임이 적고 자원도 부족한 국가가 기후 변화로 인한 가장 큰 피해를 입는다"고 해요.

상위 1%, 전 세계 탄소의 16% 배출

기후 변화에 대한 책임이 더 적은 집단이 더 큰 피해를 보는 상황을 '기후 불평등'이라고 해요. 국제구호개발기구 옥스팜은 "2019년 기준 전 세계 상위 1%(7700만 명)는 극빈층 50억 명과 맞먹는 탄소를 배출했다"고 말했어요. 상위 1%가 배출하는 탄소는 전 세계

탄소 배출의 16%나 돼요. 무려 풍력 발전기 100만 개를 돌려야 줄일 수 있는 양이에요. 그래서 옥스팜은 이들에게 더 많은 세금을 물려야 한다고 주장해요. 탄소를 많이 배출하는 사람이 화석 연료에서 재생 에너지로 바꾸는 데 드는 비용을 내야 기후 불평등을 줄일 수 있다는 것이지요.

똑똑한 배경지식

기후 불평등
소수의 고소득층이 다수의 저소득층보다 훨씬 많이 탄소를 배출하고 있는데도 기후 변화에 따른 피해는 저소득층이 더 많이 받고 있는 현상을 말해요. 탄소 불평등이라고도 해요

알쏭달쏭 어휘 풀이

- **취약 계층**: 경제적으로 필요한 물건을 구매하는 데 어려움이 있거나 취업이 힘든 계층.
- **자연재해**: 태풍·가뭄·홍수·지진·화산 폭발처럼 피할 수 없는 자연 현상으로 인하여 일어나는 재해.
- **극빈층**: 몹시 가난한 계층.

✏️ 다음 빈칸에 알맞은 말을 쓰세요.

　□□ 불평등을 해결하기 위해 탄소 배출량이 많은 상위 계층이 세금을 더 내야 한다.

✏️ 이 글을 통해 알 수 있는 내용에 ○, 알 수 없는 내용에 ×표 하세요.

- 자연재해는 저소득층이나 고소득층이나 똑같은 피해를 준다. ( )
- 기후 변화로 인한 피해는 나라별로도 차이가 있다. ( )
- 고소득자는 저소득자보다 탄소 배출량이 낮다. ( )

✏️ 생각해 보기

상위 1%가 극빈층보다 탄소를 더 많이 발생시키는 이유는 무엇일까요?

1.5도 기온 변화가 심각한 문제예요?

우리나라의 올여름은 특히 더웠어요. 기상청은 우리나라 여름철 전국 평균 기온이 25.6도(℃)로 1.9도나 높았다고 해요. 잠 못 들 정도로 더운 열대야도 20일이 넘게 이어져 역대 1위를 기록했어요. 이렇게 더워지는 것은 단지 우리나라만의 문제가 아니에요. 지구는 대체 얼마나 더워지고 있는 것일까요?

온난화로 백화 현상이 일어난 산호초.

더 빠르게 더워지는 지구

세계기상기구(WMO)는 "앞으로 5년 동안 연평균 지구 온도가 산업화 이전 수준보다 1.5도를 넘을 가능성은 47%로 높아졌다"라고 전망했어요. 코페르니쿠스 기후변화연구소(C3S)에 따르면 2023년 2월~2024년 1월 지구 평균 기온이 산업화 이전보다 1.52도나 올라간 것으로 나왔지요. 2024년에는 매달 1.5도를 넘어서고 있어요.

기온 상승, 1.5도 넘어서면 안 돼요

국제연합(UN)은 "기온 상승이 1.5도를 넘어서면 바다 온도가 올라가고 빙하가 녹으면서 열대 산호초의 백화 현상이 일어날 것이며, 오늘날처럼 회복하는 데는 수천 년이 걸리게 될 것"이라고 해요. 아직 연평균 기온 상승이 1.5도가 넘지 않은 최근 20년간만 봐도 온열 질환만으로 매년 48만 명 넘게 목숨을 잃고 있지요. 기후 변화로 인한 사망자 수까지 따지면 400만 명이 넘어요.

파리기후변화협약을 맺었어요

지구가 더 이상 더워지는 것을 막기 위해 2015년에 여러 나라에서 모여 파리기후변화협약을 맺었어요. 이 협약에서 "지구 평균 기온 상승을 2도 이하"로 하고, "21세기 말까지 기온 상승을 1.5도로 제한하자"고 약속했지요. 그런데 파리 협약은 장기적 온도 상승만을 고려해요. 20~30년 동안 1.5도 이상 상승할 경우에만 파리 협약의 약속을 지키지 못한 것으로 보는 것이지요. 다만 장기적으로 보더라도 지구의 평균 기온을 1.5도 이하로 유지하려면 전 세계가 2050년까지 온실가스의 실질적인 배출량을 0으로 하는 '순제로' 상태를 만들어야 하지요.

똑똑한 배경지식

순제로(Net-Zero)
지구 대기를 오염시키는 온실가스를 배출하는 양과 흡수하는 양이 같아져서 순 배출량이 0(제로)이 되는 상태를 말해요. 넷제로라고도 해요. 이산화탄소를 포함한 6대 온실가스를 모두 포함하기 때문에 이산화탄소만 다루는 탄소 중립보다 달성하기 더 어려워요.

알쏭달쏭 어휘 풀이

- **열대야**: 밤 밖의 온도가 25도 이상인 무더운 밤.
- **산호초의 백화 현상**: 산호초가 죽어가면서 색깔을 잃고 흰색 석회질이 드러나는 것.
- **온실가스**: 지구 대기를 오염시켜 온실 효과를 일으키는 가스를 모두 이르는 말.

✏️ 다음 빈칸에 알맞은 말을 쓰세요.

지구의 평균 ☐☐이 높아지면서 지구의 환경이 악화되어 가고 있다.

✏️ 이 글을 통해 알 수 있는 내용에 ○, 알 수 없는 내용에 ×표 하세요.

- 우리나라의 여름철 열대야 일수는 역대 최대 기록을 세웠다. ( )
- 지구 평균 온도가 1.5도 이상 상승하면 바다 온도가 높아지며 산호초가 늘어난다. ( )
- 파리기후변화협약은 단기적인 지구 변화 온도에 제한을 두고 있다. ( )

✏️ 생각해 보기

지구의 온도가 더 이상 높아지지 않도록 우리가 할 수 있는 일은 무엇일까요?

우리나라에 기후 소송이 열렸어요

2024년 5월 헌법재판소 앞이 북적북적했어요. 우리나라에서 아시아 최초로 기후 소송이 있었기 때문이에요. 우리나라의 온실가스를 줄이기 위한 노력이 부족하다며 '청소년기후행동'을 비롯한 시민들이 나라를 소송한 거예요. 나라에서는 2030년까지 온실가스를 2018년에 비해 40% 줄이고, 2050년에는 탄소 중립을 하겠다고 발표했어요.

헌법재판소 앞에 선 '청소년기후행동' 활동가들.

온실가스 줄이기를 미래로 미루기?

시민들은 "당장 온실가스를 줄이기 위한 목표가 낮아서 미래 세대에게 온실가스를 줄여야 하는 부담을 떠넘긴다"고 주장했어요. 온실가스 줄이기 목표를 지금보다 높여야 한다고요. 하지만 나라에서는 현재의 목표는 다른 나라들과 비슷하다며 "목표를 무리하게 잡으면 기업끼리 경쟁하기 힘들어진다"고 맞섰어요. 2024년 8월에 헌법재판소가 시민들의 주장이 맞다고 판단해서 정부는 법을 고쳐야 해요.

다른 나라에서도 기후 소송을 했어요

독일 헌법재판소는 독일이 2030년 이후 온실가스를 줄이려는 목표를 정하지 않은 것은 미래 세대에게 부담을 떠넘기는 것이라고 판단했어요. 결국 독일은 현재 온실가스를 줄이려는 목표를 높이고, 탄소 중립 목표 시기도 앞당겼지요. 미국 시카고주는 유명한 석유 기업 6곳이 석유와 천연가스가 기후에 미치는 영향을 명확하게 하지 않았다며 소송을 하기도 했어요. 우리나라의 한 회사는 호주에서 천연가스를 개발하다가 멈췄어요. 개발 중에 온실가스를 내보내 주민에게 해를 미칠 수 있다는 이유로 소송을 당했기 때문이에요.

청소년들이 기후 운동에 나섰어요

미래를 살아갈 청소년들은 어른보다 기후 문제에 관심이 많아요. 2018년 15세 때부터 매주 금요일 학교에 빠지고 국회의사당 앞에 나가 '기후 위기를 해결할 대책을 마련하라'며 1인 시위를 한 그레타 툰베리가 대표적이죠. 이 시위는 전 세계로 퍼졌고, '미래를 위한 금요일'이라는 청소년 기후 운동이 되었어요.

똑똑한 배경지식

탄소 중립
우리가 배출한 이산화탄소만큼 이산화탄소를 흡수해서 이산화탄소 순배출량을 0으로 만드는 것을 말해요. 이산화탄소는 주로 석유나 석탄을 사용할 때 발생해요. 이산화탄소를 흡수할 수 있는 숲을 넓히거나, 태양광이나 풍력에너지 기술을 이용하는 방법이 있어요.

알쏭달쏭 어휘 풀이

- **소송**: 사람들 사이에 일어난 다툼을 법률에 따라 판결해 달라고 법원에 요구함.
- **온실가스**: 이산화탄소나 메탄 등 지구 대기로 들어가 온실 효과를 일으키는 가스.
- **떠넘기다**: 자기가 할 일이나 책임을 다른 사람에게 미루다.

✏️ 다음 빈칸에 알맞은 말을 쓰세요.

우리나라의 ☐☐ 소송에서 시민들은 온실가스 줄이기를 미래 세대에 미루지 말자고 했다.

✏️ 이 글을 통해 알 수 있는 내용에 ○, 알 수 없는 내용에 ×표 하세요.

- 우리나라 기후 소송은 아시아에서 처음으로 열리는 기후 소송이었다. ( )
- 우리나라 기후 소송 결과 정부가 이겨서 지금처럼 온실가스를 배출해도 된다. ( )
- 기후에 관한 관심이 높아지면서 다른 나라에서도 기후 소송이 이어지고 있다. ( )

✏️ 생각해 보기

탄소 중립을 위해 우리가 할 수 있는 일을 생각해 봐요.

신재생 에너지란 무엇일까요?

우리가 주로 쓰는 석유나 석탄 같은 화석 연료는 자원이 한정되어 있어요. 그리고 쓸수록 지구에 오염을 일으키지요. 그래서 오늘날에는 지속적으로 쓸 수 있는 에너지를 찾고 있어요. 그것을 신재생 에너지라고 해요. 햇빛·바람·파도를 에너지로 바꾸어 쓰기 때문에 친환경적이고 무한하다는 장점을 가지고 있지요. 그렇다면 신재생 에너지에는 어떤 것들이 있을까요?

태양광 패널과 풍력 발전기.

태양의 빛과 열을 활용해요

대표적인 신재생 에너지로는 태양광과 태양열이 있어요. 둘 다 태양을 이용하는데, 태양광은 빛을 통해 에너지를 얻고, 태양열은 열기를 통해 에너지를 얻지요. 태양광 발전은 넓은 태양 전지에 햇빛을 모아 이를 직접 전기 에너지로 만들어요. 태양열 발전은 집열판을 통해 태양열을 모아요. 이 열로 물을 끓여 수증기가 생기면, 이를 이용해 전기를 만드는 방식이에요. 우리나라는 구름에 가리지 않고 해가 비치는 시간이 긴 편이라서 태양광 에너지를 활용하기 좋아요. 태양열 발전보다 설치도 간편해서 우리 주변에서도 쉽게 찾아볼 수 있지요.

풍력 발전은 바람을 이용해요

풍력 발전은 바람의 힘으로 풍차를 돌려 전기를 얻는 방식이에요. 태양 에너지는 해가 지면 에너지를 얻을 수 없지만 풍력 발전은 밤에도 에너지를 얻을 수 있어요. 그런데 바람이 1년 내내 안정적으로 부는 곳이 생각만큼 많지는 않다고 해요. 또한 풍력 발전기는 소음이 커요. 그래서 먼바다에 풍력 발전기를 세우기도 하는데 이를 해상 풍력이라고 해요. 해상 풍력은 땅에서보다 바람도 일정하고 세기도 센 편이에요. 그렇지만 건설비, 유지비가 많이 들고 전력을 사용하는 곳에서 멀리 떨어져 있어서 전력 손실이 많은 편이죠.

조력 발전은 물의 힘을 이용해요

조력 발전은 물이 들어갔다 나왔다 하는 힘으로 전기 에너지를 만들어요. 그래서 조수 간만의 차가 큰 만이나 강 하구에 발전소를 설치하지요. 항상 일정한 전기를 생산할 수 있는 장점이 있어요. 우리나라에는 세계의 조력 발전소 중에서 가장 많은 전기를 생산하는 시화호 조력 발전소가 있어요.

똑똑한 배경지식

신재생 에너지
햇빛·바람·파도처럼 계속해서 쓸 수 있는 친환경적인 에너지를 말해요. 오늘날에는 석유나 석탄 같은 화석 연료를 대신할 에너지로 신재생 에너지의 이용이 점점 늘고 있어요.

알쏭달쏭 어휘 풀이
- **집열판**: 열을 한데 모으는 데에 쓰이는 판.
- **만**: 바다가 육지 속으로 파고들어 와 있는 곳.
- **조수 간만**: 주기적으로 바닷물이 올라갔다 내려갔다 하는 현상.

✏️ 다음 빈칸에 알맞은 말을 쓰세요.

☐☐☐ 에너지에는 태양열 발전, 풍력 발전, 조력 발전 등이 있다.

✏️ 이 글을 통해 알 수 있는 내용에 ○, 알 수 없는 내용에 ×표 하세요.
- 태양을 이용한 신재생 에너지는 태양광 발전과 태양열 발전이 있다. ( )
- 풍력 발전은 낮과 밤을 가리지 않고 전기를 얻을 수 있다. ( )
- 조력 발전은 전기 생산량을 안정적으로 유지하기 어렵다. ( )

✏️ 생각해 보기

지구상의 모든 화석 연료를 다 써 버린다면 어떻게 될까요?

업사이클링 열풍, 지구를 살려요

전 세계적으로 환경에 대한 관심이 높아지면서 업사이클링 열풍이 불고 있어요. 업사이클링은 폐품을 단순히 재활용만 하는 것이 아니라 새로운 가치를 가진 제품으로 다시 탄생시키는 것을 말해요. 패션업계는 물론이고 식품업계나 다른 산업에서도 이런 움직임이 빠르게 퍼지고 있어요.

플라스틱 병 뚜껑으로 만든 파라솔.

점점 다양해지는 업사이클링

패션업계는 업사이클링을 활발하게 활용하고 있는 곳이에요. 자투리 가죽, 헌옷, 잠수복, 현수막, 웨딩드레스, 양말목 등 모든 폐품이 재료가 될 수 있지요. 미국의 프라이탁은 자동차 방수천과 안전벨트로 가방을 만드는 회사예요. 현수막과 타이어를 활용해 가방 등을 만드는 스페인 업체 누깍, 해녀복이나 웨딩드레스를 업사이클링 하는 우리나라의 코햄체 등 다양한 브랜드가 제품을 선보이고 있지요. 글로벌 스포츠 브랜드인 나이키는 낡은 운동화를 잘게 갈아서 다시 운동화 재료로 사용하기도 해요.

식품업계에서도 다양한 업사이클링이 이루어지고 있어요. 샌드위치를 만들고 남은 식빵 테두리를 이용해 맥주를 만들기도 해요. 깨진 쌀과 콩비지를 이용해서 과자를 만들거나, 과일과 채소 껍질을 이용해서 새로운 식품을 만들려는 노력도 이어지고 있어요. 한국농수산식품유통공사(aT)에 따르면 전 세계 업사이클링을 활용한 식품업계 시장은 2022년에 70조 원에서 2032년에는 110조 원까지 성장할 거라고 해요.

업사이클링, 우리 생활에 함께해야

유럽은 1990년대부터 업사이클링을 가치가 큰 산업으로 보고 투자해 왔어요. 이미 2012년 런던 디자인 페스티벌에서는 업사이클링을 '올해의 트렌드'로 꼽기도 했지요. 우리나라도 업사이클링의 중요성을 알고 제품을 찾는 사람들이 많아지면서 관련 브랜드가 100개를 훌쩍 넘었어요. 이를 통해 쓰레기의 양을 줄이고, 자원이 낭비되는 것도 줄일 수 있어요. 업사이클링을 활용한 산업이 발전할 수 있도록 우리가 관심을 쏟아야 해요.

똑똑한 배경지식

업사이클링(Upcycling)
쓸모가 없어져 버려지는 제품을 단순히 재활용하는 것이 아니라 친환경적인 디자인이나 아이디어, 기술을 이용해서 새로운 제품으로 만드는 것을 말해요. 업사이클링은 친환경적이기 때문에 점점 더 발전하고 있어요.

알쏭달쏭 어휘 풀이

- **폐품**: 못 쓰게 되어 버리는 물품.
- **투자**: 이익을 얻기 위하여 어떤 일에 시간이나 돈을 씀.
- **트렌드**: 어떤 현상에서 나타나는 일정한 방향.

✏️ **다음 빈칸에 알맞은 말을 쓰세요.**

□□□□□ 은 모든 산업 분야에서 다양하게 활용되고 발전하고 있다.

✏️ **이 글을 통해 알 수 있는 내용에 ○, 알 수 없는 내용에 ×표 하세요.**

- 업사이클링은 패션업계에서만 활발하게 활용된다. ( )
- 업사이클링은 한계가 있기 때문에 미래 전망이 밝지 못하다. ( )
- 업사이클링은 쓰레기를 줄이고 자원을 아낄 수 있어 친환경적이다. ( )

✏️ **생각해 보기**

업사이클링 산업이 발전하려면 우리는 무엇을 해야 할까요?

답안

Section 01. 경제

경제 001
몇 개 집어 먹으면 끝, 과자 양이 줄었어요!
가격(또는 금액), ×, ×, ○

경제 002
'금사과', 바로 수입할 수 없나요?
생산량, ○, ×, ×

경제 003
중국 온라인 쇼핑몰, 싸면 다 좋을까요?
온라인, ×, ×, ○

경제 004
당일 배송, 어디까지 왔을까요?
배송, ×, ○, ○

경제 005
도둑도 페소는 안 가져간다고요?
페소(또는 화폐), ○, ×, ×

경제 006
왜 해외여행 갈 때 달러를 가져갈까요?
화폐(또는 달러), ○, ×, ○

경제 007
올해 초에 왜 일본 여행을 많이 갔을까요?
화폐(또는 엔화), ○, ○, ×

경제 008
비트코인, 화폐가 될 수 있을까요?
비트코인, ×, ○, ×

경제 009
왜 릴스는 보기 시작하면 멈출 수 없을까요?
숏폼, ×, ○, ○

경제 010
유튜버, 정말 돈을 많이 벌까요?
유튜버, ○, ○, ×

경제 011
'내라' '못 낸다' 망 사용료 논쟁!
망 사용료, ×, ×, ○

경제 012
우리나라의 효자 수출품, 김!
김, ○, ○, ×

경제 013
엄마 아빠가 하는 주식, 나도 궁금해요!
주식, ○, ○, ×

경제 014
재택근무가 줄어들고 있어요
재택근무, ○, ○, ×

경제 015
반려동물을 가족처럼, 펫팸족이 늘고 있어요
반려동물, ○, ×, ○

경제 016
왜 가루쌀 농사를 지으면 돈을 줄까요?
쌀, ○, ×, ×

Section 02. 국제

국제 001
푸바오는 왜 중국으로 돌아갔을까요?
멸종, ○, ○, ×

국제 002
세계 최고 부자는 누구일까요?
부자, ×, ○, ○

국제 003
인구가 가장 많은 나라가 바뀌었어요
인구, ○, ×, ○

국제 004
결혼 못 하는 중국 남성이 늘고 있어요
중국, ×, ○, ×

국제 005
미국과 중국이 아프리카로 가고 있어요
아프리카, ○, ○, ○

국제 006
제주도 갈 때 세금을 내게 될까요?
관광, ○, ×, ○

국제 007
히잡, 쓸래! 벗을래!
히잡, ○, ○, ×

국제 008
우리나라와 쿠바의 '007 작전'
쿠바, ○, ×, ○

국제 009
세계에서 가장 오랫동안 집권한 사람은?
북한, ○, ○, ✕

국제 010
북한의 4번째 후계자는 누구일까요?
권력, ○, ✕, ✕

국제 011
미국 대통령, 누가 될지 왜 궁금해 하나요?
대통령, ○, ○, ✕

국제 012
국제연합 사무총장이 전 세계 대표일까요?
국제연합, ○, ○, ✕

국제 013
'여행 금지' 국가는 가면 안 되나요?
4, ✕, ○, ○

국제 014
우크라이나 전쟁에 한글 포탄이?
포탄, ○, ✕, ○

국제 015
이스라엘-하마스 전쟁은 왜 일어났을까요?
이스라엘, ○, ○, ○

국제 016
'독도의 날' 기념일이 생겼어요
독도, ✕, ○, ✕

국제 017
챗GPT, 사람보다 똑똑하다고요?
챗GPT, ○, ✕, ○

Section 03. 사회

사회 001
저도 국회의원 선거에 나갈 수 있어요?
선거, ○, ○, ✕

사회 002
대통령은 한 달에 얼마를 받나요?
연봉, ✕, ○, ○

사회 003
우리나라는 대통령인데, 일본은 왜 총리예요?
대통령, ○, ✕, ✕

사회 004
선생님으로 일하기 왜 어려워졌을까요?
학생, ✕, ✕, ○

사회 005
우리나라 인구는 몇 명일까요?
초고령, ○, ✕, ○

사회 006
우리나라는 단일 민족일까요?
다문화, ✕, ○, ○

사회 007
서울에 있는 학교도 문을 닫는다고요?
학교, ○, ○, ✕

사회 008
우리는 "숙제가 너무 많아요"
행복, ✕, ○, ✕

사회 009
의사들은 왜 병원을 떠났을까요?
의사, ○, ○, ○

사회 010
키오스크, 편리할까요 불편할까요?
키오스크, ○, ✕, ✕

사회 011
버터 맥주에 버터가 없다고요?
버터, ○, ○, ✕

사회 012
하루 더 쉬면 안 될까요?
4일, ○, ✕, ✕

사회 013
학교 폭력, 이제 더 오래 기록해 둬요
학교, ○, ○, ✕

사회 014
전동 킥보드, 속도 줄여야 해요
킥보드, ○, ○, ✕

사회 015
가짜 뉴스예요, 진짜 뉴스예요?
뉴스, ○, ○, ✕

사회 016
스미싱 범죄, 점점 더 교묘해져요
스미싱, ○, ✕, ○

사회 017
하늘에서 풍선이 떨어졌어요!
오물 풍선, ○, ✕, ○

Section 04. 과학

과학 001
외계인은 정말 있나요?
은하(또는 우주), ×, ○, ○

과학 002
우리는 지구만큼 빨리 돌고 있어요
자전, ○, ×, ○

과학 003
ADHD, 대체 어떤 거예요?
전두엽, ×, ×, ○

과학 004
공부 머리는 타고나는 걸까요?
뇌, ○, ×, ×

과학 005
'뼈말라'는 해로워요!
마른, ○, ○, ×

과학 006
왜 일찍 자고 일찍 일어나야 할까요?
기억, ○, ×, ×

과학 007
마라탕후루, 매일 먹으면 안 될까요?
나트륨, ○, ×, ○

과학 008
코로나19, 사람과 동물 서로를 감염시켜요
인수공통, ○, ○, ×

과학 009
사람 대신 로봇이 일해요
로봇, ○, ○, ×

과학 010
우리나라에 큰 지진이 날 수 있대요
진도, ×, ○, ×,

과학 011
실험실 다이아몬드 시대
다이아몬드, ○, ×, ○

과학 012
매미 김치를 먹는다고요?
곤충, ○, ○, ×

과학 013
실험실에서 스테이크를 만들어요
배양육, ×, ×, ○

과학 014
반려견, 복제해도 될까요?
복제견, ○, ○, ×

과학 015
엄마 카드 대신 얼굴로 결제해요
안면, ○, ○, ×

과학 016
내 얼굴로 가짜 영상을 만든다고요?
딥페이크, ○, ×, ○

과학 017
운전 기사가 없는 버스가 있어요
자율, ○, ○, ×

과학 018
달 탐사, 다시 우주 경쟁 시대!
달, ×, ○, ○

Section 05. 문화

문화 001
한강, 아시아 여성 최초 노벨문학상 수상!
노벨, ○, ×, ×

문화 002
임윤찬, 어떻게 세계적 피아니스트가 됐을까요?
콩쿠르, ×, ○, ○

문화 003
한국 콘텐츠, 전 세계 인기를 휩쓸고 있어요
OTT, ○, ○, ×

문화 004
우리나라 배우가 '스타워즈' 주인공?
정치적 올바름, ○, ○, ×

문화 005
빌보드는 왜 K팝 아이돌 그룹을 초대할까요?
K팝, ×, ○, ×

문화 006
뉴진스 춤에 저작권이 있나요?
저작권, ○, ×, ×

문화 007
아이유는 왜 축구장에서 공연하나요?
경기장, ×, ×, ○

문화 008
영국박물관에 있는 그리스 문화재
문화재, ×, ○, ○

문화 009
미술관 그림이 가짜라고요?
안목, ○, ○, ×

문화 010
우리나라에서 가장 비싼 그림은?
김환기, ×, ○, ×

문화 011
박물관 관람객이 갑자기 늘어난 이유
물납제, ○, ○, ×

문화 012
월드클래스, 손흥민!
수출, ×, ○, ○

문화 013
AI가 심판을 봐요?
판정, ×, ×, ○

문화 014
아시안게임으로 간 e스포츠!
e스포츠, ○, ×, ○

문화 015
금메달 따면 군대 안 가도 돼요?
예술체육요원, ○, ×, ○

문화 016
전 세계 사람들이 가장 많이 믿는 종교는?
종교, ○, ×, ×

Section 06. 환경

환경 001
'쥐둘기'가 된 비둘기
유해, ○, ×, ×

환경 002
꿀벌이 사라지고 있어요!
꿀벌, ○, ○, ×

환경 003
북극곰은 어쩔 수 없이 다이어트 중
온난화, ○, ×, ○

환경 004
끝없이 나오는 해양 쓰레기
해양 (또는 바다), ×, ○, ○

환경 005
바다에 오염수를 버린다고요?
오염수, ○, ×, ×

환경 006
미세먼지, 얼마나 위험한 걸까요?
미세먼지, ○, ○, ×

환경 007
불꽃놀이가 나쁜 거라고요?
대기(또는 환경), ○, ×, ○

환경 008
큰 산불이 더 자주 일어나요!
산불, ×, ○, ○

환경 009
제주 돌고래들을 도와주세요!
돌고래, ○, ×, ○

환경 010
버려지는 휴대전화, 지구 한 바퀴 돌아
폐휴대전화, ○, ×, ○

환경 011
가짜 친환경 '그린워싱'
그린워싱, ○, ×, ○

환경 012
자연재해가 평등하게 오지 않는다고요?
기후, ×, ○, ×

환경 013
1.5도 기온 변화가 심각한 문제예요?
기온, ○, ×, ○

환경 014
우리나라에 기후 소송이 열렸어요
기후, ○, ×, ○

환경 015
신재생 에너지란 무엇일까요?
신재생, ○, ○, ×

환경 016
업사이클링 열풍, 지구를 살려요
업사이클링, ×, ×, ○

초판 1쇄 발행 · 2024년 10월 25일
초판 2쇄 발행 · 2025년 1월 22일

지은이 · 강버들, 민경원, 이유정, 채윤경, 임소연
발행인 · 이종원
발행처 · (주)도서출판 길벗
출판사 등록일 · 1990년 12월 24일
주소 · 서울시 마포구 월드컵로 10길 56(서교동)
대표 전화 · 02)332-0931 | **팩스** · 02)323-0586
홈페이지 · www.gilbut.co.kr | **이메일** · gilbut@gilbut.co.kr

기획 및 책임편집 · 황지영(jyhwang@gilbut.co.kr) | **편집** · 이미현 | **마케팅** · 조승모, 이주연 | **유통혁신** · 한준희
제작 · 이준호, 손일순, 이진혁 | **영업관리** · 김명자, 심선숙, 정경화 | **독자지원** · 윤정아

디자인 · 정윤경 | **교정** · 황은진 | **인쇄** · 교보피앤비 | **제본** · 신정문화사

- 잘못 만든 책은 구입한 서점에서 바꿔 드립니다.
- 이 책은 저작권법에 따라 보호받는 저작물이므로 무단전재와 무단복제를 금합니다.
- 이 책의 전부 또는 일부를 이용하려면 반드시 사전에 저작권자와 출판사 이름의 서면 동의를
  받아야 합니다.

ISBN 979-11-407-1138-3 73300
(길벗 도서번호 050219)

독자의 1초를 아껴주는 길벗출판사

(주)도서출판 길벗 | IT교육서, IT단행본, 경제경영서, 어학&실용서, 인문교양서, 자녀교육서 www.gilbut.co.kr
길벗스쿨 | 국어학습, 수학학습, 어린이교양, 주니어 어학학습, 학습단행본 www.gilbutschool.co.kr